U0601030

● 2015年教育部人文社会科学研究一般项目"诠释学视角下马克思主义中国化的文化价值研究"（项目编号：15YJA710017）研究成果

● 绍兴文理学院出版基金资助

诠释学视角下

马克思主义中国化的
文化价值

李 颖 著

浙江大学出版社

　　文化是一个国家、一个民族的灵魂，没有文化自信的民族是失魂落魄的民族。文明与文化是一体两面的关系。文明是文化的实体，是文化的外在形式；文化是文明的内在核心，是文明中最根本的东西。中华文明是人类历史上唯一绵延五千多年、至今未曾中断过的灿烂文明。中国文化博大精深，凝结了中华民族最深层的生活体验、最深刻的生存智慧、最根本的精神追求。近代以前，中国一直是东方世界的文化中心，是文化输出大国，影响着周边许多国家。1840年，西方通过鸦片战争打响了侵略中国的第一炮，中国开始进入半殖民地半封建社会，中国人对世界的传统观念被西方的陌生文明彻底颠覆了，李鸿章发出了"三千年未有之大变局"的惊叹，代表了当时人们普遍的文化体验。在落后挨打的惊慌失措中，很多人把原因归咎于中国传统文化，把中国传统文化归结为腐朽的、专制的，甚至斥其为"吃人"的文化。新文化运动时期，曾有过声势浩大的反传统、反封建礼教运动，一些人提出"打倒孔家店"，一些人提出"不读线装书"，一些人提出"全盘西化"的主张。

　　新文化运动极大地扩展了中国人的文化视野，为中华优秀传统文化在中西文化视域融合的基础上实现文化的综合创新提供了历史文化条件。但遗憾的是，在这次规模空前的文化大反思中，绝大部分知识分子对西方文化持全盘肯定、对中国传统文化持全盘否定的态度，犯了形而上学的错误。就像"倒洗澡水把孩子也倒掉了"，中华民族五千多年形成的世界观、价值观和人生观被贬低，中华民族的生存智慧被遮蔽，中国人的文化自信严重丧失。

　　正如作家张石山所说："五千年不曾断裂的华夏文明，生生不已血脉旺盛的华夏民族，如果是因为'吃人'而成就，也太匪夷所思了。"① 更让人惊奇的是，久经磨难的中华民族竟然在短短一百多年的时间里重新站起来，现在又迎来了从富起来到强起来的伟大飞跃。这不是任何一个简单的原因所能解释的，也不是任何一个简单的成就所能概括的。正如张维为教授所说："中国的崛起不是一个普通国家的崛起，而是一个五千年连绵不断的伟大文明的复兴，是一个人类历史上闻所未闻的超大规模的'文明型国家'的崛起。"② 的确，我们必须从文明和文化的高度去解读中国的再次崛起，增强文化自觉、坚定文化自信，并在国际舞台上讲好中国故事，努力提高国际话语权。

实际上，中国近代衰落的原因有很多，虽有文化自身发展停滞的原因，但这显然不是根本原因。因为近代西方并不是以文化怀柔四方，相反，它是以野蛮的枪炮的力量殖民世界。确切地说，中国不是被西方的文明打败，而是被西方的蛮力打败的，被迫割地赔款才走向衰落。中国被迫参与的是一场拳击赛，这恰恰是中国传统文化最不擅长的，因为中国文化历来以伦理道德为本，崇"德"不崇"力"。这场拳击赛就像秀才遇到兵，不仅有理说不清，而且对方根本不跟你讲理。雷海宗先生认为中国自东汉以后，尚武文化越来越淡，基本上是"无兵的文化"③。事实上，西方崛起的关键是它掌握了一种新型的文明——工业文明，然后用工业生产方式产生的巨大力量轻松碾压那些仍处在农业文明状态中的国家。然而"仅凭武力不能把社会永远团结起来"④，武力或力量永远不能直接等同于文明或文化，真正的文明或文化一定是教人行善，"使人作为人而成为人"，使人超越动物自私自利的、兽性的本能，使人实现人的社会属性和"利他性"本质的。

实际上，中国文化不是不讲"力"，它是把"力"用于自身，强调"内在超越"，通过修身养性、克己奉公、退让、忍辱负重、自我牺牲等方式提升自己"道德的力量"。辜鸿铭先生指出，中国人确信"武力会招致另一种武

---

① 张石山、鲁顺民：《礼失求诸野》，北岳文艺出版社 2013 年版，第 30 页。
② 张维为：《中国震撼》，上海人民出版社 2011 年版，第 1—2 页。
③ 转引自梁漱溟：《中国文化要义》，上海人民出版社 2011 年版，第 25 页。
④ 辜鸿铭：《中国人的精神》，译林出版社 2012 年版，第 24 页。

力，只有爱和正义的法则才能实现彻底的革命"①，"在中国，人们觉得无需物质力量来自我保护，因为他们确信每个人都认同：正义和公平作为一种力量比物质力量更重要"②。孙中山先生曾指出，中国文化是王道的文化，西方文化是霸道的文化。因此，近代中国的落败不能归咎于中国文化。

梁漱溟先生指出，中西文化意欲的对象不一样，解决问题的方法不一样，两者没有可比性。中国文化致力于人与人关系的和谐，侧重于研究"情理"问题。现实生活中，人与人矛盾冲突的解决只能通过以"情"感人、相互退让、屈己安人、互以对方为重、持中调和等智慧来解决。近代西方文化致力于人与自然的关系，以积极向前的态度征服和改造自然，侧重于研究"物理"问题，逐渐发展出自然科学和工业文明。不同的研究对象和方法，使中西文化分别代表人类思维方式和价值取向的两个极端。中国文化"贵和""求安"，主张和谐、和平、协和万邦、厚德载物，强调整体的、长远的利益，是一种朴素的辩证法的思维方式。例如，《周易》提倡"文明以止"的文明发展观，即认为文明不是无限度地开发、利用和对外扩张，而是要有所节制，"止"其所当止③。中国文化的价值取向和思维方式导致中华民族长期固守农业文明，无法和西方民族在同一个文明平台上进行公平的竞争。

西方文化则相反，它在对"物理"问题的研究中，逐渐形成了形而上学的思维传统，它那孜孜不倦探求世界本质的文化精神很值得中国文化学习和借鉴。近代资产阶级登上历史舞台以后，对自我永不满足的"浮士德"精神成为西方民族的精神标志，它的特点是不停地进取、突破自我、向外超越，这种不停地否定和斗争的精神对于中华民族自立于世界民族之林也是非常必要的。然而西方文化形而上学思维传统的片面性、孤立性和静止性是阻碍其文化发展的痼疾。

恩格斯指出，近代自然科学分门别类的研究方法加剧了西方文化重分不重合，只见对立、不见统一的形而上学思维，"在他们看来，一个事物要么

---

① 辜鸿铭：《中国人的精神》，译林出版社2012年版，第3页。
② 辜鸿铭：《中国人的精神》，译林出版社2012年版，第4页。
③ 方克立：《中国文化的综合创新之路》，中国社会科学出版社2012年版，第2页。

存在，要么就不存在；同样，一个事物不能同时是自身又是别的东西。正和负是绝对相互排斥的；原因和结果也同样是处于僵硬的相互对立中"①。马克思更深刻地指出，资本主义私有制加剧了人们的形而上学思维，"私有制使我们变得如此愚蠢而片面，……人的本质只能被归结为这种绝对的贫困"②。马克思基于人类实践的存在方式确立了唯物辩证法的世界观和历史观，准确地指出资本主义现代性的困境，这就是：由生产资料私有制决定的形而上学的思维方式与人的普遍性本质的实现相悖，与生产社会化的合作共赢要求背道而驰。

生产的社会化是人类超越资本主义文明、构建人类命运共同体的物质基础。与生产社会化相适应的只能是唯物辩证法的思维方式和人类本位的价值观。赵汀阳也指出，现代政治哲学以"个人理性"为立足点，斤斤计较于个人利益的满足无疑是低级、狭隘的文化，它不可避免地引发人与世界的对抗、竞争和无序。今天人类要在"地球村"时代生存和发展下去，必须用"关系理性"取代西方的"个人理性"，只有"关系理性"才有助于解决当今世界和谐共存的难题。马克思早在《关于费尔巴哈的提纲》中就指出的"旧唯物主义的立脚点是市民社会，新唯物主义的立脚点则是人类社会或社会的人类"③，也是这样的观点。

钱锺书先生在《谈艺录》的序里说过："东海西海，心理攸同，南学北学，道术未裂。"无论是世界观还是价值观，马克思主义与中国文化都具有强烈的心理共鸣。因为，无论是农业文明还是工业文明，面对普遍联系的世界，人与自然、人与人合作共赢、和谐发展都是唯一正确的选择。中国文化一直强调"关系理性"和"价值理性"，马克思基于社会化大生产形成的唯物辩证法思想、共产主义社会的理想，与中国传统辩证法思想、大同社会的理

---

① 中共中央马克思恩格斯列宁斯大林著作编译局：《马克思恩格斯文集》第9卷，人民出版社2009年版，第24页。

② 中共中央马克思恩格斯列宁斯大林著作编译局：《马克思恩格斯文集》第1卷，人民出版社2009年版，第189、190页。

③ 中共中央马克思恩格斯列宁斯大林著作编译局：《马克思恩格斯文集》第1卷，人民出版社2009年版，第502页。

想是一种否定之否定的关系。马克思关于人类解放道路的辩证分析，使中国人抛弃了过去崇"德"不崇"力"的文化局限，开始理解和接受新的文明平台。中国共产党领导中国人民主动实现从农业文明向工业文明、从传统社会向现代社会的转型。"中国现代性之建构绝不仅是求国家之富强，……是在求建立一个中国的现代文明秩序。"① 马克思主义中国化绝不仅仅以富国强民为目的，而是要恢复中华优秀传统文化的生命力，为解决西方文化主导的现代性难题贡献中国智慧，为人类提供一种新的安身立命之道。

今天中华民族通过和平崛起的方式，成功地站在了新的文明平台上，我们需要还中国文化一个公正的评价，恢复中华民族应有的文化自信。这样我们才能更自觉地从中华民族五千多年的生存智慧中汲取精华，滋养当代中国人的精神世界，提振当代中国人的精神力量。

我所做的研究是：通过借鉴哲学诠释学的有关理论，揭示中华优秀传统文化在马克思主义中国化运动中涅槃再生的必然逻辑，彰显马克思主义中国化的文化意蕴。本书的基本观点是：马克思主义中国化是在中国大地上开启的一场古、今、中、西的文明对话。这场对话具有重大的文化综合创新的意义，因为它隐含着哲学诠释学所揭示的"前理解""诠释创新""视域融合"等，以及推动中华优秀传统文化实现创造性转化、创新性发展的非常有利的要素和机制。而且，在马克思主义"实践本体论"观念的指导下，中国人民始终把文化发展与中国革命、建设和改革的实践活动辩证地统一起来，实现了理论创新与实践创新的良性互动。这就是古老的中华文明化危为机、涅槃再生的秘密。今天的中国特色社会主义文化实际上综合了中、西、马三种文化的优秀文明成果，它的确是源自中华民族五千多年文明历史所孕育的中华优秀传统文化，熔铸于党领导人民在革命、建设、改革中创造的革命文化和社会主义先进文化，植根于中国特色社会主义伟大实践。因此，讲文化自信，今天的中国有充分的理由和充足的底气。

---

① 金耀基：《从传统到现代》，法律出版社 2010 年版，序第 4 页。

目 录

导　论

当今世界正处于百年未有之大变局。一方面，中国特色社会主义实践取得了举世瞩目的伟大成就，中华民族伟大复兴的梦想正在一步一个脚印地变为现实；另一方面，个别国家不仅在经济、政治、安全等方面疯狂搅局，而且在意识形态领域疯狂进攻，故意丑化、歪曲和贬低中国的国际形象，导致意识形态领域的斗争日趋激烈。习近平总书记说："我们有本事做好中国的事情，还没有本事讲好中国的故事？我们应该有这个信心！"① 中国故事的关键词是什么？显然是马克思主义中国化。作为"时代精神的精华"，马克思主义以其先进的世界观和方法论推动了中国优秀传统文化的创造性转化和创新性发展，为中华民族的伟大复兴提供了强大的精神力量。从文化的传承与综合创新的高度彰显和总结马克思主义中国化的文化成就，既可以坚定我们的文化自信，发挥先进社会意识对社会存在的能动的反作用，也可以让世界对中国多一分理解和支持，让和平发展、合作共赢等中国智慧引领时代潮流。

一、文化的内涵

目前关于文化的概念和定义有几百种之多。中国"文化"一词最早出现于《周易》中："刚柔交错，天文也；文明以止，人文也。观乎天文，以察时变，观乎人文，以化成天下。"（《贲卦·象辞》）"文化"乃"人文化成"一语的缩写，"文"的本义指各色交错的纹理，"化"本义为改易、生成、造化。"文化"一词的意思是观察人类文明的进展，就能用人文来教化天下。文化

---

① 中共中央宣传部：《习近平新时代中国特色社会主义思想学习纲要》，学习出版社2019年版，第154页。

的英文单词是 culture，跟培养动植物有关，意指耕作、开垦、栽培等活动。

中西"文化"一词均注重用人文精神来教化人，把文化看作是一种发展出人之为人的特性、达成异于一般动物存在状态的活动。中国"文化"一词意味着告别动物的兽性，提升"人之为人"的德性，如孔子曰"德之不修，学之不讲，闻义不能徙，不善不能改，是吾忧也"（《论语·述而》），这是孔子对中国传统文化意蕴的精准总结。西方"文化"一词意味着告别动物的非理性，提升"人之为人"的理性。总的来说，中西文化概念都是立足于人类特殊的存在方式——实践的存在方式，即人是可自我改变的"存在"而进行界定的。很多学者指出，人的实践的存在方式使人"不仅在实践上改变世界，而且追求着改变世界的意义和价值"①。"文化是使人不断从动物状态中提升出来的过程"②，"从自然界的一种脱离才界定了人性的特殊性"③。学者任平教授将文化定义为："一个民族共同体所共同持有的生存方式和价值体系。"④总之，文化不仅是各民族生存智慧的结晶，也是人们自我认同的真理和价值标准，具有安身立命的价值。

文化兼具动词和名词的属性，从动词的属性来看，文化强调"化"的行动。文化一经产生就对生存于其中的人们产生强大的思想和行为规范作用，文化由此具有提升人性的作用，人类由此成为一种超越性存在。从名词的属性来看，文化强调其活动成果，与"文明"经常通用。文化有广义和狭义之分，广义的文化包括物质文化成果和精神文化成果，狭义的文化仅指精神文化成果。广义的文化从实践的角度理解文化，把文化理解成"人化"，认为文化就是人类在改造世界（包括改造人自身）的对象性活动过程中所创造的一切物质文化、政治文化和精神文化的总和。这种广义的文化概念凸显的是人的活动的能动性、创造性，但内涵过于宽泛，几乎无所不包。如果把物质

---

① 任平：《全球文明秩序重建与中国文化自信的当代使命——兼论建构马克思主义中国化的文化形态》，载《中共中央党校学报》2017年第21卷第1期。
② 张岱年、程宜山：《中国文化精神》，北京大学出版社2015年版，第3页。
③ ［德］约恩·吕森：《人文主义与自然主义：对一种复杂关系的反思》，载《古代文明》2007年第2期。
④ 任平：《全球文明秩序重建与中国文化自信的当代使命——兼论建构马克思主义中国化的文化形态》，载《中共中央党校学报》2017年第21卷第1期。

文化、政治文化和精神文化看作三个由外而内的同心圆，那么狭义的文化是指处于圆心的观念形态的精神文化，其中又特指最深层次的思维方式和价值观念。狭义的文化的概念更加强调文化的合目的性指向，即人的活动的意义追求和精神建构。狭义的文化还可以继续划分出"文明的活的灵魂"、"时代精神精华"或"民族精神核心"等精神文化的内核。从狭义的文化概念出发把握中西文化精神的实质，有利于缩小研究的范围，所以本书主要以这种狭义的文化概念为理论研究的基点。

狭义的文化本质上是人们对世界人生的"理解和解释系统"，是世界观、人生观和价值观这一"总开关"，是人们"安身立命"的依据。用海德格尔的话来说，文化就是基于"被抛"的"在世之在"对于世界人生的理解和"筹划"。美国学者丹尼尔·贝尔在《资本主义文化矛盾》一书中也认为："文化本身是为人类生命过程提供解释系统，帮助他们对付生存困境的一种努力。"[①]赵汀阳先生认为："文化由一套主观意见所构成，这些意见的核心是价值观，或者说是去做或不去做某些事情的理由；在形式上，文化表现为关于各种事物的想象、表述和解释，在这些表述和解释的基础上得以建构了社会性的话语、意象、规范和制度。"[②]学者樊浩指出：一个"有文化的人"就是能够创造某种解释系统的人；或在日常生活中运用某种解释系统为周围世界赋予意义的人；当他遇到某种生存困境时，能够借助解释系统自信应对的人[③]。一个"有文化的民族"何尝不是如此！我们常说，世界是同一个世界，但是在每个人眼中却是不一样的。且不说有限的个人面对的只是无限的世界的一小部分，即使面对同样的事件，人们也会产生不同的理解和解释，产生不同的价值观念和行为取向，进而引发不同的生存体验，这种生存体验又会由感性认识上升到理性认识，加强和巩固其"前理解"。因此，作为解释系统的文化具有鲜明的主体性和民族性特点。几千年来，世界上各个民族都在苦苦完善自己对世界人生的理解和解释系统，以求生活有着落、精神有寄托。中国

---

① ［美］丹尼尔·贝尔：《资本主义文化矛盾》，赵一凡等译，生活·读书·新知三联书店1992年版，第24页。

② 赵汀阳：《没有世界观的世界》，中国人民大学出版社2005年版，第231页。

③ 樊浩：《文化与安身立命》，福建教育出版社2009年版，第34—35页。

文化是中华民族独特的精神标志，"从特定的意义上讲，中国人之所以为中国人，很重要的因素是中国文化的存在"[①]。例如中国传统文化观察世界与人生，看到的是"天人合一""万物齐一"，而西方文化观察世界与人生，看到的是"天人相分""优胜劣汰"。中西文化关于世界与人生的理解和解释系统的这种巨大差异，使中西文化下的个人在解决主客观矛盾时的思维方式很不一样。

梁漱溟先生在其《东西文化及其哲学》一书中，对"文化"概念提出了一个非常独到而深刻的观点，他说："生活的根本在意欲，而文化不过是生活之样法。那么文化之所以不同是由于意欲之所向不同。"[②]并认为文化与文明有别，文化是生活样法的抽象，文明是生活样法的外化，不过文化与文明也可以说是一个东西的两个方面[③]。赵汀阳先生补充说："文明指的是能够以理性指标（思想的普遍性和必然性、观念系统的复杂性和各种技术标准）进行衡量的人类成就；而文化则是指只能以价值观或精神类型去定位的人类成就。如果说（当然是非常粗略的），文明是技术水平，文化则是精神境界；或者，文明表现的是'理智'（mind），而文化表现的是'心智'（heart）。"[④]

总之，文化是一种生存智慧，其核心内容是民族文化主体基于自身特殊的生存体验而形成的各具特色的价值取向和思维方式。从根本上说，文化应该是指一个民族整体的生活方式及其价值系统。

二、中国传统文化蕴结的生存智慧

（一）超越"有对"的非对抗性文明与"情理"文化追求

中华文明是世界上唯一延续五千多年未曾中断、至今依然强劲发展着的超大文明体。这一现象说明，中华文明必然蕴结了高超的生存智慧，具有某种超越时空、普适性的文化价值。"文化比较"能够彰显中国文化的智

---

① 高长武：《理解马克思主义与中国传统文化关系的三个维度——学习习近平关于中国传统文化的重要论述》，载《党的文献》2015年第1期。
② 梁漱溟：《东西文化及其哲学》，商务印书馆2012年版，第62页。
③ 梁漱溟：《东西文化及其哲学》，商务印书馆2012年版，第62页。
④ 赵汀阳：《没有世界观的世界》，中国人民大学出版社2005年版，第232页。

慧。自近代中西文化碰撞以来，对中西文化分析比较的研究可谓汗牛充栋。其中最发人深省的研究当属 20 世纪初被誉为"最后的儒家"的梁漱溟先生的《东西文化及其哲学》（1921 年）、《中国文化要义》（1949 年）、《中国文化的命运》（2010 年）等著作。在这些著作中，梁漱溟先生深刻解析了中国文化的根本精神及其对中华民族性格塑造的影响，根据人们"生活意欲之不同"揭示了中西文化的根本区别。他认为中国文化着眼于修身，是一种"向内用力"的早熟的文化，它不同于那种着眼于外物，因而"向外用力"的西方文化。同时，中国文化致力于人际和谐，形成以"和"为贵的价值观。他说："一切生物均限于'有对'之中，惟人类则以'有对'超进于'无对'。清明也，和谐也，皆得之于此。"[1] 中国文化在这方面做得非常成功，它超越了"有对"思维，进入"无对"思维，人与世界恍如为一体，锻造了中国人的整体性思维。与之相联系的是，传统中国是以伦理组织社会，从而"相与之情厚"而达致长久的和谐状态；西方文化局限于一般生物的"有对"思维，以团体组织社会，辗转不出利用与反抗，左冲右突，不出此圈，是"未闻大道"的纷争文化[2]，这恰恰是西方文明的重大弊端——以自我为中心，只知相争不知相让的人生态度，是人类的祸根[3]。

　　梁漱溟先生根据中国人常爱说的"读书明理"一词，区分了"物理"和"情理"两种不同的"理"，指出西方文化追求的是"物理"，中国文化追求的是"情理"[4]。人在"物理"的世界里，只知为我而顾不到对方，反之，在"情理"的世界中，往往只见对方而忘了自己，因为"情"的奇特之处在于无私，这种无私使人能够产生"万物一体"的同理心，表现在儒家文化总是倡导"老吾老，以及人之老；幼吾幼，以及人之幼""四海之内皆兄弟""亲亲而仁民，仁民而爱物""民吾同胞，物吾与也"等大同理想。与之对应的是，中国文化好合不好分，形成了世界上少有的文化统一大单位。中国文化的理想是"天下为一家，中国为一人"。依据马克斯·韦伯对工具理性和价值理性

---

① 梁漱溟：《中国文化的命运》，中信出版社 2016 年版，第 61 页。
② 梁漱溟：《中国文化的命运》，中信出版社 2016 年版，第 66 页。
③ 梁漱溟：《中国文化的命运》，中信出版社 2016 年版，第 188 页。
④ 梁漱溟：《中国文化的命运》，中信出版社 2016 年版，第 56 页。

的区分，中国文化所追求的理性当属价值理性，西方文化所追求的理性当属工具理性。以及他对工具理性的批判，更能让人感受到追求价值理性的中国传统文化的魅力。

（二）张扬人类道德理性的"礼乐文明"

中华民族是世界上唯一不靠宗教维系的文明，原因在于中国人是以道德代宗教，仰仗人类自我的理性，通过克己修身来协调人与世界的关系。中国人认为："禽兽有知而无义，人有气、有生、有知，亦且有义，故最为天下贵也。"（《荀子·王制》）梁漱溟先生指出，"道德为理性之事。存于个人之自觉自律"[①]。通过周孔教化，中国人完全信赖自己的理性。三千年前中国周朝的周公就制作礼乐，大兴人文教化之风，孔子继承并阐发礼乐之道，"专从启发人类的理性做工夫，……这样，就使得中国人头脑少了许多障壁"[②]。前文已述，文化就是"化人"，克己修身是一种非常深刻的"化人"方法，克己修身不仅能使人更快地摆脱动物本能的束缚，而且可以减少人与人之间的冲突，有利于促进社会文明的发展。反过来，社会文明的发展又会促进人的素质提升，人与社会的发展进入良性互动阶段。当这种有效的生存经验被固定下来和制度化以后，就形成了古老的华夏"礼乐文明"。华夏"礼乐文明"因其先进性而极具吸引力和同化能力。自春秋以来，中国就不是一个地理概念，而是一个先进的文化概念，代表的是华夏礼乐文明，所谓"不习礼乐，是谓蛮夷"。两千多年前，汉代学者就宣称，"中国者，礼仪之国也"！

马克斯·韦伯指出，中国的教育不是为了训练专才，而是要养成"娴于经典之文化人"。所谓"文化人"是指他把人自身当目的而不是手段。孔子曰"君子不器"，儒家不教人发展工具理性，而教人发展价值理性。所以，儒家思想的基本性格是人文精神。儒学关注的重心是提高人的素质和境界，其核心内容是"如何做人"的学问。孟子曰："饱食、暖衣、逸居而无教，则近于禽兽。"（《孟子·滕文公上》）《大学》里讲："自天子以至于庶人，一是皆以

---

① 梁漱溟：《中国文化的命运》，中信出版社 2016 年版，第 51 页。
② 梁漱溟：《中国文化的命运》，中信出版社 2016 年版，第 50 页。

修身为本。"（［西汉］戴圣：《礼记·大学》）重视人禽之别，重视教育和教化是中国文化的典型特征。辜鸿铭先生在《东方智慧》一书中指出，欧洲文明把制作更好的机器作为自己的目的，而东方则把教育出更好的人作为自己的目的。他盛赞中国人的生存智慧，指出中国传统文化追求的理想人格模式是"君子之道"，即中国人不是靠外在的神或抽象的道德律令，而是靠内在的情感理性——人自己的荣誉感和廉耻感，也即君子之道，来实现个人的安身立命和维持社会的和谐共存。梁漱溟先生认为，中国文化出于仁爱之情、是非之义而自动承认旁人，不是讲"力"而是讲"理"的文明。楼宇烈先生指出，中国传统文化注重个人的道德修养，具有上薄拜神教、下防拜物教的现代理性精神[1]。中国人的行为模式遵循"礼仪之道"，"礼"的实质是放低自己而尊敬别人。华夏礼乐文明不断巩固中华民族"向内用力"的生存方式，是一种"屈己安人"、以退为进的生存智慧。

梁漱溟先生认为，中国人最大的贡献就是认识了人类之所以为人，而西洋人对"物"知道的虽多，对于人自己却所知甚少。[2]中国文化认为"人之初，性本善"，人生的价值不在于有权、有钱、有势，而在于能不能立德、立功、立言，通过利他劳动对国家、社会有贡献，其中尤指精神方面的贡献。社会各阶层的成员，即使是愚夫愚妇，也能够根据自己能力的大小，在修身、齐家、治国、平天下的人生实践中，找到自己的社会生活位置和角色，承担自己的人生责任，把自己的人生意义融入家庭、家族、国家的绵延发展中。对比西方文化关于"人之初，性本恶"，以及进化论思维指导下的"霸力"文明所带来的残酷的"功利"竞争，人的焦虑、孤独、边缘化成为无可逃遁的命运。

（三）"中庸之道"的思维模式与"和合之道"的价值追求

中国传统文化的思维模式是"中庸之道"，"中庸之道"出自儒家经典《中庸》，它对中庸的定义是："喜怒哀乐之未发，谓之中；发而皆中节，谓之

---

[1] 楼宇烈：《中国文化的根本精神》，中华书局 2016 年版，第 230 页。
[2] 梁漱溟：《中国文化的命运》，中信出版社 2016 年版，第 60 页。

和。中也者，天下之大本也；和也者，天下之达道也。致中和，天地位焉，万物育焉。"它把人的内心没有发生喜怒哀乐等情绪时的状态称为"中"；发生喜怒哀乐等情绪时始终用"中"的状态来节制使其恰如其分就是"和"，达到的结果是不偏不倚、折中调和的处世态度。"中庸"不是折半以取中，而是要找到一个不断变动的平衡点。就像秤杆上的秤锤随着所称重量的变化而移动位置，使秤杆保持平衡状态。"中庸"不排斥矛盾和差异，而是使事物处于整体上的和谐，即"中和"状态。"中庸之道"要求人们始终不受情绪的影响和左右，思考问题不走极端，也就是孔子讲的"乐而不淫，哀而不伤"。由于天地万物就是这样的面目，因而中国人把"中庸之道"看作是"道法自然"的最高境界。李泽厚先生认为中国传统文化追求实践理性，具有乐感文化的特征，即不去追求来世的天堂生活，只关心和追求现世的幸福和快乐，同时把情欲理性化，"反对放纵欲望，也反对消灭欲望，要求在现世的世俗生活中取得精神的平宁和幸福即'中庸'，就成为基本要点。这里没有浮士德式的无限追求，而是在此有限中去得到无限"①。

"中庸之道"的智慧表现在中国文化的发展上就是极具包容性。儒、释、道三大互补的生存智慧构成了比较稳固的三位一体的文化结构，为中华民族安身立命提供了成熟、圆满、稳定的思想资源。所谓"以佛治心，以道治身，以儒治世"，中国传统文化使中国人在为人处世方面进退自如，如学者樊浩教授所说："中国人在得意、失意的时候，甚至绝望的时候，都能有一种文化机制来调节。这种文化机制在人生各种境遇下都能自然而然、自觉不自觉地表现出用生、用世、用死的各种能力。"②

"中庸"反过来讲，就是"用中"。钱穆先生对中庸之道的解释是："人人能知，人人能行，此始为中庸之道。"③他说："圣人尊群之德性，致极于群之广大。"④意思是，古代的圣人遵循"从群众中来，到群众中去"的思想路线，通过概括民众社会生活中形成的文化共识，如"己所不欲，勿施于人""己

① 李泽厚：《中国古代思想史》，生活·读书·新知三联书店2008年版，第327页。
② 樊浩：《文化与安身立命》，福建教育出版社2009年版，第279页。
③ 钱穆：《中国思想通俗讲话》，生活·读书·新知三联书店2013年版，序第3页。
④ 钱穆：《中国思想通俗讲话》，生活·读书·新知三联书店2013年版，序第4页。

欲立而立人，己欲达而达人"（这种推己及人的文化共识源于人们合作生产、生活的有效经验和生存智慧，用马克思主义的话来说就是合规律与合目的性的统一），再向群众推广。由于"中庸之道"符合大多数人的心思，人人具有，人人能行，能使人人受益，就不仅容易被民众接受，而且符合天道，因为"民之所欲，天必从之"（《尚书·泰誓》），中国文化认为人道与天道是相通的。这种不违于"夫妇之愚"的文化生成和发展机制，极高明而道中庸，类似于康德关于实践理性的论证。

楼宇烈先生认为人文精神是中国传统文化最主要和最鲜明的特征[①]，并指出中国文化有两大优良传统：一个是以史为鉴，另一个是以天为则。强调"致中和"，注重配合、平衡。"中庸之道"的目的是通过"中"这个原则，达到"和"的状态，即"致中和，天地位焉，万物育焉"。因此，在价值取向上，中国文化崇尚"和合之道"，追求和谐、合一，不具有强烈的攻击性和侵略性，这与西方文化崇尚分离和斗争的价值取向不一样。汤一介先生认为"中国文化主张真善美，主张天人合一、知行合一、情景合一"。中国传统文化的最高理想是万物并育而不害，道并行而不相悖[②]。"天人合一"的世界观使中国文化把天道和人道统一起来，构建了一个和谐美好的社会。赵汀阳先生说："如果一种文化的精神鼓励的是战争、侵略和精神含量很低的肤浅文化，似乎很难认为它与鼓励和平、和谐和深刻思想的文化是同样好的。"[③]

（四）以厚重的历史经验为基础的实践理性

梁漱溟先生对比中西文化的差异，提出"中国文化是早熟的文化"的观点。实际上从中华五千多年的文明发展史来看，中国文化的成熟是题中应有之义。五千多年来，中华民族偏居东亚大陆半封闭的一隅，西部和北部有高山、高原和沙漠，东部和南部有海洋等天然屏障，可以阻挡外部侵略，使其有可能精耕细作，在实践中不断丰富自己的生活经验。赵汀阳先生指出，中国人精神世界的根基是历史，中国人总是以有限的历史视野去理解无限的

---

① 楼宇烈：《中国文化的根本精神》，中华书局 2016 年版，第 221 页。
② 汤一介：《汤一介哲学精华编》，北京联合出版公司 2015 年版，序第 1 页。
③ 赵汀阳：《没有世界观的世界》，中国人民大学出版社 2005 年版，第 233 页。

世界变化，即以有穷去理解无穷，以独特的方式处理了形而上学问题，从而"并不需要另一个以神为本的精神世界去回答关于无限和无穷的问题"①。他认为，历史与经验相连，因而历史是人文主义的唯一基础。中国文化"敢于以人间经验去应对超验问题，敢于以有限存在去应对无限存在的历史精神，固然有惊世的勇气，同时更是一种惊人的创造。……其中的关键应该就在于对直接经验的信任，似乎可以说是一种经验主义信念：经验未必真实，但经验之外无真实"②。中华民族自古以来就倾向于实践理性，远古的巫术时期，人们也是只认同灵验而不相信先验原理。慢慢地，先民们从总结巫术经验转向总结人事经验，成为一个非常重视历史的民族。中国文化语境中的历史并不仅仅是为了厘清历史真相，如历史事件或人物的是非曲直，还为了透过王朝兴衰成败把握历史之道。因此，中国文化语境中的历史实际上是哲学化的历史，"历史乃是道的展开"③。这种孜孜不倦地探究历史之道、面对沧桑并且超越沧桑的中国文化，更有可能成为文明秘密的发现者。

中华民族这种经验主义的理性态度就是李泽厚先生所说的"实践理性"。李泽厚先生指出，中国原始社会的历史比较悠久，中国传统文化继承了氏族社会中的人道和民主传统，最重要的是继承了其氏族宗法血亲传统，从而强调人与人之间的和谐亲睦、互助友爱，它与家庭农业的小生产方式相互强化，形成了中华民族"天人合一"的世界观与"和合"文化的价值追求，以及修身养性的人生追求。

另外，中国传统文化的成熟还要归因于历史的反面教训。中国原始社会就爆发过无数次的部落战争，炎帝、黄帝、蚩尤三大部落之间的战争十分惨烈。夏、商、周、春秋时期大大小小的战乱反复证明零和博弈是行不通的，以暴制暴的矛盾解决方式也是行不通的，它们只会造成冤冤相报，恶性循环。所谓大乱之后必有大治，饱经沧桑之后必然是"民心思安"，人们渴望社会和平、世界和谐，丰富的生存经验涵养出"合作才能共赢"的群体生活

---

① 赵汀阳：《历史、山水及渔樵》，载《哲学研究》2018年第1期。
② 赵汀阳：《历史、山水及渔樵》，载《哲学研究》2018年第1期。
③ 赵汀阳：《历史、山水及渔樵》，载《哲学研究》2018年第1期。

智慧，并不断巩固于人心。老子和孔子正是在这样的时代背景下创立了反映民心民意的道家和儒家学说，他们讨论的是文明的秩序，他们想重建一个持久和平、和谐的文明社会，这个社会不再是人对人像"狼对狼"的社会，而是"老吾老，以及人之老。幼吾幼，以及人之幼"的大同社会。虽然受生产力水平的制约，这一社会理想类似于空想社会主义而没能完全实现，但是以伦理组织社会，使"社会家庭化"，以情理关系导人树立"互以对方为重"的价值理念，最终达致社会长治久安的文化思路，无疑是非常高明的。这种实践理性在西方枪炮文明入侵之前，也被实践证明是行之有效的。

（五）群体本位与道德本位的价值观

中国"和合文化"必然要求群体本位和道德本位，这与西方个人本位和功利主义的价值观很不一样。20世纪的现代化进程告诉我们，西方文化面临着难以克服的内在矛盾。马克思早已从人的普遍性本质和生产的社会化需要出发揭示了西方资本主义文明的局限性。随着人类实践的不断深化，人与自然、人与人的普遍联系日益加强，经济全球化已经把人类带入命运共同体阶段，中国传统文化的"和合"智慧更符合人的社会本性，对当今世界人与自然、人与人联系日益密切的实践活动有重大指导意义。学者赵汀阳先生指出，"现代制度只是国内社会制度，而不是世界制度，……这种国际无政府状态完全满足'霍布斯状态'，即'所有人反对所有人的状态'"[1]。与之相反，古代中国人考虑问题是从老子的"以天下观天下"的视角出发，把整个世界看作是一个最大、最高的政治单位，而不是近代以来西方文化把世界分割为无数个民族国家，并希望以一国而统治世界，把强权好战发展到极致，失去了传统帝国兼收并蓄的胸怀，而又把帝国的强权好战发展到了极致（历史上最大规模的战争都是现代帝国主义的"作品"）[2]。

张岱年先生把中国文化的精神概括为"自强不息，厚德载物"；认为中华民族创造了前资本主义时期发展水平最高、贡献最大的文化成就；中国人宗

---

① 赵汀阳：《没有世界观的世界》，中国人民大学出版社2005年版，第7页。

② 赵汀阳：《没有世界观的世界》，中国人民大学出版社2005年版，第6页。

教色彩最淡、理性主义和人文主义精神最浓；科学技术长期领先；文学艺术独领风骚；至今仍具有可以借鉴的政治智慧和发达的农业和手工业等①。中华民族在个人的安身立命和社会的长治久安方面积累了辉煌的文化成就，历史上很长时期是世界经济、政治、文化的中心。有数据统计显示：1820 年，中国 GDP 占世界总量的三分之一。17、18 世纪，西方启蒙运动的领袖们，伏尔泰、卢梭等高度推崇中国文化。清末辜鸿铭先生通过对比中西民族性格而高扬中国文化自信，他说："中华民族不朽的秘密，就在于中国人心灵与理智的完美谐和。"②中国人"历经两千五百年之久用不着教士和军警，却生活在和平之中。"③16 世纪末 17 世纪初，在中国生活了 28 年的罗马传教士利玛窦是这样评价中国的："在这样一个几乎具有无数人口和无限幅员的国家，各种物产又极为丰富，虽然他们有装备精良的陆军和海军，很容易征服邻近的国家，但他们的皇上和人民却从未想过要发动侵略战争。他们很满足于自己已有的东西，没有征服的野心。"④汤因比在《面向二十一世纪》一书中曾对中国文明能统治这么大面积、拥有这么多人口、持续这么长时间，充满敬意，并认为世界将来的希望还是寄托在中国文明身上⑤。

三、中国文化自觉与自信的现实需要

文化是一个国家、一个民族的灵魂。文化也是一个国家的软实力。文化软实力集中体现了一个国家基于文化而具有的凝聚力和生命力，以及由此产生的吸引力和影响力。

今天中国的快速崛起不应仅仅从经济方面去理解，而应从文化、文明方面去理解，因为中国的崛起是与西方大国的"野蛮崛起"完全不一样的"和平崛起"：这么大的规模、这么长的时间，创造了人类发展史上的奇迹。正

---

① 张岱年、程宜山：《中国文化精神》，北京大学出版社 2015 年版，第 183 页。
② 辜鸿铭：《东方智慧》，北京大学出版社 2010 年版，第 16 页。
③ 辜鸿铭：《东方智慧》，北京大学出版社 2010 年版，第 100 页。
④ 何兆武、柳卸林：《中国印象：外国名人论中国文化》，中国人民大学出版社 2011 年版，第 5 页。
⑤ 宇燕、盛洪：《旧邦新命：两位读书人漫谈中国与世界》，生活·读书·新知三联书店 2004 年版，第 30 页。

如张维为教授在《中国震撼》一书中所说，中国的崛起是一个超大型文明国家的崛起。这种崛起如果没有一种先进文化的支撑，是不可能实现的。费孝通先生在 1997 年提出"文化自觉"的问题，所谓"文化自觉"是指："生活在一定文化中的人对其文化应有的自知之明，明白它的来历、形成过程、所具有的特色和它的发展趋向。"①"文化自觉"的目的是加强文化转型、发展的自主能力。因此，"文化自觉"是一个艰巨的历史任务，不仅要认识自己的文化，还要认识和理解它所接触到的其他文化。无论是认识自己的文化还是他者的文化，都不能孤立地认识，需要有一个参照系，需要通过平等的对话达成视野的融合。

早在西学东渐之时，中国"文化自觉"的历史任务就已开启。马克思主义中国化更是推动和加速了这一"文化自觉"的历史进程。毛泽东曾说："我们这个民族有数千年的历史，有它的特点，有它的许多珍贵品。对于这些，我们还是小学生。今天的中国是历史的中国的一个发展；我们是马克思主义的历史主义者，我们不应当割断历史。从孔夫子到孙中山，我们应当给予总结，承继这一份珍贵遗产。"我们党不仅要带领中国人民实现中华民族的伟大复兴，而且要实现中华优秀传统文化的伟大复兴。这种文化复兴不是简单地回到过去，用儒学指导现实，而是要在新的生产、生活方式下，在综合古、今、中、西人类最优秀文化的基础上，不忘本来、吸收外来、面向未来，推动中华优秀传统文化的创造性转化、创新性发展，发展社会主义先进文化。

中国人民在救亡图存的革命实践中以马列主义为指导成功地创造出红色的革命文化，如建党时期的五四精神、红船精神，土地革命时期的井冈山精神、苏区精神、长征精神，解放战争时期的西柏坡精神等，重塑了中华民族的价值观，改变了中国人"东亚病夫"、一盘散沙、精神萎靡的形象。新中国成立后，形成了雷锋精神、焦裕禄精神、大庆精神、大寨精神、红旗渠精神、铁人精神、"两弹一星"精神等社会主义建设文化。社会主义改革时期，

---

① 费孝通：《文化的生与死》，上海人民出版社 2009 年版，第 279 页。

又形成了改革创新的特区精神、顽强拼搏的女排精神、"万众一心、众志成城"的抗洪精神、"特别能吃苦、特别能战斗、特别能攻关、特别能奉献"的载人航天精神等实事求是、勇于创新、与时俱进的改革文化。贯穿于中国革命、建设和改革文化中的是中华民族千古不变的爱国主义情怀和自强不息的奋斗精神。

当前，中国特色社会主义文化是中国文化发展的最高阶段，它积淀了中华民族最深沉的精神追求，代表着中华民族独特的精神标志，一直是激励全党、全国各族人民奋勇前进的强大精神力量。中国奇迹就是中国特色社会主义先进文化"形于中"而"发于外"的文明成果。

党的十九大提出，中国特色社会主义进入新时代，不仅意味着近代以来久经磨难的中华民族迎来了从站起来、富起来到强起来的伟大飞跃，迎来了实现中华民族伟大复兴的光明前景，而且意味着科学社会主义在 21 世纪的中国焕发出强大的生机、活力。中国特色社会主义拓展了发展中国家走向现代化的途径，给世界上那些既希望加快发展又希望保持自身独立性的国家和民族提供了全新选择，为解决人类问题贡献了中国智慧和中国方案。因此，阐发中国崛起的文化意义，讲好中国故事，展示中国文明大国的形象对内对外都有深远的意义。

首先，坚定弘扬社会主义先进文化的自信与担当。当今世界是资本主义占主导的世界，当今文明也是资本主义文明占主导的文明。资本主义的意识形态总是把资本主义文明包装成"历史的终结"，是人类文明发展的顶峰。然而资本的本质是能够带来剩余价值的价值，无止境地追求更多的剩余价值、不断地自我增殖是资本的使命。无止境、无限制地掳掠和占有劳动力资源和自然物质资源用于扩大再生产，这就是资本逻辑，表现为强烈的扩张性和侵略性。资本主义社会的扩张性和侵略性比之前任何社会都残酷。正如马克思所说，"资本来到世间，从头到脚，每个毛孔都滴着血和肮脏的东西"[1]，资产阶级通过残酷的圈地运动和殖民掠夺完成了资本的原始积累。在其统治

---

[1] 中共中央马克思恩格斯列宁斯大林著作编译局：《马克思恩格斯文集》第 5 卷，人民出版社 2009 年版，第 871 页。

的 300 多年里，资本逻辑对社会生活的主宰导致人与自然、人与人、人与自我关系的全面异化和恶化，马克思在《1844 年经济学哲学手稿》中用"异化劳动"这一概念全面而深刻地揭露了这一制度的荒谬逻辑。今天，资本逻辑由自由竞争发展到主要由金融垄断资本主导的垄断阶段，通过国家垄断和国际垄断等形式，资本不断加剧对劳动人民和发展中国家的剥削和掠夺，并把生态危机、社会危机和文化危机推向全世界，导致全球经济动荡、民族国家之间的冲突漫无止境，各种不确定性风险愈演愈烈，整个世界处在混沌无序状态。美国著名社会学家伊曼纽尔·沃勒斯坦对资本主义文明进行了全盘否定，他说："创立资本主义不是一种荣耀，而是一种文化上的耻辱。资本主义是一剂危险的麻醉药，在整个历史上，大多数的文明，尤其是中国文明，一直在阻止资本主义的发展。"①

与那些从人道主义立场出发批判资本主义文明的学者不同，马克思对资本主义文明采取了辩证的分析态度，他认为资本增殖的动力不仅把一切国家和民族通过社会化大生产组织到一起来，使各民族摆脱了狭隘的地域性存在和人身依赖关系，使人类进入世界历史性的存在状态，从而有可能利用人类文明发展的一切积极成果全面发展自己，而且资本的扩大再生产行为客观上促进了生产力的极大发展，为人类摆脱物质需要的束缚和阶级压迫，实现自由发展提供了物质保障。在其理论的指导下，广大劳动人民争取自身解放的运动络绎不绝。社会主义从理论到实践，从一国到多国，殖民地半殖民地国家民族民主革命蓬勃发展，帝国主义统治力量受到削弱，改变了世界政治力量的对比，鼓舞了世界人民争取进步事业的意志和信心。

民族是文化的主体，文化是民族的血脉。中华民族的复兴是中华文化复兴的前提。今天，中华民族越来越接近伟大复兴的实践目标，这要归功于科学社会主义理论的指导。正是在科学社会主义理论的指导下，中国人民发扬了伟大的团结斗争精神，前仆后继地进行社会主义革命，实现了国家和民族独立的目标，促进了世界社会主义运动的发展。20 世纪八九十年代，在东欧

---

① 伊曼纽尔·沃勒斯坦：《现代世界体系》第 1 卷"序"，尤来寅等译，高等教育出版社 1998 年版，第 1 页。

剧变、苏联解体,世界社会主义运动陷入低潮之时,邓小平同志力挽狂澜,并预言:"我坚信,世界上赞成马克思主义的人会多起来的,因为马克思主义是科学。"① 中国共产党成功地捍卫了中国的社会主义事业,继续破浪前行。中国特色社会主义的理论创新,掀起了社会主义运动的思想解放和改革开放高潮。70 年来,中国人民从站起来到富起来,逐渐走向强起来,重新自信地屹立在世界民族之林。中国特色社会主义的成功不仅在中华人民共和国发展史上和中华民族发展史上具有重大意义,在世界社会主义发展史上和人类社会发展史上也具有重大意义。

社会主义本质上是一种世界观和价值观,是一种超越资本主义文明的新型人类文明。如陈先达教授所说,我们"应该站在社会形态更替的高度来审视马克思主义和中国传统文化的关系"②。社会主义不仅是一种社会制度,而且是一种能取代资本主义的先进文化。我们应该把中华民族的伟大复兴和社会主义运动、社会主义文化建设联系起来,从人类文明创新的角度理解和诠释中华民族的伟大复兴。中国文化自古就有"为天地立心,为生民立命,为往圣继绝学,为万世开太平"的志向和传统。根据"社会存在决定社会意识","人的本质是一切社会关系的总和"等历史唯物主义思想,我们可以得出这样的结论:今天的 14 亿中国人都是社会主义先进文化的主体,社会主义先进文化是中国人的血脉。有人说过去是社会主义救中国,现在是中国救社会主义。我们应该坚定社会主义文化自信,树立社会主义文化建设和传播的自信和担当意识。

这种文化自信和担当源于中华优秀传统文化的自信和中国一百多年来文明创新的实践。《诗经·大雅·文王》中就有"周虽旧邦,其命维新"的观点,意思是说:周虽然是旧的邦国,但其使命在于革新。冯友兰先生将其概括为四个字——"旧邦新命",认为它代表着中国文化的基本精神——不断创新、不断前进,通俗地说就是与时俱进。清末,当这种古老的文明不能应对资本主义文明的挑战后,无数仁人志士就开始对古、今、中、西各种文明进行多

① 中共中央文献编辑委员会:《邓小平文选》第 3 卷,人民出版社 1993 年版,第 382 页。
② 陈先达:《马克思主义和中国传统文化》,人民出版社 2015 年版,第 4 页。

方比较和反复争论，真理越辩越明，以共同富裕为价值追求的社会主义文明深深吸引了中国先进知识分子，他们迅速成立了中国共产党这一用先进理论指导的领导集团，组织和带领全国各族人民亲身实践，把社会主义成功地推向21世纪。中国人民正在通过社会主义这一全新的制度建设，构建一种超越资本主义的社会文明，为人类发展开辟新航道。中国的崛起让世界人民看到了社会主义的强大活力，极大地鼓舞了人们对社会主义的信心，振奋了人们反抗剥削和压迫的精神面貌，为社会主义文化的复兴带来光明。

其次，复兴中国优秀传统文化的自信。当今世界，人们不仅生活在资本主义文明主导的世界，而且生活在一个完全不同于古代社会的现代社会。那么这两种社会及其主导的文化有什么关系？在马克思的早期视域中，他认为资本主义的生产资料所有制关系构成了现代社会的基本结构，是"资本处于支配地位的社会形式"，资本逻辑是现代社会的根本特征。现代社会的意识形态本质上是为资产阶级的统治服务的。因此，他把"现代社会"等同于"资产阶级社会"和"资本主义社会"，宣称"'现代社会'就是存在于一切文明国度中的资本主义社会"[①]，并且认为一切国家和民族都要经历资本主义的社会形态。如《共产党宣言》所说："它迫使一切民族——如果它们不想灭亡的话——采用资产阶级的生产方式；它迫使它们在自己那里推行所谓的文明，即变成资产者。一句话，它按照自己的面貌为自己创造出一个世界。"[②]马克思晚年开始研究东方社会的生产关系，他发现俄国、印度等国的历史与西欧社会很不一样，在东方社会普遍存在着悠久的村社土地公有制传统。于是他提出，为了降低人道主义灾难，俄国农村公社在一定条件下可以跨越资本主义的"卡夫丁峡谷"，即俄国农村公社能够不经受资本主义生产的可怕的波折，而占有它的一切积极的成果。也就是说，马克思晚年不再把现代社会仅仅等同于资本主义社会，而是认为"现代性拥有多种可能的发展形式和

---

① 中共中央马克思恩格斯列宁斯大林著作编译局：《马克思恩格斯选集》第3卷，人民出版社2012年版，第73页。

② 中共中央马克思恩格斯列宁斯大林著作编译局：《马克思恩格斯文集》第2卷，人民出版社2009年版，第35—36页。

实现方式"①。

当代西方学者的主流观点是把资本主义看作是现代社会的一个构成要素，而不是现代社会的全部。英国哲学家吉登斯也提出："我们可以把资本主义社会看作现代社会的一种独特的次级类型。"②吉登斯和沃勒斯坦等把资本主义看作是现代社会的经济结构，马克斯·韦伯和马克思·舍勒则把资本主义理解为一种文化精神。马克斯·韦伯认为区分传统社会和现代社会的不是人们的生产方式或社会整合方式，而是人们的思维方式、人们的世界观、人们对世界的解释系统等。他特别强调现代社会的西方文化色彩，认为现代社会是西方新教改革的产物，是新教改革导致的人们思维方式理性化的结果。在韦伯那里，现代性与理性（rationality）近乎是同义语。"韦伯将理性视为资本主义的重要特征，并将理性确立为西方固有的、独特的文化传统。在他看来，'只有在西方'才发展出了具有'普世性'和理性形式的包括资本主义、科学、艺术、建筑、国家和社会组织等文化现象，而'东方'则是现代性的对立面以及传统、落后、野蛮、非理性的代名词。"③在韦伯看来，现代化的过程就是工具理性不断扩张的过程。韦伯将理性分为两种，即价值（合）理性和工具（合）理性。工具理性指通过精确计算的方法实现功利最大化，价值理性考虑的是能否实现社会的公平、忠诚、正义、荣誉等。韦伯已经敏锐地发现，日益理性化的社会存在着一个二律背反现象，即：社会合理化与个人自由、工具理性和价值理性之间并非总是一致的，人们不仅日益陷入理性化所造成的"铁笼"之中，而且工具理性逐渐压倒价值理性，人们越来越面临着"意义丧失"和"自由丧失"的文化危机。韦伯关于现代社会的合理化思想及其对理性的二重划分，成为西方社会批判理论的重要思想来源。卢卡奇的"物化"概念、法兰克福学派代表人物霍克海默和阿道尔诺提出的"理性辩证法"思想都受其影响，这些理论都对西方引以为傲的现代文明提出了

---

① 郗戈：《现代性的矛盾与超越——马克思现代性思想与当代社会发展》，中国人民大学出版社2014年版，第51页。

② ［英］吉登斯：《现代性的后果》，田禾译，译林出版社 2000 年版，第 50 页。

③ 陈占江：《现代性的他者："传统"与"中国"——以马克斯·韦伯和黄仁宇为讨论对象》，载《社会学评论》2017 年第 4 期。

尖锐的批判。

对现代文明的反思一直伴随着现代化的历史进程。自从西方人开启现代化的生存方式以后，各个国家和民族在西方文明软硬兼施的逼迫下进入一种世界历史性的存在。无论是从"资本逻辑"还是"理性异化"的角度来看，都存在着物极必反现象。各种现代性问题和危机，诸如生态危机、社会危机、心灵危机、金融危机、核危机，以及其他不确定性的社会风险层出不穷，愈演愈烈。正如英国哲学家吉登斯在《现代性的后果》中所言的："我们今天生活于其中的世界是一个可怕而危险的世界！"[①] 这个"可怕而危险的世界"是西方所倡导的现代文明的必然结果。1856年4月14日，马克思在于英国伦敦举行的《人民报》创刊纪念会上发表演说："在我们这个时代，每一种事物好像都包含有自己的反面。我们看到，机器具有减少人类劳动和使劳动更有成效的神奇力量，然而却引起了饥饿和过度的疲劳。财富的新源泉，由于某种奇怪的不可思议的魔力而变成贫困的源泉。技术的胜利，似乎是以道德的败坏为代价换来的。随着人类愈益控制自然，个人却似乎愈益成为别人的奴隶或自身的卑劣行为的奴隶。甚至科学的纯洁光辉仿佛也只能在愚昧无知的黑暗背景下闪耀。我们的一切发现和进步，似乎结果是使物质力量成为有智慧的生命，而人的生命则化成为愚钝的物质力量。现代工业和科学为一方与现代贫困和衰退为另一方的这种对抗，我们时代的生产力与社会关系之间的这种对抗，是显而易见的、不可避免的和毋庸争辩的事实。"[②]

马克思生动地揭示了现代社会的内在矛盾，但是囿于19世纪人们文化视野的客观局限，尽管马克思晚年开始关注东方社会和东方文化，并且其"东方社会理论"为后发国家超越资本主义文明提供了理论基础，实际上他对东方文化有效破解现代性问题的文化路径尚未考虑成熟。他对资本主义主导的现代性的超越主要依据的是唯物辩证法和历史唯物主义的世界观，他把希望寄托于资本主义或现代文明社会的自我扬弃机制。例如他在《1844年经

---

① ［英］吉登斯：《现代性的后果》，田禾译，译林出版社2000年版，第9页。
② 中共中央马克思恩格斯列宁斯大林著作编译局：《马克思恩格斯文集》第2卷，人民出版社2009年版，第580页。

济学哲学手稿》中所说"自我异化的扬弃同自我异化走的是同一条道路"①；以及在《共产党宣言》中所说"资产阶级用来推翻封建制度的武器，现在却对准资产阶级自己了"②，"资产阶级不仅锻造了置自身于死地的武器；它还产生了将要运用这种武器的人——现代的工人，即无产者"③。总之，生产力和生产关系的矛盾运动是马克思构建新型现代文明的理论自信。现在看来，抛弃资本主义主导的现代社会的弊端，光靠生产力和生产关系的矛盾运动还是远远不够的。

20世纪的两次世界大战，让越来越多的西方知识分子把批判的矛头对准了引发西方现代化运动的文化因素，西方人曾经引以为傲的思维方式和价值观，西方文化所青睐的理性和斗争精神受到了彻底的批判和反思，一些人甚至对西方文化与现代文明的态度陷入悲观。如，第一次世界大战后，德国著名的历史学家和历史哲学家奥斯瓦尔德·斯宾格勒就写作了《西方的没落》，提出大多数文化都经历了一个生命的周期，西方文化也不例外。他们认为，西方已经走过了文化的创造阶段，正迈向无可挽回的没落。其后法兰克福学派代表人马克斯·霍克海默与西奥多·阿道尔诺在其合著的《启蒙辩证法》中指出，启蒙运动高扬的人类理性和人的主体性，显然，主体是相对于客体而言的，主体性与权力是一体两面的关系，这就意味着在现代社会里，权力是一切关系的原则，主体对于客体的统治思维由此确立。对于主体性的迷恋就是对于权力主体自身的迷恋。启蒙以科学为武器，将上帝的领域不断蚕食。科学试图归纳出一个包罗万象的体系，将世间万物都纳入其中，并且向世界宣称自己的绝对权威。利用科学，人们可以更好地实现对自然的控制和奴役。《启蒙辩证法》指出，启蒙运动使人类取代了造物主的地位，人类借助理性的同一性将形形色色异质性的存在者归结为一，体现出自己对于自

---

① 中共中央马克思恩格斯列宁斯大林著作编译局：《马克思恩格斯文集》第1卷，人民出版社2009年版，第182页。

② 中共中央马克思恩格斯列宁斯大林著作编译局：《马克思恩格斯文集》第2卷，人民出版社2009年版，第37页。

③ 中共中央马克思恩格斯列宁斯大林著作编译局：《马克思恩格斯文集》第2卷，人民出版社2009年版，第38页。

然和社会秩序的独裁统治和绝对命令。万物存在的标准对人类而言似乎只剩下是否可以加以利用。人类理性逐渐沦落为工具理性并为权力服务，日渐失去了反思批判的能力。工具理性的膨胀将人类的视野仅仅局限于手段和技术的发展，忽略了本应与之协调发展的价值理性，导致了一系列社会弊病。

尼采和列奥·斯特劳斯都指出，现代性的本质在于争取权力的斗争，它有两条基本路径：一条是时间维度上，新的反对旧的，进步的反对落后的；一条是空间维度上，高的反对低的，或者中心的反对边缘的。这是一种片面的、孤立的、形而上学的思维方式和价值观。正像赵汀阳先生所说，主体性与权力思维模式的弊端在于"自我中心"、民族主义，缺乏"他者"视野。这种狭隘的文化视野与当今世界民族／国家的分析单位相匹配，但它已经无法满足今天日益一体化的世界。因为"当今天的所有问题都变成世界性问题时，就不得不思考'世界制度'的问题"①，西方文化只能思考到国内社会制度，无法思考出一种世界制度。西方文化主导的现代制度只是国内社会制度，而不是世界制度。因而，现代世界体系处在无序状态，国际社会的无序状态不仅会导致马克思所说的生产的社会化与私有制的矛盾，而且必然导致霍布斯所说的"所有人反对所有人"的状态。因此，赵汀阳认为："没有世界观的世界"是产生和解决全球问题的根本所在。

西方文化虽然用自然科学为自然界立了法，却没有足够的能力为人文世界立法，因为它观察问题缺乏超越"自我中心"的立场。相反，中国的老子早就提出"无立场"的方法论，所谓"以身观身，以家观家，以乡观乡，以邦观邦，以天下观天下"（《道德经·五十四章》），儒家文化则以"家—国—天下"的伦理秩序建构中华文明，中国文化中的"天下"概念意味着中国文化思考问题具有一种"世界尺度"，是一种"比西方分析单位结构更广阔，因此更有潜力的解释框架"②。这种以"同一片天"为准的思维立场不会产生不共戴天的对立意识，因为"和实生物，同则不继"，"同一片天"需要多样性的和谐来维持。正像中国太极图所喻示的，除了"道"，世界上没有孤立的存

① 赵汀阳：《没有世界观的世界》，中国人民大学出版社 2005 年版，第 7 页。
② 赵汀阳：《没有世界观的世界》，中国人民大学出版社 2005 年版，第 12 页。

在，阴阳和合万物方生，中国人总是认为共存是存在的先决条件。这样的世界观才能兼容万事，具有足够的开放性。"在天下一家的理想影响下，在中国的意识里不存在'异端意识'，于是，中国所设定的与'他者'（the others）的关系在本质上不是敌对关系，其他民族或宗教共同体都不是需要征服的对象。"① 与之相反，西方文化以基督教为代表，总喜欢把世界看成是分裂的，天堂和地狱，教徒和异教徒，神圣的和异端的，"这种分裂性的理解是几乎所有无法调和或解决的冲突和战争、迫害和征服的思想根源"②。除此之外，中国文化对于解决当今世界人类面临的各种危机还有许多自己的智慧。西方文明捉襟见肘之时，正是被西方称为异端的东方文明解蔽之机。

赵汀阳先生指出，既然文化是一种"生活形式"，那么它就像维特根斯坦所说的游戏一样，既可以有自己的个性又具有开放性，可以通过规则的选择和建构而具有多种可能性，多一种文化就对生活多一种理解和创作。不同的文化能够给对方提供重要的反思资源，这是跨文化研究的理论意义。中国文化就是中华民族的整体生活方式和价值系统。它形成于几千年巨大的时空存在和丰富的社会历史经验，有自己的问题体系、观念总结和运行逻辑，是一种不可忽视的生存智慧。近代以来西方文化所向披靡，"它没有把中国的经验、问题和观念纳入其中，这意味着目前世界上流行的知识模式缺乏充分的经验基础和理论准备，这在学理上是严重缺陷"③。

随着中国的崛起，国际社会对中国创造的现代化奇迹产生了浓厚的兴趣，渴望破解中国成功的秘诀。通过比较研究，很多学者认同这样的观点：中国共产党的领导是中国特色社会主义最本质的特征，是中国特色社会主义制度的最大优势。的确，正如习近平总书记所说，中国有了中国共产党执政，是中国、中国人民、中华民族的一大幸事。中国的政治体制既高效又灵活、既民主又集中、既多样又团结，具有更强的生命力、创造力和竞争力。原因在于它继承了中国传统文化治国理政的丰富经验，充分利用中国古代

---

① 赵汀阳：《没有世界观的世界》，中国人民大学出版社 2005 年版，第 33 页。
② 赵汀阳：《没有世界观的世界》，中国人民大学出版社 2005 年版，第 15 页。
③ 赵汀阳：《没有世界观的世界》，中国人民大学出版社 2005 年版，第 237 页。

"大一统"的集中管理传统、"选贤任能"制度和"以德治国"的政治文化传统。它把古代社会"有德之君"的统一领导换成了中国共产党这一掌握先进理论的先进集体的领导。中国共产党的正确而坚强的领导，把一盘散沙的中国人民团结起来，通过群众路线，充分发挥人民群众创造历史的主体力量，在社会主义革命、建设、改革的伟大进程中，克服一个又一个艰难险阻，取得一个又一个胜利，把中国从一个积贫积弱的国家发展成为世界第二大经济体。

从毛泽东思想、邓小平理论、"三个代表"重要思想、科学发展观，到习近平新时代中国特色社会主义思想，无不体现了中国传统文化治国理政的实践智慧。讲仁爱、重民本、守诚信、崇正义、尚和合、求大同等中华优秀传统文化是中国社会主义文化之源，具有超越时空的价值，不仅为中华民族发展壮大提供了丰富滋养，也为人类文明进步做出了卓越贡献。我们应有充分的理由和充足的底气复兴中国优秀传统文化。

再次，充分发挥社会意识对社会存在的能动的反作用。马克思、恩格斯在与唯心主义历史观斗争的过程中，不得不特别强调经济生活、生产力发展水平对社会生活和社会意识的决定作用，给人以"经济决定论"的误解，实际上他们始终强调社会意识、人们的思想认识的相对独立性以及它们对社会存在的能动的反作用。在《〈黑格尔法哲学批判〉导言》中马克思就指出，"理论一经掌握群众，也会变成物质力量"[①]，以及"哲学把无产阶级当作自己的物质武器，无产阶级也把哲学当作自己的精神武器。思想的闪电一旦彻底击中这块朴素的人民园地，德国人就会解放成为人"[②]。在《关于费尔巴哈的提纲》中，马克思在批判旧唯物主义者时就清晰地表明自己的哲学立场是立足于人的实践的存在方式，把唯物主义对客观性的强调与唯心主义对精神能动性的强调有机结合起来，是辩证的唯物主义。在《1844年经济学哲学手稿》中，马克思认为实现共产主义需要两个基本条件：一是生产力的高度发展使人摆脱物质束缚，二是人对人的普遍性本质和利他性本质的真正占有。

---

① 中共中央马克思恩格斯列宁斯大林著作编译局：《马克思恩格斯文集》第1卷，人民出版社2009年版，第11页。

② 中共中央马克思恩格斯列宁斯大林著作编译局：《马克思恩格斯文集》第1卷，人民出版社2009年版，第17—18页。

他认为，生产力的高度发展并不会自然而然地实现人的本质，"精神异化"会延缓人的本质的实现。还是需要通过文化的改造提升人的本质，人才能成为真正自由、自觉、自主的，具有利他性的"社会的人"。

毛泽东时代特别注重对人的灵魂的文化改造，试图通过树立"大寨精神""雷锋精神"，为社会主义建设培养具有大公无私、集体主义精神的"新人"。但由于忽视了生产力发展的基础条件而陷入主观唯心主义的失败。改革开放引入社会主义市场经济体制，中国经济迅速崛起为世界第二大经济体。然而市场经济在促进物的世界增值的同时，也打开了人欲这个潘多拉魔盒，资本逻辑的不断扩张，一些人不可避免地陷入"拜物教"；再加上社会转型时期秩序失范导致的利益分配不公现象，使个体不得不成为精于算计的理性"经济人"，过多地关注自身的物质利益，一些人为此"告别崇高"而放弃精神信仰。一些人看不清市场经济机制下人与人的关系被物与物的关系所终结的秘密，不理解市场经济只是发展生产力的手段而非根本性目的，以为历史将终结于资本主义，终结于市场经济，终结于利己主义的人性假设等，从而在文化上崇洋媚外，全盘否定中国传统文化凝结的古老智慧，忽视新中国革命与建设中所创建的社会主义先进文化蕴含的先进智慧。

历史总是在扬弃中向前发展的，中国特色社会主义已经进入新时代，2020年中国全面建成小康社会，这为中国人民摆脱物质束缚、提升需求境界、拥有"人的需要"，提供了比较充分的物质基础。新时代，我们要自觉发挥社会主义先进文化的育人功能，立德树人，充分调动人民群众改造世界、创造美好生活的历史主动性，实现中华民族伟大复兴的中国梦。

四、近代中国文化衰落与复兴的内在逻辑

中西文化可谓分属两种相反的世界观和价值系统：西方文化强调天人相分、个体本位、认知理性、信仰宗教、追求来世彼岸的幸福；中国文化强调天人合一、群体本位、情感理性、无宗教信仰、追求现世此岸的幸福。钱穆先生认为中国文化最典型的特征是"天人合一"。按照"天人合一"的世界观，中国不太可能出现西方式咄咄逼人的现代化运动，以及崇尚弱肉强食的

现代化社会。梁漱溟先生在《东西文化及其哲学》一书中对这一观点进行了详细的论证。他指出，东西方民族在遇到主客观矛盾时，所采取的态度、路向不一样：西方人是肯定意欲，发挥主观能动性，积极向前征服改造客观事物；中国人则是反求诸己，致力于调和自己的主观意欲，尽量使其适应客观事物的现状，所谓"安遇知足"。这样的文化重农轻商，缺少商品经济的冒险精神、积极性和主动性。两种文明一旦交锋，胜败不言而喻。1840 年鸦片战争开始，西方列强硬生生地打开了古老中国相对封闭的国门。于是，割地赔款、落后挨打，中国社会发展陷入恶性循环之中，中华民族到了生死存亡的时刻。从师夷长技以制夷，到变法维新的失败，中华民族痛苦地发现，在资本主义横行霸道的世界里，依靠中华传统文明"仁义礼智信"的王道文明已经无法对付西方的霸道文明。"因为我们靠仁智礼义信确实敌不过坚船利炮。在这个层次上，西方文明确实有效。她能从肉体上消灭你，让你彻底丧失作为一种文明的资格。"①

中华民族五千多年的文明史证明，中国文化具有强烈的人文关怀和替天行道的担当精神。所谓"不忘初心，方得始终"，中国是文化的中国，中华民族的伟大复兴与中华民族文化的伟大复兴是一体两面的。因此，"中国现代性之建构绝不仅是求国家之富强，中国现代性之建构，讲到底，是在求建立一个中国的现代文明秩序。中国的现代文明秩序不只是法律的、经济的、社会的秩序，也包括伦理的、政治的、学术的与生态的秩序"②。习近平总书记在亚洲文明对话大会开幕式上指出，文明因多样而交流，因交流而互鉴，因互鉴而发展。一般来说，"天时、地利、人和"同样适用于文化的发展与创新。当今世界，西方文化、立足西方而又超越西方的马克思主义、中国优秀传统文化是人类文明综合创新的主要文化资源。但是，虽然马克思主义产生于西方，其在西方的传播也比在中国早，并且中国哲学也很早就传入西方，西方却从来没有把马、中、西的文化对话和文化创新作为研究课题。

---

① 宇燕、盛洪：《旧邦新命：两位读书人漫谈中国与世界》，生活・读书・新知三联书店 2004 年版，第 30 页。
② 金耀基：《从传统到现代（卷一）》"序"，法律出版社 2010 年版，第 4 页。

目前看来，中华文明恰好具备了对不同文明进行综合创新所需的"天时、地利、人和"条件。这是因为：

第一，"落后挨打""三千年未有之大变局"的历史境遇迫使中华民族树立起学习异质文化的积极心态。 从社会文化发展心理来看，人们一般会因为对民族文化的情感认同而缺乏自我文化的批判和反思意识，导致文化视野的狭隘偏执。由于缺乏自我批判，该民族文化中的负面因素会不断积累，逐渐走向反面，古老的中国文化就是如此。由于中国文化的先进性，中国历代王朝一向把外国视为夷狄，而以"天朝上国"自居，认为"荒服之外，无非藩属，悉我从仆"。14、15世纪开始，西方世界已经从宗教的蒙昧统治中苏醒过来进入蓬勃发展时期，中国的封建王朝却日益陷入盲目的自信，走向闭关锁国的狭隘思维，失去与外部世界平等对话、积极吸收异质文化的机会。中国以"仁""礼"为代表的儒家文化，原本是一种设计非常先进、非常成熟的文化，发展到明末以后，逐渐演变为借"三纲五常"而"吃人"的礼教文化了，脱离了其本来的目的和意义。从中国文化本身的发展历史来看，中国传统文化太老太旧了，需要新的思维来激活它。

文化发展要走出路径依赖，需要有一种"空杯心理"。所谓"空杯心理"，是指学习前把自己想象成"一个空着的杯子"，不妄自尊大，不抱成见，即抱着谦虚的心态。否则就什么也学不进去。近代"落后挨打"的历史境遇破除了中国人长久以来的文化自满心态，迫使中国先进知识分子对中国传统文化进行深刻的文化自省，谦虚地学习西方文化的优点。

由于中国的现代化主要是外力促逼而生的，是"外发型"的，相对于西方先进国家来说，属于"后来者型"。这种"外发型"和"后来者型"的现代化，初期总以向先进国家借取经验为主，亦即会出现大量之文化"借取"现象[①]。以胡适、陈序经为代表的知识分子甚至提出"全盘西化"论。胡适说："我们必须承认我们自己百事不如人，不但物质上不如人，不但机械上不如人，并且政治社会道德都不如人。"[②] 首先提出"全盘西化"一词的陈序经认

---

① 金耀基：《〈从传统到现代〉补篇》，中国法律出版社2010年版，第14页。
② 胡适：《胡适语萃》，华夏出版社1993年版，第155页。

为"彻底的全盘西洋化"的办法，是挽救中国民族危亡的唯一出路。这也是当时留洋先进分子的普遍共识。他们不单反孔反儒，还反文言文（提倡白话文），反中医（提倡西医），反汉字（提倡音节字）……总之，中国文化的出路就是要抛弃传统，全盘西化。

从师夷长技到维新变法，再到大力引进西方的"科学"与"民主"精神的新文化运动，特殊的历史境遇赋予了中华民族文化反思和文化再造的激情。

第二，宽容开放的文化品质使中国文化有可能承担人类文明综合创新的历史任务。相对于西方基督教文明，中华文明原本是非常宽容和开放的。中华民族是一个崇尚学习和善于学习的民族。因为其秉持的世界观和价值观是：和实生物、多元互补。首先，中华文明的精神理念是"万物并育而不相害，道并行而不相悖"（《礼记·中庸》）。所谓"并育"，不仅指不同事物之间的共存，而且指不同文化之间的平等共存、彼此促进。其次，中华民族对异质文化具有强烈的学习欲望。孔子曾说："三人行，必有我师焉。择其善者而从之，其不善者而改之。"这就使中华民族对异质文化宽容、吸收和消化的能力特别强，一个明显的例证就是对北方游牧文化和印度佛教文化的吸收与消化。目前，佛教在印度几乎失传，在中国却以禅宗的形式保留下来，并与儒家文化、道家文化共同构成中国文化的三大支柱。近代救亡图存的现代化运动再次显示出中国文化的开放性。如20世纪初，新文化运动对传统文化进行了釜底抽薪式的革命。胡适等近代知识分子甚至打出"全盘西化"的口号，要求对整个文化理念、基本价值观和语言进行革命。"可能没有别的国家像中国这样推翻了自己传统的意识形态和价值观，而代之以他者的意识形态和价值观。"[①]虽然比较极端，但也再次证明中国文化的开放性、包容性和实事求是、与时俱进的优秀品质。

中华文明崇尚的这种多元共存、平等互惠的精神理念，非常适于承担人类文明综合创新的历史任务。而且中国人相信天命，所谓"天命靡常，惟德是辅"，天道是天地万物运行的规律，人道是促进人类文明延续与发展的

---

① 赵汀阳：《没有世界观的世界》，中国人民大学出版社2005年版，第23页。

行为准则。中国文化认为天道与人道是合一的。所谓"为天地立心，为生民立命""替天行道"，中国人特别强调先进人物、先进群体的文化传承和创新使命。近代以来，中国遭遇了三千年未有之大变局，观察和分析新的天命就是中国文化发展的时代课题。既然西方开启的工业文明是不可阻挡的世界潮流，就应该把这种文明认定为新的天命；既然中国古老的文明暴露出局限性，就应该取长补短，与时俱进；既然今天的世界已经进入地球村状态，就应该看到世界文明对话有了新的历史条件。不带偏见地看，和实生物、合作共赢同样适合各种文化、文明的发展，用中华文化理念和经验引领当今世界各种文明的交流互鉴，完全符合世界人民的整体利益。

赵汀阳先生说，中国文化与西方文化并不是一种对立性的关系，尽管中国文化非常不同于西方，"非常不同"的东西之间不见得是对立的，很可能是互补的。事实上"中国已经是世界上最开放的国家，中国引进了几乎所有欧洲的思想文化，造成了中国当下文化的多种资源，可以说，欧洲文化已经成为中国当代文化的一部分，欧洲思想已经成为中国思想的一部分。这是中国文化在未来的发展创新的一个丰富基础。相反欧洲所接受的中国文化是很少的，几乎没有什么中国思想被接受而成为欧洲的思想，这是欧洲自己的封闭性和狭隘性"[1]。

第三，中华民族对人与世界紧张关系的心理体验更为敏感。东方文化与西方文化在思维方式上恰似两个极端。赵汀阳先生指出，西方基督教把分裂的概念带进西方思想，以分裂性的方式理解世界，把世界划分为神圣的和异端的，这种分裂性的理解几乎是一切冲突和战争、迫害和征服的思想根源[2]。东方文化普遍崇尚和合。作为东方文化的代表，中国文化中的"天人合一""厚德载物""己所不欲、勿施于人""和而不同"的伦理准则与"天下为公""协和万邦"的社会理想等，作为文化基因渗透在中华民族的思维方式和行为模式中。面对西方文化崇尚的"分离斗争"所带来的人与世界的紧张关系，中华民族有更敏感、更痛彻的文化心理体验，更能激发其文化上的问

---

① 赵汀阳：《没有世界观的世界》，中国人民大学出版社 2003 年版，第 262 页。
② 赵汀阳：《没有世界观的世界》，中国人民大学出版社 2003 年版，第 15 页。

题意识和文化创新决心，激活其对中华民族五千年实践智慧的理解和感悟，从而有更大的可能性为人类关于美好生活的追求提供新的方案。金耀基先生说："中国现代化运动是一庄严神圣的运动，它不只忠于中国的过去，更忠于中国的未来，它不只在解放中国历史文化的危亡，更在把中国的历史文化推向一更高、更成熟的境地。"①

　　事实上，西方学者也在对西方文化进行比较严厉的批判。如，20世纪20年代德国创立了法兰克福学派的"现代批判"理论，20世纪70年代美国的罗蒂、法国的德里达和利奥塔等人开创了后现代主义论调，这些理论继承了西方文化的批判精神，都对西方文化进行了釜底抽薪式的激烈批判。但是由于缺乏经济、政治制度的环境支持，这种文化的自我批判对社会生活的改变微乎其微。而且，西方学者的文化批判视野有限，所谓"它山之石，可以攻玉"，西方文化本应该借鉴东方文化智慧以突破自身文化视野的狭隘性，但是西方学者的斗争思维和文化傲慢心理，一定程度上也有一种异教排斥心理，限制了他们的文化视野，结果是批判有余而创新不足。

---

① 金耀基：《从传统到现代》，法律出版社2010年版，序第3页。

第一章　借鉴哲学诠释学彰显马克思主义中国化的
文化维度和文化意蕴

　　人类文明的对话和创新有其自身的发展规律，20 世纪 60 年代德国哲学家伽达默尔创立的"哲学诠释学"是关于理解活动的哲学反思，已成为指导文化交往和进行文化创新的重要思想方法。哲学诠释学的主要贡献在于揭示了理解的目的是追求实践智慧；理解的方式是"我——你"关系上的以"问题"为主导的"对话"过程；理解的前提和影响因素有：前理解、语言和历史间距；理解的效果应该是创造性理解、视域融合和效果历史。哲学诠释学对人文社会科学的启示有：明确人文社会科学的研究对象、研究方法和研究目的；解放思想，批判独断论、教条主义和权威迷信，主张宽容、对话；关注接受主体的"前理解"；鼓励接受主体的"创造性理解"等。哲学诠释学的这些主要思想和范畴对于深化马克思主义中国化的文化内涵理解，彰显马克思主义中国化的人文价值，树立文化自信，以及创新关于世界、人生的新的理解和解释系统有启发意义。

第一节　哲学诠释学及其对人文社会科学的方法论意义

一、哲学诠释学的历史渊源

　　诠释学产生于 17 世纪，起初是以追求作者原意为目的，探讨"避免误解的艺术"。其后则以追求"读者—文本"互动而彰显出的意义为目的。"诠释学"一词源于古希腊神话中一位信使的名字，这位信使叫赫尔墨斯

（Hermes），他负责把神的旨意传递给人间的凡夫俗子。由于神的语言和人的语言不一样，因此赫尔墨斯不能简单地传话，而是要把神的语言翻译成人的语言。由于理解活动是以语言为中介的，通常，语言的内涵、外延、语调、语态、语境、语场、语域等的变化，会导致语言使用中产生言外之意、言不及义、微言大义、歧义、模糊语等现象，使意义的真实表达和正确理解成为一个问题。因而，研究理解活动中存在的规律并提出有效的规范，尽可能地把握作者或文本的真意，就成为诠释学产生的历史背景。

19 世纪被称为"诠释学之父"的德国哲学家施莱尔马赫自觉地对理解本身进行反思，创立了一种适用于一切文本的一般诠释学，又称方法论的诠释学，希望通过科学的解释方法消除读者和作者之间由历史间距而造成的误解，恢复作者的原意。例如他提出了"心理解释"的方法，要求读者通过"心理重建"和"心理移情"设身处地地体验作者当时的心理情态，捕捉作者的"原意"。其后，狄尔泰对自然科学和精神科学进行了革命性的区分。他提出自然科学的对象是客观的无生命意义的自然对象；精神科学的研究对象则是人类的意义世界及其积淀的精神文化成果，其理解目的是加深人类的自我认识，理解就是"确定生活中有意义和价值的东西"①，需要借助理解者的自我"体验"才能实现。方法论诠释学对读者心理体验的强调，在某种程度上肯定了读者的主观性参与对理解效果的影响，为"作者中心论"向"读者中心论"的诠释学转向，做了必要的铺垫。

诠释学的本体论转向缘于这样的"问题情境"：欧洲近代自然科学在给人类造福的同时也带来了巨大的灾难，危机背后隐藏的是近代欧洲的理性危机。胡塞尔在 1954 年发表的《欧洲科学的危机与先验现象学》中指出：自然科学的强劲发展使它达到了这样的僭妄，它自诩为理性的唯一形式。在自然科学、工具理性的阴影下，人文科学在不断边缘化，甚至徒有其名。胡塞尔通过现象学回返理性之源，认为自然科学本质上从属于精神科学，与自然科学相联系的工具理性并不是理性的唯一形式，应该关注价值理性，关注人类

---

① ［德］H.P. 里德曼：《狄尔泰》，中国社会科学出版社 1989 年版，第 88 页。

的精神世界，关注人类生活的意义。但是，人的精神世界并不像外部的客观世界那样确定和客观，它是主观的、多元的，因而过去那种追求"作者"或"文本"客观意义的方法论的诠释学面临转向的需要。

1927年，海德格尔发表了他的代表作《存在与时间》，既开启了存在主义哲学，又推动了诠释学的本体论转向。存在主义认为人是在无意义的宇宙中生活，人的存在本身没有意义，但人还是可以为自己的存在赋予意义，并根据这种自己赋予的意义去造就自我。那么，如何为自己的存在赋予意义？海德格尔认为要通过人的"理解"活动，"理解"不是一种认知行为，而是此在筹划自身可能性的存在方式。这样，理解活动就由追求知识的方法论转向了追求生存智慧的本体论，"诠释学不再被认为是对深藏于文本里的作者心里意向的探究，而是被规定为对文本所展示的存在世界的阐释"①。其后，伽达默尔于1960年发表的《真理与方法》进一步丰富和推进了海德格尔所开启的哲学诠释学。

二、哲学诠释学的主要观点和贡献

1. 理解的目的：追求实践智慧

哲学诠释学揭示了"理解"是人的存在方式，理解的目的是对"一种生存状态"的认识。海德格尔揭示了"此在"与"存在"的关系："此在虽然也是一种在者，但却是一种特殊的在者，这个在者不是既定的、现成的东西，而是不断超越的存在，即生存。……它要追问存在的意义，此在是存在意义开显的场所。"②

作为一种历史与文化的存在物，"此在"通过理解活动，体悟存在的意义。如海德格尔所说，科学并不"思"，也就是不思"事实"本身的"意义"和"价值"。如果没有"意义"和"价值"的引领，科学愈是发展，愈有可能给人类带来灾难，奥斯维辛集中营就是典型的例证。因而，"理解"的目的

---

① 洪汉鼎：《诠释学——它的历史和当代发展》，人民出版社2001年版，第28页。
② 何卫平：《解释学之维——问题与研究》，人民出版社2009年版，第49页。

是读者基于自己特殊的生存境遇，体验和领悟存在的真理，达到"认识自己"和确立"世界应当是什么"的目的。如果说我们说明自然是为了"合规律"，那么我们理解精神是为了"合目的"。前者对应的是工具理性，后者对应的是价值理性。

伽达默尔喜欢用实践智慧来指称价值理性，他晚年阐发了亚里士多德的实践智慧学说。他指出，"实践"这一概念不是指技术的、生产的活动，而是指人类的政治的和伦理的生活。"实践智慧"指人在现实生活中选择善的一种能力，它不只是针对生活的部分，而是针对生活的整体，是一种实践理性和生活智慧，它与科学理性相对。为此，他区分了"知识型"真理和"智慧型"真理，他认为"知识型"真理涉及的是从特殊上升到普遍，从个别上升到一般，近代自然科学主要从事这方面的研究，取得了辉煌的成果，表现为工具理性的发展。然而，仅仅拥有知识，而不能妥善地将其应用于具体的境况，仍然是无意义的，甚至是危险的。例如，熟读兵法，并不一定会具体使用，并不会自动达成善的目的。两次世界大战给人类带来的灾难就是证明。在政治和道德实践中，需要的是一种实践智慧，即妥善处理一般知识与具体境况之间张力的能力。这种实践智慧叫"智慧型"真理，它涉及的是如何从普遍到特殊，从一般到个别。"智慧型"真理其实就是价值理性，它关系到人的安身立命问题。实践智慧首先是对自己特殊境遇的理解，在此基础上通过对文本意义的解读，把普遍的东西应用于自身具体的特殊境况，实现人的幸福和至善的目标。总之，理解的最高目标是"善"——这个人类生活中包罗万象的根本问题。

由于人是社会性的动物，因而人的幸福与社会理性的发展息息相关。社会理性要求拥有不同世界观和价值观的人们能够相互理解，达成共识，建立一个"共同的世界"。用费孝通先生的话说就是要从"各美其美"上升到"美人之美"，在此基础上实现"美美与共""天下大同"①。

---

① 费孝通：《文化的生与死》，上海人民出版社2009年版，第334页。

2. 理解的方式:"我—你"关系上的"问题"和"对话"

自然科学主要探讨的是"事实",人文科学主要探讨的是"意义"。意义的探讨要求理解中产生的关系——读者与文本的关系,不是单纯的主客体关系;要求理解的原则不仅仅是狄尔泰所提倡的——设身处地地对作者生命、内在心理进行"体验"以获得对作者原意的把握。伽达默尔的贡献在于提出了要在文本与读者之间追求一种平等的对话和互动。他指出文本是一种特殊的主体存在,读者与文本是一种"我—你"的伙伴对话关系。"即便是我们在观赏一幅艺术作品,阅读、理解文献材料,在伽达默尔的意义上仍然是对话。"① 这种"对话"式的主体间性关系突破了传统认识论取向中的"我—他"关系。"我—他"关系会造成主客对立、单向度、控制和被控制的思维模式。

一方面,文本在说话,读者阅读时必须认真"倾听",要打破"自我中心主义","在理解时不是去扬弃他者之他在性,而是要保持这种他在性",承认某种不能为"自我"所吞噬的东西。另一方面,根据辩证法(在古希腊,辩证法就是对话,对话就是辩证法,辩证法的原始意义是指持有对立观点的人围绕某一问题展开辩论,通过正—反—合的逻辑演进,使真理逐渐彰显)的要求,伽达默尔提出真理(意义)的彰显需要读者的积极参与,意义随对话的进行而显现。由此我们看到,伽达默尔的哲学诠释学充分肯定了读者的主观能动性,扬弃了方法论诠释学单一的"作者中心论"。

伽达默尔提出,"对话"必须围绕问题开展,否则就无法进行下去。"只有当我把传承下来的文本理解为对某个问题的回答时,我才能理解该文本……只有当我自己提出有关的问题,我才能把它理解为对某个问题的回答。因此,为了理解文本所说的东西,我必须让自己进入文本问题域中。"② 问题既开启了对话,又推动着对话。真正的对话"不是一方对另一方置之不顾的独白,只是自我表露和陈述一己之见,而是围绕着所提出的问题进行交谈,互相发表意见,互相倾听,互相启发,使各自的灼见和片面性都显示出

---

① 潘德荣:《伽达默尔的哲学遗产》,载香港《二十一世纪》2002年4月号,第65页。
② 洪汉鼎:《诠释学——它的历史和当代发展》,人民出版社2001年版,第233页。

来，使新的东西被认识到"[①]。理解是一种主体间性的双向交流互动活动，双方都不固执己见，在对话过程中达成彼此间视域的融合和扩展，从而与对话的"他者"建立一个"共同的世界"。理解作为一个对话过程是一个永无止境的语词游戏、语言自我推动的游戏，它充满了问题与回答，而且问题与回答相互交织，彼此相互缘起，逻各斯的意义就在其中显现，但永远不会被淘尽。

3. 理解的前提和影响因素：前理解、语言、历史间距

3.1. "前理解"是理解得以发生和发展的前提条件

自启蒙运动以来，人们一直把"先入之见"看成是令人憎恶的字眼，因为"先入之见"会阻碍人们客观把握事物的本来面目。人们总是力图摆脱历史和传统给予他们的"先入之见"或"偏见"，要求主体不带偏见地、像一面纯净无污染的镜子一样去反映和认识客体，哲学认识论差不多把全部精力都投入如何使认知主体摆脱"偏见"中去。受其影响，方法论诠释学也试图摆脱读者理解过程中的"偏见"以期消除误解，把握作者的原意。这种幻想被哲学诠释学彻底打破。

由于"此在"是时间中的存在，理解肯定会受此在"前结构"的影响，包括"前有"、"前见"和"前把握"，即已有的文化惯习、概念系统和假定等，也称"前理解"或"先入之见"。在人的社会化过程中，历史文化传统已经通过语言先在地占有了理解者，正像人不能扯着自己的头发离开地面一样，这种"前理解"或"先入之见"是无法彻底摆脱的。理解者只能站在历史所给予他的视野上，去进行人的自我理解。

伽达默尔还石破天惊地指出，这种"前理解"不仅不是理解的障碍，反倒是理解开展的前提条件，对意义创生具有积极作用。因为"前理解"是理解者的精神储备，正如"少年不识愁滋味"一样，理解者如果没有一定的精神储备，就无法与文本普遍性的含义达成共鸣。新的理解是在"前理解"的基础上开始的。作为理解起点的"前理解"决定了理解的角度、广度、深度

---

① 胡木贵、郑雪辉：《接受学导论》，辽宁教育出版社 1989 年版，第 224 页。

和态度。同时，"前理解"也是理解者向未知推进的已知参照系，协助理解者向新的理解开拓。

其实，西方哲学认识论在实践中也发现：即使是自然科学的认知也无法彻底摆脱主体的"前理解"，无法做到纯粹的客观。例如，培根在《新工具》中指出，人们在认识真理的过程中会受"种族假象""市场假象""洞穴假象""剧场假象"四种"偏见"的干扰；洛克在《人类理解论》中提出，语言在表达概念时会因为其不清晰性而导致观念的复杂和含混。卡尔·雷蒙德·波普尔的"观察渗透着理论"、托马斯·库恩的"范式理论"、拉卡托斯的"硬核——保护带"理论、费耶阿本德的"科学不过是一种与迷信和宗教相类似的信念"等，为伽达默尔的"前理解合法论"提供了一定的理论支持。

3.2. 语言

人文科学的研究对象是人类的精神世界，它看不见摸不着，只能通过语言表象出来。如洪堡所言："我们总是语言地据有我们的世界。"海德格尔说："语言是存在的家。"语言支配着我们对世界的经验，不同语言共同体的人拥有不同的意义世界。伽达默尔提出：语言不仅是存在的家，而且人是具有语言的存在，人在语言中的存在同时就是他在历史中的存在。因为当人学习和使用语言时，历史文化传统就通过语言占有了人。"人是在语言中不自觉地成为历史与传统的一部分，人又是在语言中不自觉地承继着传统，并把传统延续下去。"[1]

既然理解是一种对话活动，那么语言在理解中就具有重要作用。伽达默尔有句名言——"能够理解的存在就是语言"[2]，他把语言看成诠释学的本体。这样，文本就不能仅仅被看作是过去的残留物，而且应该被看作是过去向我们的一种诉说。理解不应是主体把握客体的认知方式，而应是一种主体间的生存体验的交流。语言是沟通过去和现在、作者和读者的媒介，是我们理解世界得以实现和经验世界得以构成的普遍媒介。伽达默尔对语言"本体论"的分析，突破了语言的工具性思维，指出了语言的意义在于开启说话和沟通

---

① 殷鼎：《理解的命运——解释学初论》，生活·读书·新知 三联书店 1988 年版，第 177 页。
② ［德］伽达默尔：《真理与方法》，上海译文出版社 1999 年版，序第 11 页。

的无限性。

　　然而作为交流和沟通媒介的语言有一定的局限性。语言既具有解蔽功能，又具有遮蔽功能。语言的"解蔽功能"是指"言为心声"，语言表达了我们的内心经验。然而在社会历史变迁中，抽象的语言符号产生了歧义性、多义性、变异性和晦涩性。心灵到口语，再到文字，符号的每一次转换，都会造成意义的扭曲或流失，这就是语言的"遮蔽功能"。例如，说谎者可以用语言遮蔽自己的主观意图。当然也有非自觉遮蔽的，如言不及义、词不达意等现象。另外，语言还具有个性化的使用特征，具有作者个人的风格烙印。处于不同生活状态、不同生活体验、不同语言系统中的人在展开对话时，语言的多元性和差异性必然发挥作用，影响他们之间的意义理解，翻译中的困境正缘于此。语言的这种"遮蔽功能"消除了人们把握作者本真意思的可能性。

3.3. 历史间距

　　任何理解者都是一种历史性的存在，他和文本作者处于不同的历史文化传统、不同的语言系统、不同的生活情境中，这就形成了他们之间的"历史间距"。这种"历史间距"是无法消弭的。从诠释学的角度看，间距意味着异化、疏远化，必然要影响读者对作品或作者意思的理解。施莱尔马赫据此指出"哪里有理解，哪里就有误解"，并把理解活动定位为"消除误解的艺术"。

　　与之相反，哲学诠释学不是否定，而是肯定了"历史间距"在理解中的积极意义。正像我国古代辩证法所说的"和而不同，同则不继"，伽达默尔指出，"历史间距"虽然造成读者与作者的差异性，带来理解的困难，但也提供了两种不同的视域。这两种不同的视域恰恰是理解活动开展和意义创生的必要条件，"理解者的前见、传统观念、历史境遇以及与理解对象的时间距离，并不构成理解的障碍，而是理解的必要条件，理解者所隶属的历史性乃是他们认清历史对象和洞见历史意义的基础"[①]。因为如果没有"历史间距"带来的差异性，我们就不需要理解了，意义创生也就无从谈起。"历史间距"

---

① 洪汉鼎：《理解的真理——解读伽达默尔〈真理与方法〉》，山东人民出版社2001年版，第6页。

一方面"使得文本逸离了它们赖以形成的那个特殊的、短暂的情境，在历史中获得了一种普遍的意义，使它们自身所拥有的特殊性上升为普遍性"①。另一方面，通过读者与作者、文本的视域融合，克服了两者的特殊性，文本的普遍性得到了提升和加强。所以我们要辩证地看待"历史间距"的作用，它是意义的生长域。

4. 理解的效果：创造性理解、视域融合、效果历史

施莱尔马赫的诠释学提出理解有两个目标：一是准确理解作者的原意，二是比作者更好地理解他自己。这就不仅承认了作者的创造性，也肯定了读者的创造性。伽达默尔敏锐地抓住了方法论诠释学的闪光之处，恢复了读者在理解活动中应有的地位和读者对意义创生的能动作用。伽达默尔甚至认为，"我们能比作者理解得更好"这句名言"包含了诠释学的全部问题"②。

4.1. 哲学诠释学充分肯定了读者创造性理解的合法地位

伽达默尔认为"理解不只是一种复制的行为，而始终是一种创造性的行为"③。因为应用性是理解活动的重要特征，而精神文化客体的知识不像自然科学技术知识那样有确定的用法，它需要结合具体的境况灵活运用，因而理解的应用性是指妥善地处理一般知识和具体境况、普遍性和个别性之间张力的能力。伽达默尔认为这是一种"实践智慧"，显然，创造性理解是"实践智慧"的根本要求。孔子曾说："举一隅不以三隅反，则不复也。"（《论语·述而》）也从一个侧面反映了"创造性理解和运用"是人文社会科学研究不同于自然科学研究的重要特点。

4.2. 理解的真实效果乃是一种"效果历史"

由于哲学诠释学既澄清了读者与作者是两个不同的"历史存在"，又主张读者与文本之间的"主体间性"关系，那么理解过程就不可能只有作者的视域和作者的原意，而是从各自的视域和"前理解"出发，在对话的基础上达成两者的"视域融合"。视域就是看视的区域，它包括了从某个立足点出

---

① 潘德荣、彭启福：《当代诠释学中的间距概念》，载《哲学研究》1994 年第 8 期。
② ［德］伽达默尔：《真理与方法》，上海译文出版社 1999 年版，第 248 页。
③ ［德］伽达默尔：《真理与方法》，上海译文出版社 1999 年版，第 380 页。

发所能看到的一切。理解者的任务是扩大自己的视域，使它与其他视域相融合。这种"视域融合"并不是一次完成就固定不变了的，而是一个开放的、循环往复的诠释学循环过程。即"在理解的过程中，对话的言语交流使对话者双方都得到了改变，各自的视域都会得到调整或修正。从对话的终结处走出来的'自我'，已不再是原来的'旧我'，而是一个'新我'———一个比原来扩大了的自我。同时这个过程又可以是无限延展的：对话，融合，再对话，再融合，循环往复，以至无穷"①。

　　由于前理解、语言和"历史间距"的影响，要想准确无误地复制或重建作者的原意是不可能的。理解永远只能是趋近，而不是达到。人们对意义的把握始终是暂时的、有限的，一切理解都是历史性的理解，是当下视域和过去视域的结合，体现为一种"效果历史"。即，理解的目标不再是作者的原意，而是文本向我们显现出来的意义。哲学诠释学关于"效果历史"的理论要求我们区分历史的实在以及历史理解的实在，要求我们对任何事物的理解都必须有"效果历史"的意识。坚持这种"效果历史"原则，不仅解放了文本，还解放了读者，而且也从根本上解放了意义。哲学诠释学通过"效果历史"的分析摆脱了以客观性追求为目的的哲学认识论的影响。

　　4.3. 理解是一种双向建构过程

　　理解的结果———视域融合，不仅扩展了读者的视野，引发读者自我反思、自我认同和自我筹划，而且也促进了文本意义的流动，导致文本新的意义的创生。一方面，读者理解文本的过程实际上是以文本为中介理解自我的过程。经由理解，读者得到了一个放大了的"自我"，凸显了理解的生存论意蕴。另一方面，文本也借助读者的创造性理解，而生成新的意义。哲学诠释学认为精神创造物的意义的实现，依赖于接受主体的理解和解释，"理解是属于被理解的东西的存在"，否则它的意义就处于寂灭状态。这个思想有点儿类似于王阳明的"心外无物"理论，即：只有人的思维能力可以赋予天地万物以意义，使天地万物从寂寞无知的自然世界变成生动活泼的意义世

---

① 何卫平：《解释学之维———问题与研究》，人民出版社 2009 年版，第 146 页。

界。对于不同的主体而言，天地万物常常呈现出不同的意义。理解过程就是借助基于不同生存境遇、不同历史境遇和不同实践需求、不同体悟能力的主体的创造性理解，赋予文本以新的意义，使文本能够进入读者的实践领域和现实生活，在新的时代、新的境遇里发挥新的价值。哲学诠释学的这些观点彰显了理解活动的创造性和辩证法，打破了方法论诠释学一味追求作者原意，而停滞了文本意义创生性流动的形而上学思维。

4.4. 创造性理解并不是要鼓励相对主义

创造性理解必然带来文本意义的流动性和多元化。有些人指责伽达默尔的诠释学具有相对主义的倾向。其实，哲学诠释学从本体论的维度上对读者主观性的肯定，以及对由此带来的主观性、多元化理解的尊重，并不就是提倡相对主义。正如主观性不等于主观主义一样，相对性也不等于相对主义。"诠释学主张意义的多元性，但这并不是什么都行的相对主义；诠释学主张意义的相对性，但这不是否认客观真理的主观主义。多元性意味着意义的创造性，相对性意味着意义的开放性。无论是创造性还是开放性，都体现了诠释学与时俱进的理论品格。"[①] 哲学诠释学不是要走向"相对主义"。哲学诠释学从生存论的意义上肯定理解效果相对性的价值，目的是在理解的客观因素和主观因素之间寻求合理的协调。承认真理的相对性和价值的主观性，有利于思想的多元和开放，有利于扩展人们的视界，为产生真实的洞见提供更充分的条件。

三、哲学诠释学对人文社会科学的启示

人文社会科学有两个基本任务：一个是理解人类传承下来的文明，一个是向普通大众传播人类文明。诠释学作为研究人与人、人与社会、人与历史、人与文化之间的沟通，以及人自身的经验如何通过理解而得到拓展，文化怎样在理解过程中得到创造、更新的理论，为精神科学的研究提供了理论支持和启迪。学者洪汉鼎指出："诠释学由于研讨理解和解释的基础问题，

---

① 洪汉鼎：《诠释学——它的历史和当代发展》，人民出版社 2001 年版，第 7 页。

因而与本体论相关。但由于它研讨理解和解释的具体过程，又与认识论相关。正是由于这种普遍性，诠释学在今天已深入各种人文科学中去了，诠释学的领域不仅是哲学，而且还迅速扩大至文学、历史学、法学、神学、艺术、宗教和社会学等领域，以致不仅有哲学诠释学，而且还有文学诠释学，法学诠释学，历史诠释学，神学诠释学，科学诠释学，艺术诠释学等，甚至不同民族和国家还有各自不同的符号诠释学或文化诠释学。"①

哲学诠释学对人文社会科学的启示有：明确人文社会科学的研究对象、研究方法和研究目的；解放思想，批判独断论、教条主义和权威迷信，主张宽容、对话；关注接受主体的"前理解"；鼓励接受主体的"创造性理解"等。

1. 明确人文社会科学的研究对象、研究方法和研究目的

哲学诠释学揭示了实践理性比科学理性更根本，认为只有实践理性才能决定人存在的意义、价值和尊严，决定人类生活的真理。这对提升人文社会科学的自信心，明确人文社会科学的研究对象、研究方法和研究目的提供了理论支持。

众所周知，近代自然科学和认识论的强盛发展，使人文科学不断被边缘化，甚至模仿自然科学的研究方法，即主客二分，量化分析，追求客观、确定的评价标准。连马克思也受其影响，他曾经认为，一门科学只有成功地运用了数学手段才能达到完善的地步。然而这种方法忽视了人文科学研究对象的特殊性，人文科学研究的对象是活生生的人，他有自己的社会性、历史性、现实性、能动性和非理性。正如德国哲学家莱布尼茨所说的"世界上没有两片完全相同的树叶"一样，世界上没有两个完全相同的人。从客观条件来看，"人的本质不是单个人所固有的抽象物，在其现实性上，它是一切社会关系的总和"②，每个人所处的社会关系各不相同，决定了每个人的世界观、人生观和价值观各不相同。从主观条件来看，每个人的知识、阅历、情感和自由意志各不相同，决定了每个人的个性差异非常大。人的个性差异恰恰体

---

① 洪汉鼎：《诠释学——它的历史和当代发展》，人民出版社 2001 年版，第 15 页。
② 中共中央马克思恩格斯列宁斯大林著作编译局：《马克思恩格斯文集》第 1 卷，人民出版社 2009 年版，第 505 页。

现了人的自由。然而，近代人文社会科学却不断模仿自然科学的还原法和抽象法，撇开人的具体的、丰富的历史性、社会性和个性差异，把高贵的人不断还原为低级的动物，试图用人的生物属性解释人的一切思想和行为的出发点。哲学诠释学通过对读者"前理解"的澄清，重新恢复了被抽象化和物化了的人的地位。让人文社会科学重新去关注具体的、现实的人，关注他们的喜怒哀乐，他们对生活丰富多彩的体验，从而也实现了对读者"地位"的肯定。

人的主观精神世界很难被客观化和进行直接的实证观察、分析，人文社会科学研究对象的这种特殊性要求我们在方法论和方法方面进行探索和创新，而不是跟在自然科学后面亦步亦趋。费孝通先生曾经指出，中国文化中的将"心"比"心"、"心领神会"、"心心相通"、"设身处地"、"推己及人"、"格物致知"等，"就含有一种完全不同于西方实证主义、科学主义的特殊的方法论的意义。它是通过人的深层的心灵的感知和觉悟，直接获得某些认识。这种认知方式我们祖先实践了几千年，但和今天人们的思想方法无法衔接，差不多失传了"①。可以说费孝通先生的观点和哲学诠释学的创始人海德格尔以及伽达默尔的观点颇有共通之处。今天，"宽容"、"对话"和"主体间性"已成为人文社会科学解决问题的重要方法和原则。

另外，实证主义的研究方法也忽视了人文科学研究目的的特殊性，丧失了对意义和人的自我理解的关心，导致人类精神上的迷失。近代人类实践范围的扩大和社会分工的细化，带来了社会组织和管理的需要，为了提升社会组织和管理的有效性，人文社会科学忽视了人的个性发展需要，仅把人当成改造和加工的对象，用其强制性的"同一性"抹杀人的"特殊性"，把人纳入同质化的体制和逻辑。工具理性主宰了人文社会科学，人文社会科学丧失了其批判性和价值理性。西方法兰克福学派对近代工具理性在资本主义社会生活中的泛滥和对人类自由的压抑的批判可谓全面而深刻。

其实，人文社会科学研究的目的是为"人之为人"提供安身立命的参照，

---

① 费孝通：《文化的生与死》，上海人民出版社 2009 年版，第 255 页。

为"善的选择"提供指导。霍克海默，法兰克福学派的代表人物，曾提出哲学的功能是对现存社会的批判："哲学的真正社会功能在于它对流行东西进行批判。这种批判的主要目的在于，防止人类在现存社会组织慢慢灌输给它的成员的观点和行为中迷失方向。"[①]哲学是人文社会科学之母，哲学的任务也就是人文社会科学的任务。总之，哲学诠释学对"理解"意义的本体论揭示，对实践智慧的强调，促使人文社会科学反思自己的研究目的，彰显人文社会科学应有的人文精神和价值理性，以人为本，共同建构人类的意义世界和精神家园。

2. 解放思想，批判独断论、教条主义和权威迷信，主张宽容、对话

哲学诠释学揭示了读者"前理解"在理解中的重要影响。即，我们对某一文本的理解其实是我们自己在自己的"前理解"基础上的主观理解。因此我们在人文科学的研究中，特别是在经典文本的解读中要意识到：任何人对对象的理解肯定存在着"主观诠释"问题，他对理解对象的曲解、误解、过度诠释或诠释不足等现象是无法避免的。从而，他对对象的理解与被理解的对象并不是完全同一的。因此，谁都不要以为自己的理解是唯一正确的，以真理的唯一拥有者的身份自居。同时我们要打破独断论所带来的僵化，不要盲目迷信权威的理解和解释，警惕教条主义。

人文科学的研究中经常要引经据典，我们要知道这里面既存在着"我注六经"的现象，也存在着"六经注我"的现象。哲学诠释学既反对"我注六经"的"文本中心主义"，也反对"六经注我"的"读者中心主义"，强调的是读者与文本的"视域融合"。阅读经典不是为了追求作者原意，而是从自身生存状态出发，与作者一起探寻存在的意义。前几年，于丹解读儒家文化、道家文化，把经典变成平民的盛宴，引起一片轰动。但有人就很不满意，说什么"于丹来了，孔子很着急，庄子很生气"，叫嚷着要解"毒"于丹。笔者认为，"于丹现象"是人文社会科学研究中普遍存在的问题，若用哲学诠释学的观点来评判，那么首先，于丹对传统文化经典的解读只是一种在她自己

---

① ［德］霍克海默：《批判理论》，重庆出版社1989年版，第250页。

"前理解"基础上的理解，理解的效果只能是她的视域与古代经典视域的融合，是"效果历史"的反映，没有对错之分。正如伏尔泰的名言："我可以不同意你的观点，但我誓死捍卫你说话的权利。"我们要允许不同主体的不同理解，允许百家争鸣。其次，于丹在当下中国社会发展、经济起飞，人们产生了内在的文化需要的时候，用现代语言并结合现代生活，用生命去感悟经典，去激活圣贤的思想，使沉睡了几千年的古代文化再次进入人们的心中，创生出现代人"心灵鸡汤"的意义，满足了理解的应用性要求，就是一种本体论意义上的成功的理解和解释。

其实马克思也曾为别人误解他的思想而苦恼过，他曾说过："我只知道我自己不是马克思主义者。"① 俞吾金先生指出，时下有些十分流行的口号，如"回到马克思""回到黑格尔""回到康德"，其实是错误的。因为他们设定了理解者是一个纯粹的、完全不受其"前理解"污染的理解主体，显然这种理解者是不存在的。"回到马克思""回到黑格尔""回到康德"，都是不可能的。我们只能说"走近马克思"，而不能说"走进马克思"。我们永远回不到纯粹的马克思、黑格尔、康德那里去，我们只能回到我们所理解的马克思、黑格尔、康德那里去。

另外，由于理解存在着"主观诠释"问题，所以我们要更好地理解作者，最好直接读原著，不要过分依赖别人的解读和第二手的资料。有位学者说过，读二手材料，就像你本来想去跟主人谈话，结果却是通过主人的仆人跟主人谈话，仆人在传达主人意思的过程中，肯定会发生意义流失或曲解。

3. 关注接受主体的"前理解"

从事人文科学研究和传播的工作者要有"效果历史意识"，即要知道到自己对文本的理解是受自己的"先入之见"制约的，要不断批判和反思自己的"前理解"。方法是通过反复的阅读和理解，在整体与部分的"诠释学循环"中，深化自己对世界、人生的理解。"诠释学循环"是一种有效地理解文

---

① 中共中央马克思恩格斯列宁斯大林著作编译局：《马克思恩格斯全集》第37卷，人民出版社1971年版，第446页。

本的原则，指的是只有通过理解整体的部分才能理解整体，而对部分的理解又只能通过对整体的理解。这里的整体与部分既可以指单个文本自身的上下文联系，也可以指人文学科各个分支学科与整个人文科学之间的联系，还可以指文本与社会历史语境的关系。这就要求人文科学工作者不要故步自封、画地为牢，束缚自己的视野，而是要尽可能地拓展自己的理论视野和实践范围，达成对事物更深刻的理解。

在司法裁判活动中，诠释学循环的方法被普遍运用。例如，法官在诉讼中可能已经初步形成了对于案件裁判的观点，随着对于事实问题和法律问题的深入了解与把握，他会不断修正原有的观点。这种由局部到整体，再由整体到局部反复联系和修正的过程，就是诠释学意义上的循环。

人文科学工作者在传播人类文明的过程中，除了关注自己的"前理解"，还要关注接受对象的"前理解"。接受对象并不是一张白纸或空的容器，他有自己的"前理解"，这个"前理解"会极大地制约和影响他的接受活动的开展以及接受效果。因此，文化传播和教育工作首先要对接受对象的接受前提进行前提批判，然后才能有的放矢。例如，在马克思主义大众化过程中，民众对社会主义、资本主义、马克思主义等，都存在着因文化传统、意识形态、现实感悟等形成的错误的"前理解"，而且很顽固。这些错误的"前理解"会阻碍他们对马克思主义、社会主义、资本主义的理解和认识。邓晓芒先生曾经对中西文化做了深刻的比较，他指出，中国传统文化所说的"政治""道德""民主""自由"和西方文化语境中的"政治""道德""民主""自由"完全不是一回事。西方的"政治""民主""道德""自由"都是与自由意志、权利联系在一起的。而中国文化是缺乏自由意志和权利意识的。例如对"自由"的理解，西方文化理解的"自由"，是人格的自由，是自由而全面发展自己的天赋，实现自己意志的权利，用马克思的话说，就是把人的本质力量自由地实现出来。但中国人理解的"自由"主要是随心所欲，想干什么就干什么，或者是物质层面的衣食无忧。对共产主义的理解，马克思强调的是每个人自由而全面的发展，但我们东方文化理解起来，主要是物质资料极大地丰富，按需分配，如"楼上楼下，电灯电话"。笔者认为这种归纳带有明显的中国传统文化的色彩，缺少西方文化对人的自由发展的关注。

当今世界各国、各民族的冲突，除了经济利益这一根本决定因素以外，人们交往的障碍主要还是由"前理解"引起的。我们要坚持相互尊重、宽容、平等的对话交流，通过视域的融合，不断消除分歧，达成共识。

4. 鼓励接受主体的"创造性理解"

哲学诠释学的本体论转向，实现了"作者中心"到"读者中心"的转变，充分肯定了读者基于自身生活实践需要的主观理解。经典文本给我们提供的只是一般性的或普遍性的原理，现实的生活实践是历史的、具体的、丰富的，需要我们从各自的实践出发，把普遍与特殊相结合，这种结合是一种实践智慧，也是对经典文本意义的彰显和丰富。

哲学诠释学肯定读者的创造性理解。从这个意义上说，毛泽东思想、邓小平理论都是对马克思主义的创造性理解，非常成功。马克思主义中国化过程中，社会精英通过自己的创造性理解，丰富和发展了马克思主义。但是，我们也不能忽视普通民众在接受马克思主义过程中的创造性理解。我们常说，人民群众是精神财富的创造者。他们在接受马克思主义的过程中，肯定有自己的理解效果。由于这一理解是建立在他们的人生实践的基础上的，一般来说，他们的实践更本真，他们的理解也就更具有现实意义。信息时代，网络给民众的创造性理解提供了展示的舞台，我们经常会在网上看到民众对各种政策、社会现象的解读、批判和调侃，充满了智慧。肯定和重视民众的创造性理解是唯物史观的内在要求，学界在总结国家领导人对马克思主义的创造性理解的同时，也应该归纳和总结民众对马克思主义、社会主义等范畴的创造性理解，丰富和发展中国化的马克思主义。

总之，诠释学提出的许多概念，如实践智慧、前理解、问题意识、对话、创造性理解、视域融合、效果历史，对人文社会科学的研究都有启发意义。马克思主义中国化文化维度的研究若能借鉴和使用这些概念和范畴，不仅能更好地实现社会主义先进文化的自觉与自信，而且能够更好地加强对外话语体系建设，创新对外话语表达方式，增强中国特色社会主义先进文化传播的亲和力。

第二节　哲学诠释学视角下中华优秀传统文化的发展自信

根据哲学诠释学的理解，任何一种文化都是人们对世界和自身存在的一种理解和解释，其目的是构建安身立命的意义系统；文化发展是基于不同文化主体的对话和视域融合过程，旨在达成一种创造性理解的实践智慧。由此观之，中华优秀传统文化着力于意义世界的建构，五千多年积淀的实践智慧，时空上多元、开放的文化视野，乐观向上的民族学习精神，使其对世界、人生的理解一直具有创造性，这些都是中国文化屹立于世界舞台的真正实力和基础。以哲学诠释学的视角彰显中华文化的独特魅力，有助于加强文化的自觉和自信，更好地推进中华优秀传统文化在新时代的创造性转化和创新性发展。

一、哲学诠释学对"理解目的"的澄清有利于彰显中华优秀传统文化的人文意蕴

伽达默尔在《真理与方法》一书中通过对审美意识的分析发现：除了科学性的真理以外，还有一种意义真理和生活真理，"这种真理关系到我们整个自我理解并影响我们整个世界经验"[1]。他把这种真理看作文化的本质追求，指出：自然科学是为了获得控制性的知识，而"精神科学通过其分有传统的形式将某种多样的东西带进我们的生活，这不是'控制性知识'，但其重要性并不因此而稍减。这个我们通常称之为'文化'"。[2] 哲学诠释学从安身立命的角度理解文化，深化了人们关于文化本质的认识，这有助于彰显人类的价值理性。美国学者克利福德·格尔茨指出："所谓文化就是由人自己编织的意义之网，因此，对文化的分析不是一种寻求规律的实验科学，而是一种探

---

① 洪汉鼎：《理解的真理——解读伽达默尔〈真理与方法〉》，山东人民出版社 2001 年版，第 6 页。
② ［德］伽达默尔、杜特：《解释学　美学　实践哲学》，商务印书馆 2007 年版，第 10 页。

求意义的解释科学。"①

哲学诠释学对文化意义维度和教化功能的揭示，有助于我们恢复中国传统文化的自信。中国文化的根本精神是人文精神，人文就是以人为本，让人找回自我。儒家文化以"仁"为本，"仁"更多地关注人的存在意义，内在地体现了对人的价值关怀。1923 年 2 月由张君劢发起的"科学与玄学的论战"，实乃中西文明之比较，其思想背景正好是第一次世界大战后西方科学主义与人文主义的大反思。论战围绕科学是否可以解决人生观、物质文明与精神文明的关系等问题的争论，形成了以张君劢、梁启超为代表的"玄学派"，以丁文江、胡适、吴稚晖等为代表的"科学派"，以陈独秀、瞿秋白为代表的"唯物史观派"，其中玄学派代表张君劢提出"科学并不能解决人生观问题"，与西方诠释学大师狄尔泰关于自然科学和精神科学的区分相接轨。论战取得的共识——西方文化是理智主义传统、中国文化是心性传统，很能说明中西文化不同的着力点、不同的真理追求。的确，在中国传统文化语境中，人们非常强调"文化"的意义旨归，强调文化的动词属性，即其"人文教化"功能。

美国学者贝格尔认为："人类存在从本质上说是不可避免的外在化活动，在外在化的过程中，人向实在倾注了意义。每一个人类社会都是外在化了的，客观化了的意义大厦，它总是力图成为一个有意义的整体。"②中国传统文化没有关于来世的宗教想象，中国的先哲们关注的是日常生活世界。儒家以"为天地立心，为生民立命，为往圣继绝学，为万世开太平"的高远志向，努力超越个人本位、突破个人生命的有限性；道家以出世的精神"齐万物""齐是非"，否定世俗价值观，追求更高境界的存在意义；佛家以"万法皆空""觉悟"等激发人们对生命意义的反思。

当今世界正如马克思所批判的，人类的生存境遇主要受资本逻辑的影响，拜物教导致人生意义缺失，私有制导致人与周围世界对立，工具理性主义泛滥导致人如在"铁笼"（马克斯·韦伯语）般的不自由。有识之士已经意

① ［美］克利福德·格尔茨：《文化的解释》，译林出版社 1999 年版，第 5 页。
② ［美］彼得·贝格尔：《神圣的帷幕》，上海人民出版社 1999 年版，第 35 页。

识到中国文化如果能坚持其人文精神，就能对解决这些人类难题做出重大的文化贡献。

二、哲学诠释学对"前理解"地位的澄清有助于辩证分析传统文化的价值

一个民族的思想文化传统就是该民族文化发展的"前理解"。哲学诠释学的这一认识对端正传统文化的地位具有拨乱反正的意义。因为肇始于启蒙运动的现代性总是表现为对传统的拒绝和否认，人们把传统看作是启蒙、理性的对立面。近代中国也是通过"反传统以启蒙"开启现代化运动的。伽达默尔批判启蒙运动以来蔑视传统的错误观念，指出传统并不是靠惯性的力量延续下来的，而是经过一代代人自觉地选择，经过理性的不断确认、把握和培养，才能继续存在。传统使我们不用事事都从头到尾自己观察、体验，得出符合逻辑的推论。如下所述，伽达默尔主要从两个方面肯定"传统"在理解中的价值。

一方面，就像人不能拉着自己的头发离开地面一样，实际上我们归属于传统，理解只能在作为"前理解"的传统文化的基础上展开。马克思在《路易·波拿巴的雾月十八日》中也指出："人们自己创造自己的历史，但是他们并不是随心所欲地创造，并不是在他们自己选定的条件下创造，而是在直接碰到的、既定的、从过去承继下来的条件下创造。"[①]近代以来正是由于中华优秀传统文化与马克思主义具有诸多文化心理上的契合之处，如唯物论、辩证法、民本思想、和谐追求、大同理想等，救亡图存的中国人民才选择了马克思主义这种"西方的反西方主义"[②]，在马克思主义世界观和方法论的指导下，摆脱了既想学习西方又想抵抗西方文化侵略的矛盾心理，开始积极主动地探索新型现代化道路。在中国革命、建设和改革过程中，中华优秀传统文化基因又铸就了革命文化和社会主义先进文化。

另一方面，传统中保留下来的旧事物也远比一般人所知道的要多得多，

---

① 中共中央马克思恩格斯列宁斯大林著作编译局：《马克思恩格斯文集》第2卷，人民出版社2009年版，第470—471页。
② 郭建宁：《马克思主义中国化的文化解读》，载《北京行政学院学报》2007年第1期。

旧的和新的结合起来，才创造出一种新的价值。因为如果把文化理解成关怀我们自身存在的意义和价值的、一种更为重要的知识和真理的话，那么"只有通晓特殊事物并具有丰富经验的人才能具有实践智慧"①。也就是说，"理解者的前见、传统观念、历史境遇以及与历史对象的时间距离，并不构成理解的障碍，而是理解的必要条件，理解者所隶属的历史性乃是他们认清历史对象和洞见历史意义的基础"②。哲学诠释学的"前理解"概念有助于我们总结中华民族五千年不灭亡和今天重新崛起的文化原因。原因在于中华民族最善于与传统对话，通过与传统的视域融合而对历史积淀的经验教训进行修正和补充，使自己的文化日臻完善和成熟。古人云："读史明智""以史为鉴""前事不忘，后事之师"。中华民族历来就有治史、学史、用史的传统，编撰了世界上规模最大、留存最丰富的史书典籍，详细记载了中华文明发展历程中的经验教训。中国共产党在领导革命、建设和改革的过程中，一贯重视对历史经验的借鉴和运用，所以才能不断提高治国理政的才干，不断开创中国特色社会主义事业的新局面。

三、哲学诠释学对"创造性理解"的肯定有助于增强中国文化的创新自觉

哲学诠释学提出的"前理解""视域融合"等概念为"创造性理解"提供了理论支持，伽达默尔明确提出："理解就不只是一种复制的行为，而始终是一种创造性的行为。"③马克思主义的实践观也说明实践是人的存在方式，实践是具体的、历史的、有限的感性活动，认识不是主体对客体的直观反映而是能动的反映，是实然与应然的统一，是事实真理与价值真理的统一。因此，没有放之四海而皆准的绝对真理和"普适价值"，生活的真理或意义就在生活本身。实现哲学诠释学语境下的"创造性理解"，不仅要关注文化创造的价值理性，而且要具备开放的理念和视野，才有可能实现最大限度的"视域融合"，也就是创造性理解。从这两方面的要求来看，以儒家为代表的

---

① 洪汉鼎：《理解的真理——解读伽达默尔〈真理与方法〉》，山东人民出版社 2001 年版，第 231 页。
② 洪汉鼎：《理解的真理——解读伽达默尔〈真理与方法〉》，山东人民出版社 2001 年版，第 7 页。
③ ［德］伽达默尔：《真理与方法》，上海译文出版社 1999 年版，第 380 页。

中国文化无疑是非常成功的。除了上文所述的价值理性以外，中国文化的创造性理解的可能性表现在：儒家文化对现世生活的积极理解，道法自然的文化发展视野，以人为师、开放包容的文化理念，以及关注人与人关系而形成的具体问题具体分析的能力。

首先，儒家文化对现世生活的积极理解就是一种创造性理解。众所周知，当人类意识到自己只是一个有限的存在者（存在有限、力量有限）时，很多民族都产生了宗教的文化信仰，人们把安心立命的希望寄托于来世或彼岸世界。中国文化则不然，李泽厚先生用"乐感文化"来归纳中国儒家文化的生存智慧，他说中国人在意识到人生的"空幻"以后，不是否定现世，而是还能在现世的日常生活中寻求美和情感的寄托，寻求和谐带来的快乐，构建栖居的诗意，在有限中见无限，在世俗中得到超越①。辜鸿铭先生在其《东方智慧》一书中也盛赞儒学之伟大："儒学不是宗教却能取代宗教，儒家的哲学和伦理体系使人们不再需要宗教。"② 由此可见，儒家文化这种"知其不可而为之"的入世精神为其创造性地理解世界与人生，理解存在的意义提供了现实可能。

其次，中国文化道法自然，极大地扩展了文化创新的视野。中华民族在长期的农业生产中形成了"天人一体"的意识，在这种意识的指导下他把自然看成一个开放的大文本，时时与之对话，所谓"人法地，地法天，天法道，道法自然"（《道德经·第二十五章》），从中获取为人处世之道，这是中华民族奇特的文化创新之道。他不仅从自然身上学到了很多规律，如顺应物序、顺应四时、遵循自然法则等，而且在仰观天地之大、俯察品类之盛的过程中，发现了为人之道，如"天行健，君子以自强不息；地势坤，君子以厚德载物"（《周易·象传》），从"天无私覆，地无私载"中诠释出大公无私的人生境界。儒家从动物的亲子本能中诠释出"道始于情"（《郭店楚墓竹简》）的生活真理，继而以"亲子"为中心，建构了由近及远、由亲至疏，一直到"民吾同胞，物吾与也"的"仁民爱物"的、以情感为根本的中国哲学；儒家

---

① 李泽厚：《李泽厚对话集·中国哲学登场》，中华书局 2014 年版，第 266 页。
② 辜鸿铭：《东方智慧》，北京大学出版社 2010 年版，第 18 页。

还从大自然的生生不息中悟出了"天人合一""和实生物""感通若一体"的处世之道；从动物的群居生活中诠释出人的社会性存在，创立了克己复礼的道德伦理文化。总之，"人是在向天地万物学习的过程中，才提升出各种各样的道德规范"①。

中国文化不把天地万物看作冷冰冰的物质，而是把它看作携带存在意义的存在者。这种文化创新模式为解答由主客二分导致的"现代性问题"——海德格尔认为世界成为图像和人成为主体这两大进程的相互作用对于现代之本质具有决定意义，提供了宝贵的视域，难怪海德格尔会对中国哲学思想产生浓厚的兴趣。海德格尔认为艺术揭示了处于隐匿状态中的"大地"，艺术就是世界之诉说、大地之诉说。艺术揭示了"世界"的意义，它使人们看到人生的意义之网，品味生存的酸甜苦辣，体验人生的种种独特经历。从这个角度审视以诗词曲赋为主要内容的传统文化艺术，不仅很少有哪个民族能像我们这样，拥有如此灿若星河的经典诗篇，而且很少有民族对山川草木、日月星河的歌咏能够做到信手拈来，并能达到自然、真情、意境的完美统一。这充分反映出中华民族致力于"物我感通"，其对自然美的热爱和讴歌不是作为旁观者的欣赏，而是把自然作为交流和倾诉的对象，达到物我相融、物我相忘、人与自然共生共长的境界。这是中华民族"理性早启"和"文化早熟"②的事实依据。随着人类世界历史的推进，这种旨在"赞天地之化育"而"与天地参"的文化创新思维必将拓展其他民族的文化视域，对解决对立和冲突引起的"现代性问题"有宝贵的启示。用海德格尔的话来说，解决现代性问题就是要努力"克服那种作为人类之世界栖留的唯一尺度的技术—科学—工业之特征"③，像一位园丁一样守护着他的家园，充满感恩之心，充满爱惜之情，真切地体验"物之本质切近的震颤"，通达"存在的澄明"，诗意地栖居在这片大地上。

再次，中国文化以人为师、开放包容的文化理念为其创造性理解提供了

---

① 楼宇烈：《中国文化的根本精神》，中华书局 2016 年版，第 8 页。
② 梁漱溟：《东西文化及其哲学》，商务印书馆 2012 年版，第 202 页。
③ ［德］海德格尔：《面向思的事情》，陈小文、孙周兴译，商务印书馆 1999 年版，第 74 页。

必要的心理条件。伽达默尔充分肯定海德格尔关于理解的目的是"筹划自身的可能性"的观点，强调人们应当把理解运用到自我上来，他认为"对传统的理解说到底就是一种自我理解"①。同样，对他人的理解也是一种自我理解，"他人是一条路，一条通向自我理解的路"②。中国文化的"民吾同胞"思想使其在理解人际关系时把他人看作是丰富"此在"的"共在"，较少相互对立的"零和"思维。儒家文化把存在理解为"仁"，"仁者，人也"，"人"的使命就是把人之为人的本性、本心、天道彰显出来，"明明德"于齐家、治国、平天下的日常生活之中。总之，儒家之学在"求仁"，儒家把"求仁"放在人际互动之中，通过父慈子孝、兄友弟恭的良性互动，通过"吾日三省吾身，为人谋而不忠乎？与朋友交而不信乎？传不习乎？"（《论语·学而》）的慎独功夫，通过"士希贤，贤希圣""止于至善"的自觉向上的修身养性，成就君子人格。

所谓"以人为镜，可以明得失"，中国文化特别强调"三人行，必有我师焉，择其善者而从之，其不善者而改之"（《论语·述而》）的修行路径，相应形成"和而不同"、开放包容的文化发展原则。这一交往原则使其拥有更多的"对话"文本、更大的视域融合空间。其中仅其没有宗教束缚这一项就让其更具理解和悦纳他者的可能性。费孝通先生在 1990 年提出：为了人类能够生活在一个"和而不同"的世界上，处理不同文化关系时必须提倡"各美其美、美人之美、美美与共、天下大同"③。这一提议也很好地总结了中国传统文化处理观念差异时所秉持的实践理性。从古代的儒道互补，到佛教的中国化，再到近代以来的马克思主义中国化开启的马、中、西对话，中华民族总是善于海纳百川，善于创造性地吸收和转化人类智慧创造的优秀文明成果。

最后，中国文化关注人与人的关系而形成的具体问题具体分析的能力是创造性理解的智力条件。过去，中国传统文化因缺乏精确性、缺乏纯粹

---

① ［德］伽达默尔、杜特：《解释学　美学　实践哲学》，商务印书馆 2007 年版，第 82 页。
② ［德］伽达默尔、杜特：《解释学　美学　实践哲学》，商务印书馆 2007 年版，第 1 页。
③ 费孝通：《文化的生与死》，上海人民出版社 2009 年版，第 407 页。

的抽象思辨理性而被西方文化诟病。实际上，近代有识之士在中西文化比较中均已发现原因在于中西文化关注的对象不同，成就的是不同的生存智慧。如章太炎说："中国哲学是从人事发生的……于物质是很疏的。人事原是幻变不定的，中国哲学从人事出发，所以有应变的长处，但是短处却在不甚确实。"[①]梁漱溟在《东西文化及其哲学》一书中也指出：西方文化关注人与自然的关系，中国文化关注人与人的关系。客观的自然界有相对确定不移的真理，而人事关系却千差万别、灵活变动，具有很强的主观性，处理人事关系必须具体问题具体分析。前者可称为"见闻之知"，后者可称为"德性之知"。

哲学诠释学对这一区别进行了深刻的阐明。如伽达默尔受亚里士多德关于科学知识和实践智慧相区分的启发，强调理解中的应用能力，并称之为实践智慧。实践智慧不仅意指把个别东西归于一般东西的能力（判断力），而且指具体问题具体分析的应用能力，它对应于中国文化中的"权变"思想。孔子主张述而不作的原因即在此。《论语》中孔子讲"仁"达百余次，每次讲法都不尽相同，总是随着具体人物、具体情境做出各种不同回答，这恰恰说明中国文化语境中的"智慧"指的是哲学诠释学所揭示的实践智慧。哲学诠释学关于"实践智慧"的说法可以使我们走出西方中心论，增强文化自信，因为千百年来中华民族在敦行不怠的修身养性中，时时处处都要发挥自己的主观能动性，创造性地化解各种主客观矛盾，在修身齐家治国平天下的社会实践中不断提升具体问题具体分析的能力，因而中国人具有发达的实用理性和实践智慧。

四、哲学诠释学对"对话"原则的强调有助于承继中国传统文化多元开放的文化品格

有学者说当今世界的全球化在某种意义上说是哲学诠释学的世纪，因为全球化的难点重点是如何解决与他者交往中的相互理解以及达成共识的问

---

① 楼宇烈：《中国文化的根本精神》，中华书局 2016 年版，第 37 页。

题①。从这个角度来看，全球化在某种意义上说也是中国文化复兴的世纪。因为中华民族几千年来着力于伦理问题的研究和实践，生成了不同于"西方主体性原则"的以他者而不是自己为思考核心的"他者性原则"，赵汀阳指出"西方的金规则的眼界比较狭隘，它只能按照自己的价值观去定义什么是不应该对他人做的事情，而没有考虑他人对生活的不同想像。这一缺陷使得西方伦理原则只能满足形式或程序上的公正而不能满足实质上的公正。中国哲学显然考虑到了他者心灵，即他人的价值观、生活想像和情感方式，是不可还原的，于是在与他者的关系中引入了自愿性原则"②，他者性原则铸就了中国人具体问题具体分析的能力，以及以和为本的实践智慧。

当今世界出现的多元现代性已经说明现代性可以由不同的文化传统塑造而成，具有不同的文化形式。这是因为理解是现代与过去的对话和视域融合。中华民族具有五千多年的文明历史，这使其现代性建构更受中国传统文化的影响，近代以来，中华文化中的整体协调的方法论、以民为本的治国理念、自强不息的民族精神和团结合作、合作共赢、和平和谐的价值取向等都已被创造性地融入社会主义道路的选择、制度的建构和民族精神的塑造中去。"旧邦新命"是冯友兰先生对中国传统文化发展使命的概括，他认为中华民族的古老文化虽然已经过去了，但它也是中国新文化的一个来源，它不仅是过去的终点，也是将来的起点。将来中国的现代化成功，将使中国成为世界上最古又最新的国家。的确，中国的现代化道路承载着中华民族更深沉的价值追求，处处体现着中华优秀传统文化治国理政的实践智慧。今天，我们不仅不应该妄自菲薄，而且应该积极地与传统对话。如伽达默尔所说，只要我们愿意倾听，传统就如同历经沧桑的老人，总会给我们讲些什么。

从哲学诠释学的视角来看，马克思主义中国化不仅是马克思主义与中国革命、建设实际相结合的过程，也是马克思主义与中国传统文化基于中国革命、建设和改革实践问题的对话和视域融合，通过中国特色社会主义实践的修正和补充，双方的理性局限都得到一定程度的扬弃，其结果就是中国特色

---

① ［德］伽达默尔、杜特：《解释学　美学　实践哲学》，商务印书馆 2007 年版，第 86 页。
② 赵汀阳：《没有世界观的世界》，中国人民大学出版社 2005 年版，第 37 页。

社会主义先进文化。同时，我们也可以廓清马克思主义对中国传统文化的影响。例如，有人认为马克思主义的传入打断了中国传统文化的发展进程，是传统文化衰落的罪魁祸首。事实恰恰相反，是马克思主义关于现代世界的科学认识激活了传统文化中的优秀遗产，使祖先们积聚的人生智慧、历史智慧和政治智慧在新的历史条件下与时俱进，成为涵养社会主义核心价值观的重要思想源泉，为中华民族的伟大复兴提供源源不断的智力支持。反过来说，正是因为中华优秀传统文化的人文关怀，时空上多元、开放的文化视野，实事求是的创新精神，中华民族才选择了马克思主义的科学真理，实现了传统文化的现代转型。其结果正如俞可平所说："一种新型的中国主流文化正在形成之中。这种新型的主流文化，既不是传统文化的复兴，也不是西方文化的移植。它深深植根于中国传统之中，同时充分吸收了其他文明的优秀成果。"① 这种新型的主流文化实际上就是中国特色的社会主义先进文化，尽管它还在形成之中，但在中华民族伟大复兴的历史进程中，在社会发展理论、道路、制度的选择与创新方面，都离不开这种新型文化所提供的深层的精神力量的支持，这就是中国崛起背后的文化奥秘。今天，我们要自觉阐发中国"和平崛起"背后的文化意蕴，努力展示中华文化的独特魅力。

综上所述，理解近代以来中国文化发展历程中所体现的哲学诠释学原理，将有利于我们更加科学地总结社会主义先进文化建设的成功经验和科学规律，讲好中国故事、坚定文化自信，以十九大的昂扬精神和新时代的豪迈气概，更加自觉地推动社会主义文化的繁荣兴盛。梁漱溟先生在20世纪初中国文化处于低潮时，曾自信地预言："世界未来文化就是中国文化的复兴。"② 从哲学诠释学的角度来看，我们的确应该有这样的文化自信。

第三节　哲学诠释学视角下马克思主义中国化的文化自觉

马克思主义中国化具有特定的文化背景和历史使命。20世纪初，马克

---

① 俞可平：《现代化和全球化双重变奏下的中国文化发展逻辑》，载《学术月刊》2006年第4期。
② 梁漱溟：《东西文化及其哲学》，商务印书馆2012年版，第202页。

思主义以文化思潮的形式介入中国的文化变革运动，为中国人面临的"三千年未有之大变局"提供了一套新型解释系统，实现了中国人关于现代文明的思想启蒙。因此，马克思主义中国化研究的文化视角是不可或缺的。文化视角的引入，既可以彰显马克思主义中国化的文化意蕴，也可以通过对文化影响因素的自觉而尽可能避免马克思主义中国化过程中的教条主义错误，充分关注马克思主义中国化中的"文化实际"，树立马克思主义中国化的"前提"批判意识，使马克思主义中国化的道路更加科学。

一、文化批判与创新——马克思主义的人文意蕴

梁漱溟先生在《东西文化及其哲学》一书中指出："生活的根本在意欲，而文化不过是生活之样法。文化之所以不同是由于意欲之所向不同。"① 西方文化是以"意欲向前"为根本精神的文化，即肯定自己的主观欲求，奋力改造局面，使之满足自己欲求的路向；中国文化是以"意欲自为调和、持中"为根本精神的文化，即不去改造局面，而是通过变更自己的欲求随遇而安的路向；印度文化是以"意欲向后，出世倾向"为根本精神的文化，即"遇到问题他就想根本取消这种问题或欲求的路向"②。以"意欲向前"为根本精神的西方文化在改造自然的过程中，产生了近代自然科学和工业文明。

"意欲向前"的西方文化传统成为马克思主义文化建构的"先入之见"，马克思认为人的根本欲望是改变世界，即实践。正是基于这样的文化视域，马克思充分肯定资本主义文明："资产阶级在它的不到一百年的阶级统治中，所创造的生产力比过去一切时代创造的全部生产力还要多，还要大。"③ 同时，马克思对体现人的本质力量对象化的劳动——社会生产生活，和劳动产品——"人化世界"是高度肯定的，认为劳动才是"属人的"真正活动和需要，人化世界是人的本质力量的对象化，证实和实现人的真正本质，人的社会本质。在《1844 年经济学哲学手稿》中，马克思详细分析和论证了人的真

---

① 梁漱溟：《东西文化及其哲学》，商务印书馆 2012 年版，第 62 页。
② 梁漱溟：《东西文化及其哲学》，商务印书馆 2012 年版，第 61 页。
③ 马克思、恩格斯：《共产党宣言》，人民出版社 2005 年版，第 32 页。

正需要，指出人的本质力量对象化的需要是人的生命表现和根本乐趣，真正的生产和生产关系应该是这样的："我在我的生产中使我的个性和我的个性的特点对象化，因此我既在活动时享受了个人的生命表现，又在对产品的直观中由于认识到我的个性是对象性的、可以感性地直观的因而是毫无疑问的权力而感受到个人的乐趣。……我们的产品都是反映我们本质的镜子。"① 这段话洋溢着追求本质力量对象化的西方文化精神。马克思所不满的是资本主义文明日益走向它的反面，资本主义私有制使劳动这一人类乐生的本质活动沦为单纯的谋生手段，导致人的世界的贬值。马克思不仅要为无产阶级斗争提供理论武器，而且要从根本性上解答"资本主义文明向何处去"这一文化课题。

尽管马克思主义和中国传统文化形成于不同的时空条件，但是由于中国文化与西方文化的相异性，马克思对西方文化的否定和批判，不期然地与中国文化产生了一定的共鸣，在很大程度上激活了中华优秀传统文化的自信。例如，赵汀阳先生指出，当今天的所有问题都变成世界性问题时，就不得不思考"世界制度"的问题。古代中国在三千年前就用世界尺度思考问题，以天下观天下，早已超越了近代西方以民族／国家作为分析单位的文化视野。帝国主义就是基于民族／国家制度的超级军事／经济力量而建立的一个政治控制和经济剥削的世界体系。② 马克思对西方文化的这一局限性进行了伟大的超越，他以现实的人及其物质需要为出发点，以生产力为线索，揭示了人类分工、生产的社会化以及世界历史等现象发生发展的必然性，揭示了"自然界是人的无机的身体"，他人是我的本质的补充，是我自己不可分割的一部分，以人与世界一体化的必然趋势论证了共产主义社会的可能性。"天下为公"的共产主义社会就是一种"以天下观天下"的世界眼光，由于其建立在历史唯物主义的基础上而由空想变成了科学，由于其所具有的宏大视野而具有反思西方文明的文化内涵。

另外，马克思对世界、人生的理解以及他所追求的那个理想社会，与中

---

① 马克思：《1844年经济学哲学手稿》，人民出版社2000年版，第184页。
② 赵汀阳：《没有世界观的世界》，中国人民大学出版社2005年版，第6—8页。

国传统文化对天、地、人的理解及其关系"和谐"的价值追求，都有极大的心理相容性。马克思在《1844年经济学哲学手稿》中就把共产主义社会看作是人与自然、人与人、人与自我矛盾的彻底解决。这样的理想社会与儒家文化关于"大道之行也，天下为公"的"大同社会"的构想非常相似。学者窦宗仪认为："概括地说，儒家哲理与世界主要思潮相比较，除古希腊的思潮外，或许与马克思主义最接近，具有极为浓厚的社会主义因素。"[1]另外，从时代维度来看，马克思主义是现代性的批判者和解构者，其学说带有"后现代"的性质，这就与前现代的中国传统文化在"否定之否定"的意义上具有较强的亲和力，有很多通约之处。

　　马克思主义中国化最初的目的是使马克思主义深深地扎根于中国传统文化这片土壤之中。需要寻找马克思主义与中华优秀传统文化内在契合的思想内容，并用中国的语言和民族文化的形式进行概念的翻译和思想的诠释。孙中山、毛泽东、李达、艾思奇等在这方面都做了很多工作，他们发现中国传统文化中的辩证法、唯物论、民本主义、人道主义等思想传统，以及"天下为公"的社会理想、"和谐"的价值理念等与马克思主义具有极大的文化相融性。艾思奇的《大众哲学》把深奥的马克思主义用中国老百姓看得懂的语言表述出来。据说当时"十万青年"读了艾思奇的《大众哲学》后，毅然走上了革命道路，后来很多人也是通过这本书初步掌握了马克思主义的基本要义。其后，马克思主义中国化的目的是使马克思主义更好地指导中国的革命和建设。就是利用中国传统社会文化心理，制定符合中国革命、改革和建设实际的纲领和政策，调动人们参加革命、改革与建设的积极性。如以毛泽东为代表的中国共产党人结合中国历史上比较悠久的农民起义传统，提出中国民主革命首先在敌人统治力量比较薄弱的农村开始，利用农民世世代代对土地的热爱，发动土地改革运动赢得民心，及至革命胜利后毛泽东提出的"进京赶考"论都非常切合中国民众的文化心理。改革开放初期邓小平同志的"不管白猫黑猫，抓住老鼠就是好猫""摸着石头过河""先富带动后富"等理论创

---

① ［美］窦宗仪：《儒家哲理和马克思主义哲理的比较和展望》，载《哲学译丛》1985年第4期，第12页。

新，都是社会主义革命与建设实践借力于中国文化的典范。

费孝通先生曾经说过，西方学者如马克斯·韦伯可以把资本主义背后的文化精神讲得很清楚，"而在我们这里，马克思进来后变成毛泽东思想，毛泽东思想后来发展成了邓小平理论，这背后有中国文化的特点在起作用。可是这些文化特点是什么，怎么在起作用，我们却说不清楚。我觉得研究文化的人应该注意这个问题，应该答复这个问题"①。的确，马克思主义中国化是人类历史上引人注目的实践探索，它不仅极大地改变了中国社会庞大人口的生存状态，而且极大地改变了中国人甚至西方人的思想意识。也就是说，马克思主义中国化不仅仅具有工具性的价值，如帮助中国革命、建设、改革取得成功，而且具有目的性的价值。

二、马克思主义中国化开启了古、今、中、西的文明对话和视域融合

1.19 世纪中国大地上掀起了一场不同文化视域的对话

视野融合是文化创新的重要途径，视野融合包括历史的视野融合和地理的视野融合。中西文化处于不同的时空，文化视界完全独立，有着最大的差距，因此，19 世纪发生在中国的这场古、今、中、西的文明对话，刚好涵盖了这样两种视野的融合。这样一场盛大的文明对话和视野融合虽然是被动的，但其文化创新意义不可小看，它为中国文化承担人类文明创新的"天命"提供了非常宝贵的机遇。

从文化发展纵向的、历史的维度来看，19 世纪的中国和西方分别处于两种不同的社会、文明和生产方式，即传统社会与现代社会、农业文明与工业文明、自然经济与商品经济，两者之间存在着对立和否定的关系。根据事物发展的否定之否定规律，即事物发展要经历"肯定—否定—否定之否定"三个阶段，马克思眼中的未来社会既是对西方文明的辩证否定（扬弃），某种程度上又是对前现代的中国传统文化的回复，当然是更高阶段的回复。马克思所构想的理想社会旨在化解资本主义矛盾，而中国长期的农业生产方式

---

① 费孝通：《文化的生与死》，上海人民出版社 2009 年版，第 122 页。

形成了"天人合一""万物一体"的世界观，并衍生出中国人整体性的思维方式、群体本位、民本思想、和谐大同等价值追求。中国文化关于世界的普遍联系和永恒发展、多元一体、合作共赢等理念，都与马克思的理想追求有很强的共鸣。同时，儒家文化和马克思主义在文化思维方面有许多契合之处。汤一介先生概括为：儒学和马克思主义都取理想主义的态度；都是实践哲学；都是从社会关系定义人；对斗争与和谐的看法比较一致。[①] 中华文明是最成熟的农耕文明，其"反求诸己"的欲望满足方式，"情本体"的文化结构，致中和、重伦常、求和谐等价值观等，对现代性问题的有效解决提供了相反相成的创新思路。另外，中国传统文化中刚健有为的民族精神、古代朴素的唯物辩证法传统等，也都构成了理解和接受历史唯物主义的适宜土壤。

从文化发展地理空间的横向维度来看，中国传统文化、近代西方文化分别对应于东西方两种相异和互补的思维模式与价值取向。马克思主义是立足西方而又超越西方的先进文化理论，马克思主义在西方的传播也比中国早，但西方主流文化是拒斥马克思主义的。至今，马克思主义虽然可以在大学讲坛上讲授，但是依然未能进入西方主流哲学。除了资产阶级意识形态的控制外，就是马克思主义的批判性特点。所谓忠言逆耳，近代以来西方文化在全世界的垄断地位使其也处在"路径依赖"阶段，缺乏文化的自我否定意识，也就不愿接受马克思主义。

马克思说："理论在一个国家的实现的程度，总是取决于理论满足这个国家的需要的程度。"[②] 马克思主义传入中国时，中国正经历从器物到制度，再到文化的西学东渐的阶段，处于东西两种文化激烈碰撞的文化抉择困境中。马克思对西方近现代文化的辩证否定，使正处于前现代的中国文化在否定之否定的意义上与之产生极大共鸣。马克思主义为中国人提供了一种新的世界观和价值观，它揭示了人类社会的发展规律：历史唯物主义和剩余价值理论。这两个伟大发现所包括的基本概念和范畴，如实践本体论、现实

---

① 汤一介：《汤一介哲学精华编》，北京联合出版公司 2015 年版，第 319—322 页。
② 中共中央马克思恩格斯列宁斯大林著作编译局：《马克思恩格斯文集》第 1 卷，人民出版社 2009 年版，第 12 页。

的人、分工、生产力、私有制、生产关系、经济基础、上层建筑、阶级斗争理论、群众史观、生产社会化、世界历史理论、共同体理论以及共产主义信仰等，极大地拓宽了中国人的文化视野，为中国人全面科学地把握"古今""中西"的辩证关系，全面准确地理解资本主义的历史地位，提供了强大的思想武器。马克思的历史唯物主义思想揭示了现代化是所有传统社会的历史必由之路，中华民族必须放弃古老的生存模式，开启现代化进程，实现中华文明的彻底转型。中国人对马克思主义揭示的历史必由之路心悦诚服，认为它是对历史的正确解释，是扬弃了近代西方文化的最先进的精神产品。于是中国人立即把救亡图存运动与新文化运动结合起来，即用历史唯物主义的世界观引领中华优秀传统文化实现创造性转变和创新性发展，为中华民族的伟大复兴提供源源不断的智力支持和精神勇气。借用黑格尔的术语，"历史之狡计"把实现古今、中西文明综合创新的历史任务交给了中华民族。

2. 马克思主义中国化的文化内涵和文化意蕴

从哲学诠释学的视角来看，马克思主义中国化开启了一场马、中、西和古、今文明之间的时空对话和思维碰撞。马克思主义中国化就是中华民族基于自己的传统文化视野所形成的"前理解"，借助于对马克思主义的理解、解释和实践，促成古、今、中、西文明的对话和"视域融合"，推进人类文明发展的过程。马克思主义的文化内涵及其中国化，对古、今、中、西文明的对话、交流和碰撞起了非常重要的推动作用。马克思主义中国化使古、今、中、西文明在中国这一古老的国家，在文化的"前理解"和"历史间距"等因素的影响下，进行着不同文化间的"视域融合"，生成文化理解的"效果历史"。马克思主义中国化的文化意蕴主要包括三个方面：

首先，马克思主义中国化为中华民族确立新的安身立命法则。西方近代理性文化的优点是肯定人的意欲，主张人的本质力量对象化，突出个体的价值和发挥人们改变世界的主观能动性，但其局限性是容易导致人与自然、人与他人，甚至人与自我的对立，使现代人找不到精神的家园。同其相比，主张"意欲自为调和、持中"的、以"中庸之道"为代表的中国传统文化精神不走极端，崇尚和谐，对处理各种复杂的关系以及安身立命具有很大的积极作用。但是，中国传统文化也存在抑制创新、压抑个性的发展的不足之处。

梁漱溟先生认为，人类的发展应该先解决人与自然的物质生活问题，再去解决人与人的社会生活问题，最后解决人与自我的精神安顿问题。按照这种文化发展进路，人类文化发展的三个阶段依次是西方文化、中国文化、印度文化，中国文化尚未走完第一阶段就转去解决第二阶段的问题，是一种"早熟"的文化。他说："西洋文化的胜利，只在其适应人类目前的问题，而中国文化印度文化在今日的失败，也非其本身有什么好坏可言，不过就在不合时宜罢了。"① 马克思主义把以现代性为特征的资本主义文明放到人类历史长河中进行历史唯物主义的辩证分析，为中国传统文化的现代转型厘清了思路，指明了方向。马克思说："在极端贫困的情况下，就必须重新开始争取必需品的斗争，全部陈腐污浊的东西又要死灰复燃。"② 马克思的历史唯物主义彻底改变了中国传统文化不太重视人们的物质需要，以及不太重视发展生产力的价值取向，使中国人意识到在物质生活问题尚未完全解决的世界，特别是在西方坚船利炮的威胁下，中国文化需要回头补课，汲取西方文化的营养发展生产力，为人的精神境界的提升准备充足的物质基础。马克思主义最终以其科学性与革命性的统一，彻底说服了中国先进知识分子从"科学"与"民主"开始，系统地学习借鉴西方文化精神，开启了中华民族伟大复兴之路。

显然，马克思主义与中国传统文化存在着时空差异，即"新学"与"旧学"、"西学"与"中学"之别。从诠释学的角度来看，马克思主义中国化在横向与纵向两个维度开启了马、中、西、古、今不同文化之间的对话和视域融合，促进了中华优秀传统文化的创造性转化和创新性发展，成就了中国特色的社会主义文化。正是基于这种先进文化的支持，中国人民才在中国共产党的领导下开辟出一条新型现代化道路。

---

① 梁漱溟：《东西文化及其哲学》，商务印书馆 2012 年版，第 202 页。
② 中共中央马克思恩格斯列宁斯大林著作编译局：《马克思恩格斯文集》第 1 卷，人民出版社 2009 年版，第 538 页。

实践也证明，马克思主义中国化的成果——中国特色社会主义"还是一种奠基于道路、理论和制度之上的文化创造与意义建构，是我们党和人民在继承中华优秀传统文化、培育革命文化和建设社会主义先进文化的百年历史进程中，坚韧不拔而又与时俱进地进行文化建设、文化创造、文化积累、文化提升的历史性成果，是中华文化的历史连续性、空间广延性和价值普遍性在当代中国充满生机活力的现实展现与意义拓展"①。经过现代化的淬炼而浴火重生的中华优秀传统文化，在党和人民伟大斗争中孕育的革命文化和社会主义先进文化，已然成为人类文化发展的宝贵财富，如李泽厚先生所言，是时候"该中国哲学登场了"。

其次，马克思主义中国化拓展了马克思主义的文化学视野。哲学诠释学认为，读者对文本的理解和接受不是单向的，而是读者与作者基于意义探寻目的的对话和双向互动关系。文本的意义总会借助读者的提问和理解而不断生成。从这个意义上说，马克思主义中国化就是中华民族和马克思、恩格斯等经典作家"围绕着人类共同关心的生存与发展问题而展开的积极的对话、交锋、审视和批判"②。中国近现代的革命、建设和改革实践不断向马克思主义提出问题，形成了一部严肃而又生动的"问—答"史。

虽然"马克思的全部天才正是在于他回答了人类先进思想已经提出的种种问题"③，但是根据真理绝对性与相对性统一的原理，马克思主义毕竟是19世纪的思想成果，其深刻性和正确性受到当时社会历史条件的限制，马克思主义并未穷尽对客观世界的认识，也没有解决人类社会的一切问题。当今世界日新月异，资本主义制度已经发生了巨大的变化，生产力与生产关系的矛盾有一些新的变化；社会主义在落后国家率先诞生，面临"跨越卡夫丁峡谷"的具体操作问题。尤为严峻的是，现代科技和工具理性的片面发展为人类增添了许多新的严峻危机，人类已进入"风险社会"。"风险社会"这一理

---

① 冯鹏志：《从"三个自信"到"四个自信"——论习近平总书记对中国特色社会主义的文化建构》，载《学习时报》2016年7月7日第A1版。
② 衣俊卿：《探索马克思主义中国化研究的一个新向度》，载《哲学研究》2008年第12期。
③ 中共中央马克思恩格斯列宁斯大林著作编译局：《列宁选集》第2卷，人民出版社1995年版，第309页。

论是德国著名社会学家乌尔里希·贝克在其《风险社会》（1986 年出版）一书中首次提出的，他将"风险"与反思现代化联系起来，指出了人类面临的风险日益严重："在现代化进程中，生产力的指数式增长，使危险和潜在威胁的释放达到了一个我们前所未知的程度"①；"高度发展的核能和化学生产力的危险，摧毁了我们据以思考和行动的基础和范畴，比如空间和时间、工作和闲暇、工厂和民族国家，甚至还包括大陆的界线。换一种方式说，在风险社会中，不明的和无法预料的后果成为历史和社会的主宰力量"②。英国著名社会理论家和社会学家安东尼·吉登斯也认为，工业文明和科学技术是现代社会的标志，它们的发展既给人类带来了便利和福利，也加剧了社会的风险，"生活在高度现代性世界里，便是生活在一种机遇与风险的世界中"③。

受西方"意欲向前"的传统文化的影响，"本质力量对象化"始终是马克思主义的价值追求。正如学者刘森林教授所说，马克思虽然发现了实践的自悖谬性和自否定性，他对理想社会和人的解放的预期也是利用实践的这种自悖谬性和自否定性，但是"他对实践的自悖谬性和自否定性估计过低"④。"从风险社会论的角度来看，马克思仍然滞留于启蒙乐观主义的理论逻辑之中。……马克思坚信启蒙理性内在地具有一种力量，靠这种力量它肯定会实现自己的固有理想。"⑤现在看来，马克思主义的很多观念的确过于乐观了。

赵汀阳先生指出，马克思超越了西方文化的民族/国家的狭隘视野，发现了普遍存在于各个社会中的"阶级"以及全球化的阶级剥削，提出总有一天全世界无产阶级会联合起来建立一个没有国家的共产主义社会，显示出一种世界尺度的思维，跟中国的天下思维有所相通。但是马克思并没有完全超越西方思维模式，"阶级"定义了另一种意识形态和另一种异端，阶级虽然是任何国家都存在的，它以一种横切面的方式解构了民族主义而制造了国际

---

① ［德］乌尔里希·贝克：《风险社会》，译林出版社 2004 年版，第 15 页。
② ［德］乌尔里希·贝克：《风险社会》，译林出版社 2004 年版，第 20 页。
③ ［英］吉登斯：《现代性与自我认同》，生活·读书·新知三联书店 1998 年版，第 125 页。
④ 刘森林：《实践的逻辑与哲学终结论的困境》，载《现代哲学》2002 年第 3 期。
⑤ 刘森林：《实践的逻辑与哲学终结论的困境》，载《现代哲学》2002 年第 3 期。

主义,但是仍然假设了世界的分裂性和斗争性(阶级斗争)①。毛泽东当年把阶级斗争扩大化不能不说是受马克思的阶级斗争理论的影响。幸好中国人民有强大的把握对立统一的文化基因,邓小平主政后一连提出很多化对立为统一的政策,其中社会主义初级阶段、"一国两制"、社会主义市场经济、"先富带动后富"等很好地运用了中华文明强调矛盾的和谐状态和"和实生物"的辩证法智慧,超越了世界的分裂性和斗争性的异端模式思维。

马克思、恩格斯生前受各种客观原因的限制,未能对另一种安身立命的智慧——东方文明的"调和意欲"或"取消意欲"的文化路向给予足够的关注和展望。中华民族在学习和践行具有浓厚西方文化精神的马克思主义时,强大的传统文化基因使其不忘初心,"崇德不崇力"、中庸、和谐的文化追求始终影响着中国人民的实践选择,"中国模式""中国道路"的成功经验丰富了马克思主义建构新世界的文化视野。

再次,马克思主义中国化的成功实践使西方文明正视中国文化,重视马克思主义的文化批判。近代中国被西方打败了,中国文化相应地被西方全盘否定。中国文化在西方文化视野里等同于愚昧、落后、专制、封建。这种唯我独尊的心态不利于西方吸收人类文明发展的一切成果。今天,"意欲向前"改造世界的西方文化因主客体关系的紧张和对立、工具理性主义等引发了一系列的现代性危机:人与自然关系异化的生态危机,人与他人、群体关系异化的社会危机,人与自我关系异化的心灵危机。甚至过于丰富的人类精神产品(科技、制度、文化、意识形态等)也开始成为异化的工具。更危险的是,不断加深的世界联系已把人类带入了"风险社会"。20 世纪 60 年代,美国学者施特劳斯指出时代的重大问题就是"现代性危机",也是"西方文明危机"。根据事物发展的否定之否定原理,如果工业文明是对农业文明的否定,那么人类历史要想超越工业文明必须回过头去,才能反观自照,汲取农业文明的智慧,才能筹划未来发展的正确方向。如学者张维为所说:"中国崛起不是一个普通国家的崛起,而是一个五千年连绵不断的伟大文明的复兴。……它

---

① 赵汀阳:《没有世界观的世界》,中国人民大学出版社 2005 年版,第 45—48 页。

有能力汲取其他文明的一切长处而不失去自我，并对世界文明做出原创性的贡献。"①无论从哪一个方面说，中国的经历、经验都是人类安身立命智慧的宝贵财富。今天中国这样一种人类历史上前所未有的、超大规模的"文明型国家"的和平崛起，不仅增强了中国文化的自信，也迫使西方重新审视古老的中国文明和近现代中国奇迹背后的文化精神及其价值，从而拓展其文化发展的视野。

前文已述，作为"资本主义病理学家"的马克思主义是西方文化的自觉反思。然而囿于阶级和意识形态斗争的需要，西方国家不愿主动接受和实践，却在中国这样一个人口大国被广泛实践、检验和发展，从这个角度来看，中国化的马克思主义已经超越了现代西方马克思主义，因为它有更广阔的文化视野、更丰富的实践经验，已经有能力反哺西方文化。目前学界在探讨中国模式这一概念是否成立，我们应该有这样的理论自信和文化自信。

三、马克思主义中国化为中华文明的现代转型提供了契机

19世纪初，在激进的文化改革运动中，中国人很快发现，中国文化上的全盘西化是不平等也不成功的。毛泽东曾说："帝国主义的侵略打破了中国人学西方的迷梦。很奇怪，为什么先生老是侵略学生呢？中国人向西方学得很少，但是行不通，理想总是不能实现。……就是这样，西方资产阶级的文明，资产阶级的民主主义，资产阶级共和国的方案，在中国人民的心目中，一齐破了产。"②而且，第一次世界大战后，西方文化的弊端也日益暴露出来，扑灭了中国人学习西方文化的热情。1919年梁启超的《欧游心影录》即是当时知识分子告别西方，倡导"中国不能效法欧洲"的"告白"。也就是说，中国文化处在一个进退两难的境地：一方面，中国传统文化无法适应这种"外生"型的现代化要求，必须学习其所由出的西方现代文化；另一方面，资本主义文明暴露出的弊端让人无法接受。

正在文化发展的迷茫时期，俄国革命的成功给中国送来了马克思主义。

---

① 张维为：《中国震撼》，上海人民出版社2011年版，第2页。
② 《毛泽东选集》第4卷，人民出版社1991年版，第1470—1471页。

马克思主义对资本主义文明进行了辩证唯物主义的历史分析，它既深刻地揭露了资本主义制度的残酷性，又充分肯定"资产阶级在历史上曾经起过非常革命的作用"①，还指出资本主义日益锻造"置自身于死地的武器"。这种辩证分析非常贴合中国人民对资本主义的感性认识，符合中国人民摆脱封建专制、发展生产力以摆脱落后挨打的需要，符合中国人的"通变"的思想。现代化对中国这一古老的文明来说，虽然会造成巨大的伤害，但是现代化是不可避免的道路，否则就不能立足于全球化的新时代，更不可能对人类文明做出新的贡献。但是现代化的模式可以多元化，不应局限于西方文明的单一模式。

马克思主义中国化促进了各文明主体视野的融合，为人类存在方式的筹划提供了更多的可能性。这里我要反驳"救亡压倒了启蒙"的错误观点。因为认识与实践是辩证统一的，那种"救亡压倒了启蒙"的观点显然割裂了认识与实践的统一。"实践、认识、再实践、再认识"，中国革命、建设和改革的实践一直推动着中华民族借助马克思主义、西方文化等文化参照系，切切实实地进行文化的自省、自查和自新，不断地抛弃中国传统文化的历史局限性，不断地熟悉、理解、运用和反思现代性的一些理念和规则，并用新的理解和认识作指导，建构中国式的现代文明秩序。早在1949年9月16日，毛主席为批驳美国资产阶级发言人艾奇逊而写的《唯心历史观的破产》一文中，就曾经明确指出："自从中国人学会了马克思列宁主义以后，中国人在精神上就由被动转入主动。从这时起，近代世界历史上那种看不起中国人，看不起中国文化的时代应当完结了。伟大的胜利的中国人民解放战争和人民大革命，已经复兴了并正在复兴着伟大的中国人民的文化。这种中国人民的文化，就其精神方面来说，已经超过了整个资本主义的世界。比方美国的国务卿艾奇逊之流，他们对于现代中国和现代世界的认识水平，就在中国人民解放军的一个普通战士的水平之下。"② 我们很难想象一个没有启蒙的民族能够

---

① 中共中央马克思恩格斯列宁斯大林著作编译局：《马克思恩格斯文集》第2卷，人民出版社2009年版，第33页。
② 中共中央马克思恩格斯列宁斯大林著作编译局：《毛泽东选集》第4卷，人民出版社1991年版，第1516页。

获得民族的独立和国家的振兴。

同时我也要反驳"中国崛起只是经济方面崛起"的错误观点。经济与文化互为表里关系，中国的崛起一定是经济与文化的相辅相成。20世纪80年代就有西方学者因亚洲"四小龙"经济腾飞现象而提出儒家文化对市场经济的影响问题。近年来，"中国崛起"震撼了全世界，又引发了一些西方学者形而上的思考，呼吁研究马克思主义中国化背后深层次的文化影响。马克思主义中国化促进了中国文化的创新，这种文化创新促进了中国式的现代化探索。学者张维为教授以其独特的观察和理性分析揭示了中国迅速崛起背后的文化成因，在《中国震撼》一书中他指出："没有理念上的崛起，一个民族是无法真正崛起的。"[1]

马克思主义中国化使中国社会由被动到主动，实现了由农业生产方式向工业生产方式、由传统社会组织形式向现代社会组织形式、由传统文明向现代文明的转型，有学者说："经过马克思主义武装起来的非西方民族，在应对西方文明时可以'以其人之道，还治其人之身'，甚至能够以超强硬应对强硬。"[2] 但是我们要看到，在落后国家探索新型现代文明的道路非常艰辛，中国现在面临的不仅仅是"发展起来前"的问题，还有"发展起来后"的问题。马克思主义诞生于19世纪西方工业文明充分发展的时期，因而他关于"发展起来后"的问题的论述可谓丰富而深刻。西方马克思主义者至今仍在热烈讨论着马克思关于人的异化问题、资本逻辑问题、社会分工导致人的片面发展问题、拜物教问题、两极分化问题、旧式分工问题等。马克思对现代文明全面而深刻的批判是我们观察、分析和解决问题的思想武器。

综上，马克思主义中国化蕴含着丰富的文化意蕴，它帮助中华民族以更高层次的、融合了古今中西文明成果的中国特色社会主义文明，参与人类理想图景的筹划，这一文化价值还有待更具体的总结和阐发。

---

① 张维为：《中国震撼》，上海人民出版社2011年版，第126页。
② 吴新文：《再造文明》，上海人民出版社2017年版，第288页。

四、彰显马克思主义中国化文化意蕴的现实需要

黑格尔曾经说过，思想史都将经历两次，一次是自在的历史，另一次则是对自在历史的自觉反思。马克思主义在推动中国文化发展创新方面也同样要经历从探索阶段走向自觉反思阶段。近年来有学者指出：目前马克思主义中国化的研究主要集中在政治维度，马克思主义中国化需要从文化的维度加以深入研究和实施。①"马克思主义中国化有多方面的意义，但最为深层的应是其文化意义或文化意蕴。"②"中国发展改变的不仅是全球经济秩序，也是全球文化价值秩序。"③ 总之，彰显马克思主义中国化的文化意蕴既是提升马克思主义理论地位的需要，也是当前中国理论创新和改革实践的需要。

1. 坚定文化自信需要从文化的高度阐释马克思主义中国化的实践成就

中国文化很早就高度成熟，影响深远且大。近代之前，中国文化对周边国家的文化感召力自不消说。朱谦之在《中国思想对于欧洲文化之影响》一书中得出这样的结论：欧洲的文艺复兴有赖于中国的若干物质发明（如造纸和印刷术），启蒙运动有赖于中国儒家思想的启发。中国文化所谓的"落后"只是近代西方文明侵入以后的事。然而一百多年的韬光养晦，向西方学习，使我们丧失了文化自信，"言必称西方"甚至"言必唯西方"。西方一些人对中国文化更不熟悉，以为中国的现代化完全是以西方为师，文化上的学徒是没有什么出息的。今天，中国经济的崛起需要我们相应地树立文化自信心，自觉地充当世界思想文化的生产主体。

马克斯·韦伯在其《新教伦理与资本主义精神》一书中指出：经济和文化是关联的，资本主义经济兴起的背后是新教伦理及其文化精神的支持。那么，中国经济崛起的背后必然也有其深刻的文化精神在起作用。所以当务之急是对马克思主义中国化的成就进行深层的文化解读，对其背后的文化精神

---

① 杨金海：《马克思主义中国化研究的文化维度》，载《广西社会科学》2012 年第 2 期。
② 王南湜：《文化契合、文化融合与文化重建——马克思主义中国化的文化意蕴》，载《理论视野》2009 年第 1 期。
③ 任平：《全球文明秩序重建与中国文化自信的当代使命——兼论建构马克思主义中国化的文化形态》，载《中共中央党校学报》2017 年第 1 期。

进行理解和诠释，使之像黑格尔所说的世界精神那样逐渐由隐性转为显性，更加自觉地影响人类的历史进程。

国际上，与中国经济强劲崛起相对照的是美国 2008 年引发的全球金融危机和欧洲债务危机的持续深化，加剧了世界的动荡不安。一些学者开始探究"中国模式"背后的文化因素。美国杜克大学教授布鲁斯·詹特森认为，20 世纪后半叶统治世界政治的一些基本理念已不再可靠和坚定，比如："资本主义比社会主义好""西方文化比其他一切文化好"等。

因此，"中国不仅要成为提供物品和技术的世界工厂，更要成为提供优秀价值和文化的世界民族。为解决世界问题提供异于西方的中国方案和原创价值"[1]。在这样的国际背景下，彰显马克思主义中国化的文化意蕴，构建中国的话语体系，向世界解释今天的中国"从何处来"，"向何处去"，讲好中国的故事，传播中国的好声音，让世界更加全面、客观地评价中国。

2. 意识形态斗争需要我们从文化的高度解读中国发展所取得的成就

所谓落后就要挨打，贫穷就要挨饿，失语就要挨骂。中国以西方不认可的方式崛起，解决了挨打和挨饿问题，现在要解决的历史课题是挨骂问题。因为中国的崛起已经威胁到西方列强的国际垄断地位，妨碍他们的利益了。他们势必要在意识形态领域进行疯狂的围剿。只有揭示中国道路、中国制度、中国理论背后深厚的文化意蕴，才能打破西方话语垄断，提高国内主流意识形态的引领能力和国际话语权。海德格尔说"语言是存在的家"。近代以来，西方发达国家通过自己的核心话语，如"自由""民主""人权""普适价值"等，把持着国际舆论的主导权，迫使人们用西方的概念、范畴来讨论问题和评判是非，实际是西方的价值标准成为唯一的尺度。所以，意识形态领域的斗争实际上是代表其文化和价值观的话语权的斗争。"话语权既不是从天上掉下来的，也不是自我封赏的，更不是他国赠赐的，而需要精细塑造、培育和争取。"[2] 经济基础决定上层建筑，中国经济的崛起终于使中国有

---

[1]　任平：《全球文明秩序重建与中国文化自信的当代使命——兼论建构马克思主义中国化的文化形态》，载《中共中央党校学报》2017 年第 1 期。

[2]　胡正荣、李继东：《如何构建中国话语权》，《光明日报》2014 年 11 月 17 日，第 11 版。

了构建自己的话语体系，争取话语权的机会，我们需要抓住这一历史机遇。

核心话语体现的是某一民族主体的价值观，价值观是文化的核心。所以，话语权的竞争就是文化软实力的竞争。在实现经济崛起的基础上，进一步实现文化崛起，为人类美好精神家园及生存意义的探索贡献中国的智慧，无疑是新时期马克思主义中国化的重要使命。这一使命的完成需要一定的文化眼光、文化想象和文化研究本领，深入分析中国崛起背后中国文化精神的作用，宣扬中华文明五千年的生存智慧，引领世界走向美好的未来。所以，党的十八大以来提出我们要以高度的文化自觉和文化自信推进马克思主义中国化。

综上所述，文化研究是马克思主义中国化的题中应有之义。新的国际国内形势赋予马克思主义中国化以新的历史任务：无论是出于争夺话语权的需要，还是实现民族伟大复兴的需要，文化维度都是马克思主义中国化研究亟须彰显的维度，借助哲学诠释学的相关概念和范畴探讨马克思主义中国化的文化意蕴，不仅是可能的，而且是必要的。

3. 避免马克思主义中国化教条主义的文化视角

马克思主义作为一种先进的世界观和方法论，首先是一种现代文明的批判理论，是人类优秀文明成果。马克思主义传入中国时，中国正经历从器物到制度，再到文化的西学东渐的阶段，处于东西两种文化激烈碰撞的文化抉择困境中。马克思对西方近现代文化的辩证否定，使正处于前现代的中国文化在否定之否定的意义上与之产生极大共鸣。中国人对马克思主义揭示的历史必由之路心悦诚服，立即把救亡图存运动与新文化运动结合起来，即用历史唯物主义的世界观引领中华优秀传统文化实现创造性转变和创新性发展，为中华民族的伟大复兴提供源源不断的智力支持和精神勇气。

但是，马克思主义毕竟是西方文明发展的产物。马克思曾经声明：有人"一定要把我关于西欧资本主义起源的历史概述彻底变成一般发展道路的历史哲学理论，一切民族，不管他们所处的历史环境如何，都注定要走这条道路，……但是我要请他原谅。他这样做，会给我过多的荣誉，同时也会给我过多的侮辱"①。恩格斯也反复强调要正确理解和运用马克思主义、反对教条主义，他说："我们的理论是发展着的理论，而不是必须背得烂熟并机械地加以重复的教条"②，"马克思的整个世界观不是教义，而是方法。它提供的不是现成的教条，而是进一步研究的出发点和供这种研究使用的方法"③。马克思关于人类理想社会的建构，具有浓厚的西方国情和西方文化色彩，马克思主义要在中国成功实践，必须和中国的实际相结合。马克思主义在中国的早期实践忽视了这一文化的前提条件，从而受到教条主义思想的严重束缚，导致革命事业的重大挫折。中国共产党是通过血的代价才真正认识到这个问题。1938年10月毛泽东在党的六届六中全会上所做的《论新阶段》的报告中明确提出"马克思主义中国化"这个科学命题，"马克思主义的中国化，使之在其每一表现中带着中国的特性，即是说，按照中国的特点去应用它，成为全党亟待了解并亟须解决的问题"④。

自1938年毛泽东正式提出马克思主义中国化要将马克思主义的基本原理同中国的具体实际相结合这个命题以后，人们就开始讨论这个实际究竟是什么。一般认为，这个实际包括中国的革命、建设和改革的实际。具体包括中国的经济、政治、历史条件，民族文化传统、文化心理、价值理念和思维模式等条件。前者属于技术层次，后者属于文化层次。技术层次主要着眼于理论指导实践，解决中国革命、建设和改革中的实际问题，再从实践上升到理论，形成中国化的马克思主义理论。这个方面的结合已经取得了举世瞩目的成就。目前学界关于马克思主义中国化的研究也主要集中在这一层面，研究了马克思主义怎样同中国革命、建设和改革的实际相结合，怎样形成我们党的理论创新，怎样影响党和国家路线、方针和政策的制定等。

文化层次主要着眼于实现中国传统文化的现代化，主要包括两个方面，

---

① 中共中央马克思恩格斯列宁斯大林著作编译局：《马克思恩格斯选集》第3卷，人民出版社2012年版，第730页。
② 中共中央马克思恩格斯列宁斯大林著作编译局：《马克思恩格斯文集》第10卷，人民出版社2009年版，第562页。
③ 中共中央马克思恩格斯列宁斯大林著作编译局：《马克思恩格斯文集》第10卷，人民出版社2009年版，第691页。
④ 中央档案馆：《中共中央文件选集》第11册，中共中央党校出版社1991年版，第658—659页。

一是中华优秀传统文化助力于马克思主义在中国的传播，使马克思主义得到广泛的理解和认同，在中国大地上生根发芽，获得实践的验证和发展。作为一种外来文化，马克思主义只有与中国本土文化相结合，才能扎根、发展。二是中华优秀传统文化借助马克思主义提供的新型世界观和方法论，实现创造性转化和创新性发展，结出丰硕的文化果实，实现中华文明的伟大复兴。因为中国传统文化的现代转型，光靠内部力量无法推动，需要优秀的外来文化为其提供新的营养乃至新的方向指引，依靠西方资本主义文明已经被证明是幻想，需要借助超越资本主义文明的先进理论来指导。马克思主义的基本观点、立场和方法，为中国文化转型提供了科学的理论指导。总之，从文化层面来说，马克思主义中国化的主要目的是："中华民族文化复兴由于马克思主义的指导而导向正确，马克思主义由于中华民族传统文化的滋养而独具中国特色。"①

从文化层面来看，马克思主义中国化还包括应然层面和实然层面，应然层面是指：马克思主义与中国文化为什么要结合或结合的目的是什么？应该怎样结合？实然层面是指：马克思主义与中国文化具体是怎样结合的？结合后的效果如何？人们对这种结合历程的自觉反思如何？总之，不仅要考虑马克思主义如何与中国传统文化的实际相结合，还要反思和总结马克思主义与中国传统文化的双向互动条件、作用路径和实际效果，对马克思主义中国化过程中的文化因素予以足够的关注和自觉，是避免教条主义、坚定文化自信的重要保证。以上这些问题都非常重要，但目前的研究尚不充分。

马克思一生的两个伟大发现：历史唯物主义帮助中国人民认清了人类社会的发展规律，以及中国社会的历史方位；剩余价值理论帮助中国共产党辩证理解资本主义文明的利与弊，并确立了通过阶级斗争实现国家独立、民族解放的斗争路线，通过创建社会主义制度实现中华民族和中华文明伟大复兴的宏图大愿。马克思主义的这些真理通过中国人民亲身经验的检验，深入人心。但是，我们依旧要意识到：无论是从时间维度还是空间维度来看，马克

---

① 陈先达：《马克思主义和中国传统文化》，人民出版社 2015 年版，第 18 页。

思主义与中国优秀传统文化都分属于不同的文明形态，两者异中有同，同中有异，既有解决人类生存与发展普遍性问题的、具有共同价值的文化智慧，又有只是针对特定时空、解决特殊问题的文化方案，还有基于自身社会存在和文化传统所做的关于未来社会的文化构想。因此，马克思主义与中国传统文化的结合是一个非常复杂的文化发展与创新过程。

所谓"真理往前走一步就是谬误"，对马克思主义中国化过程中文化影响因素的自觉，是"澄清前提，划定界线"，从而把握两者真谛的客观需要。马克思继承了西方文化的批判精神，其理论成就的取得很重要的一个原因是在方法论上特别强调"前提批判"，他曾经批判国民经济学家不考察私有制的起源，结果犯了形而上学的思维错误；批判青年黑格尔派不考察社会意识产生和发展的社会物质生活基础，结果犯了主观唯心主义的错误；批判之前的哲学家们不考虑人的社会关系，结果把人理解为抽象的人；等等。总之，"前提批判"是马克思主义方法论的精华，毛泽东用"实事求是"这一中国化的语言使之通俗化和大众化了。

马克思主义中国化要在坚持真理的绝对性与相对性辩证统一的原则基础上，澄清和把握两者适用的前提条件和范围。如汤一介先生说："儒学中虽然包含着某些对人类社会有着普遍价值意义的因素，但它毕竟是为解决中国前现代问题条件下产生的，它需要在传承中发展，以解决我国从前现代走向现代化的问题，这样才可能对我国的社会发生实际的作用。马克思主义 19 世纪后半期产生在欧洲，当然它同样包含着某些对人类社会有着普遍价值意义的因素，但它主要是为解决西方资本主义社会的种种矛盾，毕竟没有特别考虑到 20 世纪中国的现实问题。"[①] 陈先达先生把马克思主义与中国传统文化的作用生动地阐释为："马上打天下，不能马上治之。"[②] 他认为马克思主义侧重于破坏一个旧世界，其阶级斗争理论帮助中国共产党依靠武力夺取政权，但仅仅依靠武力不能建设新社会。中国传统文化包含着丰富的治国理政、立德化民的智慧，必须充分发掘、吸取和运用中国传统文化关于社会治理、人

---

① 汤一介：《汤一介哲学精华编》，北京联合出版公司 2015 年版，第 323 页。
② 陈先达：《马克思主义和中国传统文化》，人民出版社 2015 年版，第 11 页。

文素质的培养、道德教化等治国理政的古老历史经验，实现"马上"夺权到"马下"治国的精彩转身①。

实际上，中国传统文化的内涵非常丰富，它不仅以儒家文化为主导，还有道家、佛教等思想的补充和支持，博大精深，但其丰富的文化价值常常被"前现代文明"这一概念界定所遮蔽。当前，"讲仁爱、重民本、守诚信、崇正义、尚和合、求大同"等中华优秀传统文化与现代化建设并不矛盾，对于解决现代社会人们面临的各种困境有直接现实的指导意义，也是引领人类文明发展和构建人类命运共同体的重要文化资源。有学者还宣称"中国文化的成就是'成人之性'，西方文化的成就是'成物之性'"②，中国文化的人文价值对于解决当今世界人的物化和孤独、抑郁等问题，都极具现实意义。

同样，马克思主义的理论价值并不仅仅是破坏一个旧世界。虽然马克思、恩格斯没有进行过社会主义实践，他们也始终强调自己只能指出未来社会发展的方向、原则和基本特征，至于未来社会的具体情形只能留给后来的人在社会主义的具体实践中去认识和回答。针对有人提出的在革命成功后应采取什么措施的问题，马克思尖锐地批评这个问题"提得不正确"。"现在提出这个问题是不着边际的，因而这实际上是一个幻想的问题，对这个问题的唯一的答复应当是对问题本身的批判。"③因为"在将来某个特定的时刻应该做些什么，应该马上做些什么，这当然完全取决于人们将不得不在其中活动的那个既定的历史环境"④。恩格斯也明确表示："无论如何，共产主义社会中的人们自己会决定，是否应当为此采取某种措施，在什么时候，用什么办法，以及究竟是什么样的措施。我不认为自己有向他们提出这方面的建议和劝导的使命。那些人无论如何也和我们一样聪明。"⑤但是，马克思也明确指

---

① 陈先达：《马克思主义和中国传统文化》，人民出版社 2015 年版，第 10—12 页。
② 金耀基：《从传统到现代（补篇）》，法律出版社 2010 年版，第 126 页。
③ 中共中央马克思恩格斯列宁斯大林著作编译局：《马克思恩格斯选集》第 4 卷，人民出版社 2012 年版，第 541 页。
④ 中共中央马克思恩格斯列宁斯大林著作编译局：《马克思恩格斯选集》第 4 卷，人民出版社 2012 年版，第 541 页。
⑤ 中共中央马克思恩格斯列宁斯大林著作编译局：《马克思恩格斯选集》第 4 卷，人民出版社 2012 年版，第 539 页。

出："新思潮的优点又恰恰在于我们不想教条地预期未来，而只是想通过批判旧世界发现新世界。"①

新旧世界是对立统一的，社会主义是对资本主义的扬弃，马恩经典作家对资本主义的批判使我们能更好地规避或跨越资本主义的"卡夫丁峡谷"，他们关于科学社会主义基本原则以及共产主义社会基本特征的阐述为社会主义新型文明的创建指明了方向，当然也有待于我们进一步实践和检验。值得强调的是，我们不仅可以从马克思、恩格斯对资本主义的批判中寻找灵感，而且可以从已有的社会主义文化建设经验中寻找更多、更直接、更有教益的启示。

综上所述，对文化影响因素的自觉是马克思主义中国化研究的题中应有之义。

---

① 中共中央马克思恩格斯列宁斯大林著作编译局:《马克思恩格斯文集》第10卷,人民出版社2009年版,第7页。

第二章　中西文化关于文化主题的不同理解

虽然马克思对西方近代的资本主义文明进行了猛烈的批判，但是正像一个人不能拽着自己的头发离开地球一样，西方文化传统构成的"文化视野"是马克思理解与构建新型文明的"前理解"。中华文明在与西方文化、马克思主义对话与交流的过程中，同样受到中国传统文化这一"前理解"的影响。在马克思主义中国化所开启的古、今、中、西的文化对话中，作为"前理解"的民族文化传统，规范和导引着中国人对他者文化内容的选择与取舍，并且以其主观性的理解实现文化的创新。为了更好地把握马克思主义中国化过程中文化创新的规律、实现文化自觉，首先要厘清马、中、西的文化主题和核心价值体系等文化"前理解"。文化的"前理解"由人类生存所面临的最基本的问题构成，它包括对主客观矛盾的不同应对、对主体能力的不同看法、对合作关系的不同设计等。

第一节　中西文化不同的生存之道

作为安身立命之学，文化关注的是人生在世最基本的矛盾及其解决之道。人生在世的基本矛盾可以归结为主客观的矛盾。由于人类欲求具有主观性、客观性、丰富性、复杂性、社会性、历史性和发展性等特征，不同民族对于主客观矛盾的内容和解决能力的理解差异很大。各民族采取的解决主客观矛盾的合作之道也存在着巨大的文化差异，各民族的文化特征基本源于其生存之道。

一、中西文化对主客观矛盾的不同选择和应对

马克思说:"动物和自己的生命活动是直接同一的,动物不把自己同自己的生命活动区别开来。它就是自己的生命活动。人则使自己的生命活动本身变成自己意志的和自己意识的对象。……有意识的生命活动,把人同动物的生命活动直接区别开来。"① 既然人的生命活动是有意识的,这种生命活动必然遭遇主客观的矛盾,主客观矛盾形成的张力作用于人的意识,使人形成"求而不得"的痛苦体验。因此,主客观矛盾是人类各种苦恼的根源,人类要安身立命就必须有效地回应这一矛盾,如何解决这一矛盾成为人类文化的主要课题。人类文化的核心和制高点——各民族的哲学,也把主客观矛盾作为自己的基本问题。如,恩格斯曾经概括说:"全部哲学,特别是近代哲学的重大的基本问题,是思维和存在的关系问题。"② 恩格斯关于哲学基本问题的概括也可以这样理解:思维和存在的关系问题就是主客观的矛盾引起的,在处理主客观矛盾的过程中,必须回答主客观矛盾的两个方面何者为第一性,主观能否认识客观,主客观矛盾的存在状态等问题。哲学家们概括了人们对这一问题的不同回答,这就是唯物主义和唯心主义,可知论和不可知论,辩证法和形而上学等哲学问题。粗略地看,中国传统文化倾向于朴素的辩证唯物主义和有限可知论,西方近现代文化倾向于形而上学的旧唯物主义和无限可知论,马克思主义是实践基础上的辩证唯物主义和有限与无限相统一的可知论。

人生在世,主客观矛盾的具体内容非常丰富,它们以矛盾群的方式存在,其中最重要的是人与自然、人与他人、人与自我三者的矛盾。我们可以根据人们对主客观矛盾群中主次矛盾的判断来进行文化比较。即,在这三对矛盾中,哪一对更重要? 不同民族文化有不同的理解。梁漱溟先生在其《东西文化及其哲学》一书中认为,人类主要矛盾的排序应该依次是人与自然、

① 中共中央马克思恩格斯列宁斯大林著作编译局:《马克思恩格斯文集》第1卷,人民出版社2009年版,第162页。
② 中共中央马克思恩格斯列宁斯大林著作编译局:《马克思恩格斯文集》第4卷,人民出版社2009年版,第277页。

人与他人、人与自我的矛盾。西方文化把人与自然的矛盾放在第一位，主要想解决人与自然的物质生产问题，由此形成了以自然科学为中心的文明；但是中国文化比较早熟，它认为人与他人的矛盾是最重要的，在人与自然的矛盾尚未完全解决好时，就去解决人与他人的矛盾了，希望人际关系能够和谐，由此形成了以伦理为中心的文化；印度文化则更早熟，它认为人与自我的矛盾才是最重要的矛盾，于是在前面两个矛盾还未完全解决好时，就去研究如何超越生、老、病、死的痛苦等人生终极问题，由此形成了博大精深的佛教文化。

总之，不同文化主体对主客观矛盾的看法不一样，形成文化主体不同的问题意识和不同的理解与判断，在此基础上形成的价值观排序以及采取的对策存在比较大的差异，最终形成了各具特色的世界观、价值观和人生观，并内化为各民族的文化精神、思维模式和价值取向。

二、中西文化对人类主体能力的不同看法和思维模式

实践是人的存在方式，如列宁所说的"世界不会满足人，人决心以自己的行动来改变世界"①，这是一种对象性的存在方式。这种存在方式使人具备一定的主观能动性，或称"主体能力"，它是人所具有的实现和确证自身本质力量的内在机能。我们可以根据人们对人类主体能力大小的判断，以及随之采取的相应策略来进行文化比较。

宗教产生于人类主体能力还比较低下的历史时期，面对自然界的威力，人们一般对人类的主体能力缺乏自知和自信，特别是对生、老、病、死等自然规律，人们无能为力，自发地得出人生"苦海无边"的悲叹。于是，"禁欲"成为各大宗教的解决之道，它们认为客观世界是不以人的意志为转移的，而主观欲望是自己可以主宰的，克制或消灭主观欲望也就消灭了主客观矛盾，因此世界上大部分民族选择了宗教信仰。当然，叔本华认为人的主观欲望也是无法主宰的，它是一股强大的"生存意志"，整个世界都在受其盲

---

① 中共中央马克思恩格斯列宁斯大林著作编译局：《列宁专题文集 论辩证唯物主义和历史唯物主义》，人民出版社 2009 年版，第 138 页。

目的支配，这里姑且不论。

相比较而言，西方文化倾向于相信人类主体能力的无限发展性。印度文化的看法则比较消极。所谓"尽人事，听天命"，中国文化居于二者之间，奉行中庸之道。这主要是因为中国文化建基于农业文明，自然科学不发达，春耕秋收，靠天吃饭，人们改变自然的主体能力有一定的限度，因而人们对人的主体能力持"有限能力"的观点。具体分析如下：

其一，比较消极的印度文化。印度佛教文化尽管自认为有一套能够认识宇宙真理的认识法则，但是太高深，只有觉悟了的佛陀和得道了的高僧才能把握。而且佛教认为，一般人通过眼、耳、鼻、舌、身、意六根所获得的对世界的认识并不是世界的真实面貌。如佛教经典《心经》里所说："色不异空，空不异色，色即是空，空即是色，受想行识，亦复如是。"所以总的来说，印度文化秉持的是不可知论，不主张张扬人的主体性去认识和改造世界。

其二，中国文化的有限理性观。中国文化对人的认知能力和实践能力的看法不走极端。如老子《道德经》里说的"道可道，非常道，名可名，非常名"，但还是可以"人法地，地法天，天法道，道法自然"（《道德经》）。庄子认为每个认识主体都会受制于它的时空条件，所以认识都是相对的和有限的，其经典表述是："井蛙不可以语于海者，拘于虚也；夏虫不可以语于冰者，笃于时也；曲士不可以语于道者，束于教也。"（《庄子·秋水》）人的认识受到时间、空间和见识的限制，任何主体的认识都具有相对性，这是中国文化早已意识到的客观事实。

道家曾经对知识的负面作用提出警告，如庄子曰："吾生也有涯，而知也无涯，以有涯随无涯，殆已。"（《庄子·养生主》）在如今知识爆炸的信息时代，人们需要把所有的时间、精力投入无限的认知活动中去，人类有可能淹死在知识的海洋里。另外，真理与谬误是同步增长的，区分真理与谬误更加费时费力。急剧变化的世界又凸显了真理的相对性，不断要求人们的认识与时俱进。人的生命是有限的，用于求知的时间多了，用于修身养性、休闲审美、与他人建立亲密关系、建构生命意义的时间就被压缩。反观我们今天的教育，儿童、少年、年轻人把美好的生命时光都用在求知上了，错过人生许多美丽的风景。当滋养心灵的时间被挤占后，人们很有可能成为"精致的利己主义者"。

林语堂先生说："盖中国人之聪明达到极顶处，转而见出聪明之害，乃退而守愚藏拙以全其身。又因聪明绝顶，看破一切，知'为'与'不为'无别，与其为而无效，何如不为以养吾生。只因此一着，中国文明乃由动转入静，主退，主守，主安分，主知足，而成为重持久不重进取，重和让不重战争之文明。"①

中国文化认为，既然个体生命有限、能力有限，就应该从实际出发，善于抓住实现幸福生活或安身立命的主要矛盾和矛盾的主要方面。在此岸与彼岸的关系上，它认为此岸更重要；在人与自然、人与他人、人与自我的矛盾方面，它认为人与自我的矛盾最重要，其次是人与他人的矛盾，所谓"修身"才能"齐家"。在分清主要矛盾和矛盾的主要方面后，儒家文化以中庸之道施展人的理性能力，不抹杀也不夸大理性的能力，把理性限制在可感可知的世俗生活世界，不去研究和追求彼岸世界。孔子不语怪、力、乱、神。《论语》载："季路问事鬼神。子曰：'未能事人，焉能事鬼？'曰：'敢问死？'曰：'未知生，焉知死？'"（《论语·先进》）主张"敬鬼神而远之"（《论语·雍也》）。

方克立先生认为《周易大传》中的"文明以止"准确生动地概括了中国文化的根本精神。即"文明"不是无限度地开发、利用和对外扩张，而是要有所节制。"止其所当止"，就是追求"止于至善"的价值目标，把人类自身的行为限制在有益于自然、社会、人自身可持续发展的范围内。这种文明理念与西方无限制的文明扩张是两种根本不同的文明观②。如果说所有的文化都承认人是趋乐避苦的动物，生活的终极目的就是追求快乐和幸福，那么儒家基于人的有限理性，立足实际、崇尚实用理性，也是一种值得肯定的生存智慧。

---

① 林语堂：《中国人的生活智慧》，陕西师范大学出版社 2007 年版，第 64 页。
② 方克立：《中国文化的综合创新之路》，中国社会科学出版社 2012 年版，第 151 页。

其三，盲目乐观的西方文化。近代以来，随着自然科学的发展，西方文化倾向于相信人类主体能力的无限发展性。人类主体能力等同于人的"普遍性"本质，对人的"普遍性"本质的追求是西方文化的主要价值取向。这一追求源于西方基督教的文化传统，费尔巴哈曾经揭示"宗教是人的本质的异化"，上帝的全知、全能，实际是人对自己本质力量的夸大并人格化的结果。

"普遍性"的确是人区别于其他动物的本质特征之一。马克思认为，人的实践的存在方式决定了"普遍性"是人的本质，他在《1844年经济学哲学手稿》中对此的论述是："人是类存在物，不仅因为人在实践上和理论上都把类——他自身的类以及其他物的类——当作自己的对象；而且因为——这只是同一种事物的另一种说法——人把自身当作现有的、有生命的类来对待，因为人把自身当作普遍的因而也是自由的存在物来对待。"[1] 马克思分析人的普遍性包括三个方面：第一，人的类意识具有普遍性。人类能够把一切事物纳入自己的意识范围。第二，人的类生活——生产生活具有普遍性。人类能够把一切事物作为他实践改造的对象。第三，人能够跟一切事物发生物质能量交换。马克思继承了近代西方文化的主流观点，认为人的自由是对人的"普遍性"本质的确证。马克思没有把社会生产力仅仅理解为人跟"物"之间的关系，而是理解为人的自由，即"普遍性"本质的实现程度。如他在《1844年经济学哲学手稿》中所说的，"我们看到，工业的历史和工业的已经生成的对象性的存在，是一本打开了的关于人的本质力量的书，是感性地摆在我们面前的人的心理学"[2]，在《共产党宣言》中指出"资产阶级在它的不到一百年的阶级统治中所创造的生产力，比过去一切世代创造的全部生产力还要多，还要大"[3]。当然，人的"普遍性"本质只是一种可能性，其真正实现需要经历一个曲折的发展历程。马克思认为追求和实现人的自由，或确证人的

---

[1]　中共中央马克思恩格斯列宁斯大林著作编译局:《马克思恩格斯文集》第1卷，人民出版社2009年版，第161页。

[2]　中共中央马克思恩格斯列宁斯大林著作编译局:《马克思恩格斯文集》第1卷，人民出版社2009年版，第192页。

[3]　中共中央马克思恩格斯列宁斯大林著作编译局:《马克思恩格斯文集》第2卷，人民出版社2009年版，第36页。

普遍性本质，在历史的进程中会受到生产力和生产资料私有制的束缚，所以主张大力发展生产力，直至扬弃生产资料私有制，建立生产资料公有制、实现每个人自由而全面的发展。总的来说，马克思主义没有脱离西方文明对于人的主体能力所持的乐观态度。

为了发展人的"普遍性"本质，西方文化特别重视人的"知性"能力，并提出"知识就是力量"的口号，以理性力量的增长和对象化为价值目标。"启蒙哲人坚信，理性能够消除种种错误的认识，祛除迷信和无知，使人类获得关于自然、社会和自身的真理性认识，并消除人类社会固有的一切弊病。"[①] "启蒙理性为近现代社会发展奠定了一套全新的宇宙论、生存论和价值论，开创了一种崭新的世界秩序，即资本主义世界体系。"[②] 虽然今天西方科技文明取得的成就让我们看到人的理性的发展潜力，意识到人的认识能力和思维能力是至上性和非至上性、有限性和无限性的辩证统一。但是依据矛盾的同一性原理，任何事物都有它的对立面，所谓"道高一尺，魔高一丈"，理性发展所带来的各种各样的问题也越来越多，越来越复杂，启蒙理性的神话几乎已经破灭。人与自然方面，理性试图操纵和控制自然，资本试图竭泽而渔，自然不再是人类温馨、诗意的家园，而成了征服和掠夺的对象。恩格斯早就指出："对于每一次这样的胜利，自然界都对我们进行报复。"[③] 马克斯·韦伯揭示了启蒙理性逐渐走向片面发展，即：工具理性日益泛滥，价值理性日益缺失，必将造成理性的反噬。马克斯·霍克海默和西奥多·阿道尔诺在《启蒙辩证法》一书中也揭示："每一种彻底粉碎自然奴役的尝试都只会在打破自然的过程中，更深地陷入到自然的束缚之中。这就是欧洲文明的发展途径。"[④]

目前，理性狂妄引发的危机不再局限于自然领域，而是向社会领域扩展。德国社会学家、风险社会理论创始人乌尔里希·贝克写作了《风险社

---

① 刘同舫：《启蒙理性及现代性：马克思的批判性重构》，载《中国社会科学》2015 年第 2 期。
② 刘同舫：《启蒙理性及现代性：马克思的批判性重构》，载《中国社会科学》2015 年第 2 期。
③ 中共中央马克思恩格斯列宁斯大林著作编译局：《马克思恩格斯文集》第 9 卷，人民出版社 2009 年版，第 560 页。
④ ［德］马克斯·霍克海默、西奥多·阿道尔诺：《启蒙辩证法》，上海人民出版社 2006 年版，第 9 页。

会》(1986)一书，指出："所有民族国家由于科学技术的进步不可避免地会发生社会转型，即由阶级社会向风险社会转型。而在这个风险社会里，社会与个人也在不断地进行着自我毁灭，即社会透过发展工业对生态环境的破坏促使社会走向自我衰亡。"[1]相较于传统的自然灾害（天灾），现代社会的人为风险（人祸）发展的速度越来越快，每一项人为造成的风险对人类的危害几乎都是毁灭性的。现代化不仅造成了诸多来自自然界的风险，还给人类社会生活带来新的矛盾乃至新的威胁。如恐怖主义活动、财政黑洞、核威胁、城市病、精神焦虑等等，这些风险存在于现代人类生活的各个方面。风险社会来临的根本原因在于人类的实践活动加剧了世界的普遍联系，使其越来越密切，越来越复杂，影响越来越深刻，变化越来越快。所谓"牵一发而动全身"，危机可能起源于遥远的地方，但是它会像滚雪球一样通过全球网络迅速地扩大，从一个系统跳到另一个系统，一路积聚毁灭性的潜力。

今天人类在享受理性发展带来的好处的同时也遭遇了百倍甚至千倍于古人的问题，这些问题同时在场，互相纠缠，我们已经分不清各种问题的级别、层次和次序。人类有限的认识能力已经无法从整体上、动态上把握自己所造就的新的联系。"制度上的极权主义危机、环境上的生态危机、价值理念上的虚无主义危机，以及精神气质上的怨恨心态"[2]，今天西方启蒙理性的困局就像马克思恩格斯在《共产党宣言》中对19世纪资本主义制度危机所做的生动比喻："像一个魔法师一样不能再支配自己用法术呼唤出来的魔鬼了。"[3]

理性主义引发的危机也表现在人与自我的关系上。正如《圣经》上所说的："即使赚得了全世界，却失去了自己，又有什么意义？"工具理性的僭越，价值理性的边缘化使我们的生活世界"内在殖民化"。18世纪，正当欧洲科学大踏步前进时，卢梭意识到理性的弊端，公然唱反调。他在《论科学

① 薛晓源、刘国良：《全球风险世界：现在与未来——德国著名社会学家、风险社会理论创始人乌尔里希·贝克教授访谈录》，载《马克思主义与现实》2005年第1期。
② 刘同舫：《启蒙理性及现代性：马克思的批判性重构》，载《中国社会科学》2015年第2期。
③ 中共中央马克思恩格斯列宁斯大林著作编译局：《马克思恩格斯文集》第2卷，人民出版社2009年版，第37页。

与艺术的复兴是否有助于使风俗日趋淳朴》一文中，深刻地指出启蒙理性的发展并没有使现代人和现代社会优越于古代人和古代社会，他认为："人的知识愈多，人心反而愈险恶；科学与艺术愈繁荣，社会便愈奢侈成风，耽于生活的享受和财富的追逐；所谓的文明，只不过是看起来像文明；所谓的进步，实际上是堕落。"①西方文化被近代科技胜利冲昏了头脑，陷入理性的狂妄自大，直到海德格尔把存在与时间联系起来以后，人们才开始关注人的有限性问题。死亡所决定的人生的有限性，使人不得不去追求人生最有意义、最有价值的事，于是意义问题不再是相对于认识问题的次要问题，而是相反。中国传统文化早已注意到生命的有限性以及认知的有限性，所以才把活动重心放在意义问题上，建构了以情感为本体的伦理主义和审美主义的文化。

另外，对象的性质也会影响主体对工具、方法和策略的选择。梁漱溟先生指出，由于东西文化确立的主要矛盾不一样，他们的实践对象分别是自然界、他人和宇宙法则，应对这三种对象的难度系数是不断提高的。于是，根据对象的难度，结合主体的能力，东西方文化采取了不一样的应对策略。中国文化和西方近现代文化不是通过禁欲来取消主客观矛盾问题，而是直面现实，采取不同的策略来解决这一矛盾。西方文化采取了意欲向前的应对策略，即肯定自己的主观欲求，奋力改造局面，使之满足自己欲求的路向；中国文化则采取了调和意欲的应对策略，即不去改造局面，而是通过变更自己的欲求和观念以达到随遇而安的路向；印度文化采取了取消欲求的路向②。对此，梁漱溟先生在《东西文化及其哲学》一书中有非常独到的解说。

三、中西文化对合作关系的不同设计和价值取向

实践的存在方式意味着个人必须与他人结成某种合作关系，才能更好地满足自己生存与发展的需要，而且人的需要在不断发展，越来越需要通过某种复杂形式的合作，如现代化、社会化的大生产来满足。有意识地"合作"

① ［法］卢梭：《论科学与艺术的复兴是否有助于使风俗日趋纯朴》，商务印书馆2011年版，第5页。
② 梁漱溟：《东西文化及其哲学》，商务印书馆出版2012年版，第61—63页。

是人不同于其他动物的文化标志。然而满足需要的资源是稀缺的，这就使人与人之间存在着竞争和对立关系。在合作与竞争的矛盾关系中，究竟以什么样的合作形式、合作原则和方法来协调人与人之间的关系，也成为一个重要的文化课题。国内知名学者宇燕和盛洪，在《旧邦新命》一书中将文明理解成"人与人之间的一种合作关系"①，深刻地揭示了合作关系在文化主题中的重要地位。因此，我们可以根据人们解决主客观矛盾时的合作程度来进行文化比较。

各民族的合作方式和伦理准则很不一样。有宗教式的，如"人人爱上帝，上帝爱大家"，个体的人通过上帝这一中介联系起来，实现合作共赢。进入现代社会以后，亚当·斯密提出人们可以通过市场这只看不见的手联系起来，达到"人人为自己，市场为大家"的神奇效果。随着"市场失灵"的出现，再加上纳什"博弈论"的提出，人们发现个人自私的行为并不一定能在"看不见的手"的指引下产生最佳的社会效果，或者说，"个人理性并不能保证集体理性"②。因此，作为西方文化立论基础的原子式个人，以及其个人主义文化和冰冷的、契约式的合作关系受到质疑，这种合作关系往往使人陷入零和博弈和囚徒困境。从一定意义上来说，"囚徒困境"中的两个自私自利的罪犯就是现代人的隐喻。赵汀阳说，现代人是潜在的罪犯，不犯罪是因为没有条件，如果有条件就成为现实的罪犯③。

梁漱溟先生对中西民族的社会生活组织结构进行了研究，指出西方人是以集团组织生活，形成集团与个人的对立，把重点放在个人方面的称"个人本位"，把重点放在社会方面的称"社会本位"。英美国家是个人本位，苏联是社会本位。基督教统治时期，西方是社会本位，近代反封建、反宗教运动以后，西方进入个人本位的社会状态。在以集团组织生活的社会里，个人与社会总是处在紧张对立的状态，表现在文化上不是个人本位就是社会本位。中国人不是以集团组织生活，而是以"家庭"组织生活，形成家—国—天下

---

① 宇燕、盛洪:《旧邦新命》，上海三联书店2004年版，第10页。
② 赵汀阳:《没有世界观的世界》，中国人民大学出版社2005年版，第199页。
③ 赵汀阳:《没有世界观的世界》，中国人民大学出版社2005年版，第201页。

一体的社会结构。在这种结构中，中国人并没有个人与集团的紧张对立，相反，家庭是个人温情脉脉的心灵港湾，个人在这样的结构中非常放松和自由，如孙中山先生说，中国人不是自由太少，而是自由太多。西方人重集团生活与中国人重家族生活的这种文化差异，造就了双方不同的权力观、义务观、价值观和互动模式，构成了各自不同的文化生态系统。

马克思通过"生产关系"这一范畴揭示出交往关系对于人类文化发展的重要性。生产关系是人们在生产过程中结成的生产、分配、交换和消费关系，虽然只是经济领域中的一种合作关系，但它对文化主体——人的"本质"起着决定性作用，"人的本质不是单个人所固有的抽象物，在其现实性上，它是一切社会关系的总和"①。另外，一定社会发展阶段的生产关系的总和——经济基础，决定了意识形态的性质。把阶级分析的方法引入文化是马克思的一个创新，其后，福柯在《规训与惩罚》一书中对知识和权力的关系进行了更为深刻的剖析，他说："我们应该承认，权力制造知识（而且，不仅仅是因为知识为权力服务，权力才鼓励知识，也不仅仅是因为知识有用，权力才使用知识）；权力和知识是直接相互连带的；不相应地建构一种知识领域就不可能有权力关系，不同时预设和建构权力关系就不会有任何知识。"②

作为一种"在世之在"和社会性动物，人的幸福和快乐必定与他人有关，幸福必然关涉到他与周围世界的关系是否和谐圆满。赵汀阳在《坏世界研究·作为第一哲学的政治哲学》一书中指出，人性自私和资源稀缺是真实世界的客观状态。因此，他人是生活全部难题的根源③。"他人是个最大的悖论：他人一方面是每个人利益的限制，另一方面又是每个人生活全部意义的来源，无论痛苦还是幸福，无论成功还是失败，一切都与他人有关，因此每个人都绝对需要他人。"④ 所以文化设计必须使群体能够和谐相处。把握冲突

① 中共中央马克思恩格斯列宁斯大林著作编译局：《马克思恩格斯文集》第1卷，人民出版社2009年版，第50页。
② ［法］米歇尔·福柯：《规训与惩罚：监狱的诞生》，刘北成、杨远婴译，生活·读书·新知三联书店1999年版，第29页。
③ 赵汀阳：《坏世界研究·作为第一哲学的政治哲学》，中国人民大学出版社2009年版，第1—2页。
④ 赵汀阳：《坏世界研究·作为第一哲学的政治哲学》，中国人民大学出版社2009年版，第2页。

与合作之间的张力，化解冲突争取合作是每个国家安邦治国的首要内容。合作能力与合作程度可以成为衡量文明的标准。并且我们应该突破把"合作"局限于人与人之间，或群体内部之间的狭窄的视野，把人与自然、人与自我的合作关系，也纳入幸福影响因素的考查之中。只有具备这种"关系"思维或"对立统一"的思维能力，才能使人自由自觉的存在方式与动物本能的存在方式区别开来。总而言之，我们可以把文化命题转化为幸福命题，把幸福命题转化为合作命题。从合作的角度衡量文化，才是评价文化高低的尺度。从这个角度来看，中国的礼乐文明就是一种合作文明，因为礼仪总是双向的，它促进人与人之间的相互承认和相互尊重。赵汀阳说：中国人把"合""和""治"看作是头等大事和最重要的问题，并且坚决反对"分"和"乱"，因为世界有着给定的完整性，"合和"就是不再需要理由的先验原则①。正是在这样的文化理念的支持下，中华民族没有好斗的文化基因。把是否促进合作作为文化的衡量标准，有利于我们反思当今世界西方文化倡导的"人类中心主义"、"个人主义"或"社会达尔文主义"，并知其问题所在。

从哲学上来讲，倾向于合作还是冲突反映了各民族对矛盾同一性和斗争性的不同侧重。矛盾的同一性是指矛盾双方相互依存、相互贯通的性质和趋势；矛盾的斗争性是指对立面之间相互排斥、相互分离的性质和趋势。矛盾的同一性和斗争性在事物发展中都具有重要作用，中西文化对此有自己的价值偏好。中国文化对"和谐"的追求意味着其比较侧重矛盾的同一性。中华民族是一个爱好和平的民族已是一个不争的事实，"礼之用，和为贵""和也者，天下之达道也""天人合一""致中和""天时不如地利，地利不如人和""家和万事兴"等处世原则充分反映了中国文化对"和"的追求。与之相反，西方文化比较侧重矛盾的斗争性，回顾西方历史，各种战争连绵不绝，民族战争、宗教战争、殖民战争、意识形态斗争、征服自然的斗争等，表现为西方文化对战争或竞争的追求。古希腊哲学家赫拉克利特就非常推崇战争，认为"战争是万物之父，也是万物之王。斗争即正义"②。"西方文明崇尚

---

① 赵汀阳：《没有世界观的世界》，中国人民大学出版社 2005 年版，第 83 页。
② 转引自［美］唐纳德·帕尔玛：《快乐学哲学》，上海社会科学出版社 2008 年版，第 21 页。

浮士德精神，就是一种不断向外索取的斗争精神。"① 现代性最重要的构成因素——市场竞争机制，是从近代西方社会发展出来的。西方这种偏爱斗争的文化一方面促进了世界的变化，另一方面也加剧了人与自然、社会、他人以及自我心灵之间的冲突，带来各种危机。走出"所有人反对所有人的状态"（霍布斯语）和"他人即是地狱"（让·保罗·萨特语）的现代性困境需要大智慧。合作问题的核心是如何协调个人的需要与他者需要之间的矛盾与冲突。儒家文化的做法是"反求诸己""屈己安人""远人不服，则修文德以来之，既来之，则安之"（《论语·季氏》），这种以退为进的人际合作原则是一种非常高明的文化设计。

综上所述，文化产生的根源在于人类生存与发展过程中面临的主客观矛盾，对这一矛盾的解决可以有不同的解决思路。每种思路都是对幸福生活的一种筹划，都是人类智慧的结晶，都有自己的片面性和局限性，需要反观自照和取长补短。中国文化主张"见贤思齐"，深刻、厚重的两种文化相遇时，能够相互提供强大的思想刺激和不一样的文化视野，使文化创新获得强大的动力。赵汀阳先生说："中国的眼光与西方眼光同样是精神性非常强但又非常不同的眼光，所以如果中国思想中的问题能够进入世界的问题体系，那么一定能够丰富人类共享的问题体系，会使人们发现，原来还有这样多必须思考的问题。而且中国问题能够与西方问题形成最大效果的互惠提问（reciprocal questioning）——如果按照经济学观点，这可以最大化人类思维的反思（rethink）能力。"② 中国主张在承认"人类命运共同体"理念的基础上加强文明互鉴，是对西方文明冲突论、零和博弈思维的突破。

第二节 马克思主义与儒家文化关于人性理解的视域融合

人是现实世界的本体，人对自我的认识和理解决定了人的安身立命模式，继而深刻地影响着人与世界的关系。当今世界人类面临的一系列重大矛

---

① 方克立：《中国文化的综合创新之路》，中国社会科学出版社 2012 年版，第 10 页。
② 赵汀阳：《没有世界观的世界》，中国人民大学出版社 2005 年版，第 168—169 页。

盾和冲突，根本上源于人们对人性、人的本质的理解偏差。因此人对自我的认识和理解是一切人文科学和社会科学的理论前提。遗憾的是，人类对自我的认识进展缓慢，卢梭曾经感叹："人类的各种知识中最有用而又最不完备的，就是关于'人'的知识。"[①] 如果说西方文化侧重于本体论和知识论的话，那么以儒家为代表的中国传统文化则侧重于人生哲学。可以说儒学就是人学，儒家把做人与治国统一起来，非常重视人性的教化。儒家文化与马克思主义在对人的自我认识方面存在着较强的一致性，这为马克思主义中国化提供了比较好的文化心理条件；同时，不同的生产方式、时代课题使二者关于人性的理解与实践在思维方式、价值取向上存在着客观的历史间距，这为文化创新提供了空间。

一、马克思主义在"实践"基础上的人性理解

从苏格拉底提出"认识人自身"的哲学命题开始，人的本质究竟是什么，它是先验的，还是经验的？或者是发生、发展的？对人的本质的不同回答不仅是一个事实判断，而且是一个价值判断，它会影响人对存在的筹划。马克思主义诞生之前，西方文化始终没有形成科学的人性理论，这与旧唯物主义以及唯心主义的世界观长期统治人们的思想有关。马克思在其哲学三部曲——《1844 年经济学哲学手稿》（以下简称《手稿》）、《关于费尔巴哈的提纲》（以下简称《提纲》）以及《德意志意识形态》（以下简称《形态》）中提出了新的世界观，这一世界观"新"在其对人的活动意义的定位，确立了以实践为基础的考察世界——包括人性——的历史唯物主义方法，马克思在《提纲》中把这种方法称为"实践活动的唯物主义"，大部分学者称其为"实践本体论"。

马克思"实践本体论"思想的提出使人们对世界的理解和解释更具科学性，也使人性问题的研究摆脱了抽象的思辨，而与人的活动性质和活动状

---

① 卢梭：《论人类不平等的起源和基础》，商务印书馆 1962 年版，第 62 页。

态相联系，如马克思说："种的类特性就在于生命活动的性质。"① 由于人的生命活动——实践，具有自觉能动性、社会性、历史性和现实性等特征，作为其结果的人性也因此具有历史发展性，这就突破了人们关于"人性永恒不变"的传统观念。具体来说，过去人们对人性的理解只存在"人性善"或"人性恶"的分歧，在"人性是否永恒不变"的看法上则出奇一致。究其原因是形而上学的思维方法，即首先撇开人的社会实践活动以及由此产生的社会关系，把人当作孤立的、原子式的、永恒不变的个人，然后以这种抽象的个人去跟一般动物作比较，从其差异性中总结出人性。由于人性的参照物是动物天生不变的本性，以至于得出的人性结论，无论善或恶，都是永恒不变的。

马克思从生命活动的性质出发研究人性，把唯物论和辩证法引入人性分析，既扬弃了黑格尔"把人等同于自我意识"的唯心主义做法，也扬弃了费尔巴哈"把人抽象化为自然人"的旧唯物主义做法，对"人"的理解更加符合实际。如马克思在《手稿》中根据人的活动性质提出"自由的有意识的活动恰恰就是人的类特性"② ；在《提纲》中根据人的活动的合作性提出人的本质"在其现实性上，它是一切社会关系的总和"③ ；在《形态》中根据人的活动的条件束缚提出人都是"现实的个人"④ 等观点。这些看法对人的自我理解具有革命性的意义。

另外，实践还具有普遍性以及合规律与合目的相统一等特点，这对全面理解人性和人的本质也有重要的启发意义。实践的普遍性是指人可以把一切对象（包括人自身）纳入自己的认识和改造范围，体现了一般动物活动所不具备的自我改造能力；实践合目的性是指实践有应然的价值追求，其落脚点是"应当如此"；实践的合规律性是指实践受到实然条件的束缚，其落脚点是

---

① 中共中央马克思恩格斯列宁斯大林著作编译局：《马克思恩格斯文集》第1卷，人民出版社2009年版，第162页。

② 中共中央马克思恩格斯列宁斯大林著作编译局：《马克思恩格斯文集》第1卷，人民出版社2009年版，第162页。

③ 中共中央马克思恩格斯列宁斯大林著作编译局：《马克思恩格斯文集》第1卷，人民出版社2009年版，第501页。

④ 中共中央马克思恩格斯列宁斯大林著作编译局：《马克思恩格斯文集》第1卷，人民出版社2009年版，第524页。

"必定如此"。实践的这些特性说明对人的本质的理解，不能只从客体方面去理解，而要同时从实践方面、主体方面去理解。即：人也把人性、人的本质看作是实践改造的对象，从而人性、人的本质具有应然和实然的双重维度。人的应然本质是自由、自觉、自主，实然本质是"一切社会关系的总和"[①]。

综上所述，马克思"实践本体论"的世界观为正确而全面地把握人性的生成机制、人性的发展方向提供了科学的理论指导，可谓让人醍醐灌顶、拨云见日。

二、儒家文化在"天人合德"思想基础上的人性观

总的来说，儒家的人性观与中国传统哲学"天人合一""人为万物之灵"的自然观相统一。孔子、孟子、荀子的人性论都是以"天地之生，人为贵"，人"可以赞天地之化育，与天地参"为立论基础，认为人既然禀受了"天地之中"或"五行之秀气"，就应该达到对"天地之德"的自觉，通过"以天为则"，向天地万物学习，达到"天人合德"的高尚境界，实现人性"善"的应然本质，这样就形成了"人性善"以及"学以成人"等一系列关于人的自我理解和自我实现的修身养性功夫。同时，儒家的人性观也是对社会生活之于个体伦理要求的理性认识和自觉践行，是"经验变先验"（李泽厚语），体现了儒家在人性论问题上的实事求是精神和"理性早启""文化早熟"（梁漱溟语）的高远境界[②]。

（一）儒家人性观是中华民族对人在天地万物间能动性的文化自觉

儒家关于人性的理解类似于一种唯心主义的先验论，如孟子讲"人之初，性本善"，《中庸》有"天命之为性"，认为人的本性是由天而来的。实际上，儒家对人性的理解既不同于黑格尔，也不同于费尔巴哈，而是来自对人在天地万物间能动性的文化自觉，颇具实事求是精神。早在《尚书·泰誓》中就有"惟天地，万物父母；惟人，万物之灵"（《尚书正义》卷十一《泰誓

---

① 中共中央马克思恩格斯列宁斯大林著作编译局：《马克思恩格斯文集》第1卷，人民出版社2009年版，第501页。

② 梁漱溟：《东西文化及其哲学》，商务印书馆2012年版，第202页。

上》）的看法；《孝经》中借孔子的名义说"天地之性，人为贵"（《孝经注疏》卷五《圣治章第九》）；荀子更具体地进行了比较，他说"水火有气而无生，草木有生而无知，禽兽有知而无义，人有气有生有知，亦且有义，故最为天下贵也"（《荀子·王制》）；周敦颐说"二气交感，化生万物，万物生生，而变化无穷，惟人也得其秀而最灵"（《太极图说》）。诸如此类对"人是万物灵长"所做的肯定在中国典籍中还有很多，这些论断并非主观臆想，只是揭示了"人是有意识的存在物"这一客观事实而已，并无夸大。

法国哲学家帕斯卡尔也说过"人是一根会思想的芦苇，……纵使宇宙毁灭了他，人却仍然要比致他于死命的东西高贵得多"；达尔文的进化论也充分证明人居于生物进化链的顶端。那么为什么西方文化并没有由此得出人性善的观点？关键在于儒家文化并不停留于此，而是主动赋予自己相应的伦理责任和道德义务，这就是"赞天地之化育，与天地参"或"为天地立心"。董仲舒说"天地人，万物之本也。天生之，地养之，人成之"（《春秋繁露·立元神》），既然人与天地并列为三，人要赞天地之化育，就必须"以德配天"，才能真正成为"天地之心"，才能人尽其性，实现治理万物的应然价值。因此，"人性善"的假设体现的是儒家对天道的责任担当，它所强调的是实然人性与应然人性的统一。

另外，儒家对人性的理解还受"天人合一"的宇宙观的影响，自觉地树立了"以天为则"的人性修养目标。中国人认为天人是"合一"的，天之性就是人之性，天之德就是人之德，天道就是人道。从而中国人非常强调以天地为榜样，向天地学习。所谓"人法地，地法天，天法道，道法自然"（《道德经·第二十五章》），中华民族认为天地有很多值得我们学习的品德。例如，"天无私覆，地无私载，日月无私照"（《礼记·孔子闲居》），人就应该学习天地这种广大无私、包容万物的品德；"天何言哉？四时行焉，百物生焉。天何言哉？"（《论语·阳货》）"诚者天之道也，思诚者人之道也"（《孟子·离娄上》），说的是天道是诚，所以人也要诚。《周易》曰："天行健，君子以自强不息；地势坤，君子以厚德载物"，张岱年先生提出"自强不息、厚德载物"是中华民族精神的观点即源于此。

中国文化认为人不仅要向天地学习，还要向万物学习，花草树木、山川河流均有值得人们学习的品性，其中最值得学习的就是水的品德，例如水的谦虚、包容、坚忍不拔、以柔克刚等品性，已被纳入中华民族的应然性本质中。需要说明的是，虽说是向天地万物"学习"，实际根据中国文化的"天人一体""天人相通"观，天地万物的这些品性也都是人本有的，只不过要通过一定方式的学习、体悟和实践使它们显现出来。正如梁漱溟先生所说，儒家认为人生的意义价值在不断自觉地向上实践他所看到的理，在一个人如何完成他自己。

（二）儒家对人性的理解来自群体生活的实践经验和构建现世和谐生活的实用理性

和西方文化相比，儒家没有关于来世生活的宗教信仰，而是致力于现世生活的安身立命。儒家认为民为邦本，教化民众使其具有应然本性才能实现个人与社会的双赢，才能安己、安人、安天下。因此，儒家对人性的理解始终具有一种合目的的理性自觉和追求。儒家知识分子们根据丰富的群体生活经验提炼出社会长治久安所需的应然人性，再通过各种人文教化方式和途径，化民成俗，变应然人性为实然人性。从这个角度来看，儒家人性论坚持的是唯物主义的认识路线。即使是孟子的"恻隐之心、羞恶之心、恭敬之心、是非之心，人皆有之"的观点也经得起实践检验。因为这些人性是人作为"类存在物"在类生活中自发形成的一种道德伦理意识，是社会理性长期积淀于个体意识而形成的文化心理结构。李泽厚先生指出它既不是来自上帝，也不是来自"天理"、"良知"或"先验理性"，而是来自"人类总体"，是"人类总体"这一"大写的人"生存延续的必然要求和至上理想。它们之所以"人皆有之"，"实际上仍然是通由人类长期历史的经验而来"[1]。是"经验变先验"，即由经验合理性提升而来，是"内在自然人化"的结果。

人性原本是善恶的统一体，儒家并非不承认人有恶的一面或从恶的可能，而是选择性地反映和肯定人性中善的一面，对人的"向善"之需和"成

---

[1] 李泽厚：《哲学纲要》，中华书局2015年版，第51页。

人"之力持乐观主义态度。孔子谆谆教导的"性相近也，习相远也"(《论语·阳货》)，"三人行，必有我师焉。择其善者而从之"(《论语·述而》)，只要积极主动地把人性作为实践改造的对象，修身养性，做好内省、慎独功夫等，就能实现"从心所欲不逾矩"的应然本性。在构建现世和谐生活的实用理性的指导下，儒家特别重视教育，以孝道为起点，确立了广泛的社会教化原则，所谓"自天子以至于庶人，壹是皆以修身为本"。在其不懈努力下，"人们看到真正的中国人就像一种被驯化的生物，……没有使你感到厌恶的东西，……他给人留下的总体印象是温良，是那种难以言喻的文雅。当你分析这种温文尔雅的特性时，就会发现，此种温良或文雅乃是同情(sympathy)与智能(intelligence)这两样东西相结合的产物"①。

三、马克思主义与儒家文化关于人性理解的视域比较

马克思主义与儒家文化在人的自我理解问题上都取得了丰硕的成果，两者观点的相似性为马克思主义中国化提供了坚实的文化心理基础，两者观点的相异性扩展了双方的文化视野，对两者立场、方法和观点的比较有助于实现中国传统的文化自觉、自省和自信。

首先，在人性的考察方法上，马克思与儒家文化都坚持从实际出发的唯物主义路线，但不同的历史背景使其聚焦的问题不一样。前文已述，儒家文化在总结人性时，坚持的并不是马克思在《形态》中所批判的德国哲学"从天国降到人间"的唯心主义抽象路线，而是与马克思一样的"从人间升到天国"的唯物主义抽象路线。马克思是从人的活动(尤其是物质生产活动)的性质出发把握人性问题，儒家文化则从人是"万物之灵"和"群体动物"这一事实出发，自觉地筹划人的应然本性。

两者都把人性看作是实然与应然的统一，但不同的历史境遇导致不同的问题意识。马克思要推翻人性严重异化的资本主义社会，所以侧重于批判人性的实然状态，揭示其背后的客观原因。从"宗教与人的再度丧失"批

---

① 辜鸿铭：《东方智慧》，北京大学出版社 2010 年版，第 10 页。

判到"异化劳动与人的自我异化"的批判，从"拜物教"批判到"意识形态"批判从"人的依赖"批判到"物的依赖"批判，马克思以人的活动的"自由自觉"程度为尺度，抽丝剥茧地揭示了现代资本主义社会人性的异化状态。马克思概括人性异化的主要原因有：生产资料的资本主义私有制、旧式社会分工和生产力发展水平，以及虚假性意识形态的统治等。当然，这些因素之间又有错综复杂的勾连关系。儒家面对的则是温情脉脉的、小农经济的、家国同构的、伦理本位的社会结构，"情本体"的社会生活使人与人、人与物的关系异化并不是很厉害。特殊的地理位置使中国历史上较少遭受外族的侵略战争，不仅原始社会时间比较长，而且阶级社会大部分时间长治久安。这些历史条件为中国人过一种淳朴的心灵生活提供了机会。同时，儒家主要创始人经历过春秋战国时期的社会失序及战乱，正反两方面的经验促进了中华民族理性的早熟。儒家知识分子面对人性的丰富与复杂，巧妙地结合个人需要（安身立命）与社会需要（群体和谐），积极主动地把人性作为最主要的实践改造对象，尽力实现人的应然本质。辜鸿铭先生认为，中国人最美妙的特质就是：作为一个有着悠久历史的成熟民族，他们像孩童一样过着心灵的生活，又能够维持亚洲大陆庞大人口帝国的和平，所以中国人又有着成年人的理性智慧。[1]

其次，在关于人本质的认识上，马克思主义与儒家看法一致，但致思理路不同。两者都把人拥有的属性和人之为人的应然属性区分开来，认为真正的人性包含两方面——人的活动的自由自觉性和社会性。受近代西方文化的影响，马克思强调的主要是人的本质力量对象化的自由，儒家强调的主要是个人融于社会，所谓"从心所欲不逾矩"的自由。但不管怎么说，两者都从人与社会的辩证关系出发，把社会性看作人的实然，但又有待彰显和发展的应然本质，都认为人的社会性的自觉和使人的社会性充分发展（社会关系的丰富），是人的活动自由自觉的前提条件。

两者所不同的是，儒家文化对人的社会性的理解首先来自"天人一体"

---

① 辜鸿铭：《东方智慧》，北京大学出版社 2010 年版，第 15 页。

的宇宙观。北宋思想家张载根据"天人一体"的宇宙观提出"民吾同胞，物吾与也"（《张载集·西铭篇》）、"视天下无一物非我"的观点，也就是说天地万物都是宇宙整体的一部分，人与人是相互依赖的社会有机体的一分子。其次来自以家族为重心的社会生活方式和家国同构的社会组织形式，个人被安置在五伦的关系网上，从出生到死亡脱离不了家庭、家族的相互依赖关系。儒家还以人的名分意识和荣誉感为抓手巩固这一由伦理关系构成的社会结构。总之，这种伦理性的社会生活使人的本质中的"社会性"维度得到自觉和彰显，几乎成为中华民族的集体无意识。集体无意识是瑞士心理学家荣格提出的概念，是指某种社会结构形成的社会意识通过代代相传在某一种族全体成员心理上的积淀，"群体本位"就是中华民族的一种集体无意识。

马克思对人的社会性的理解首先是基于人的实践活动的特殊性，即为了维持生存人必须通过分工、交往与合作才能形成一种"社会的力量"开展物质生产。可以说，生产的社会化、私人劳动与社会劳动的统一，是马克思论证人的社会性本质及其发展路径的理论基础。其次是基于人的安心立命的需要。马克思认为人作为一种对象性存在物，要在本质力量对象化活动以及对象化活动的产物中确证自己的存在，这种存在的确证都依赖于社会。因为活动的能力"五官感觉的形成是迄今为止全部世界历史的产物"[1]，而且作为社会存在物，他人是我自己的本质的补充，我还依赖于"以社会的形式形成的社会的器官"[2]。同时，对象化活动的产物要在他人"享受或使用我的产品时"，我的生命价值（个性）才能得到确证[3]。

从思维方法上看，儒家对人的社会性本质的理解属于一种肯定式的辩证法思维，是对中国社会历史成功经验的总结和强化；马克思则是一种否定式的辩证法思维，是通过对"市民社会"利己主义造成的"囚徒困境"的批判而

---

[1] 中共中央马克思恩格斯列宁斯大林著作编译局：《马克思恩格斯文集》第1卷，人民出版社2009年版，第191页。

[2] 中共中央马克思恩格斯列宁斯大林著作编译局：《马克思恩格斯文集》第1卷，人民出版社2009年版，第190页。

[3] 马克思：《1844年经济学哲学手稿》，人民出版社2000年版，第184页。

提出"人向自身、也就是向社会的即合乎人性的人的复归"的要求①。

再次，两者都对人性发展持乐观主义的态度，但在人性的具体实践路径上的看法不同。马克思把人的社会性与人的活动、活动的外在影响力（生产力）联系在一起，阐明人的社会性的实现需要随着生产力的发展水平，或分工的发展程度，而经历一个否定之否定的曲折道路。具体来说，对应于生产力水平低下的原始社会，人的社会性几乎是一种动物式的本能，否则群体将无法维系，马克思把这种社会性称作被意识到了的"畜群意识"。当生产力有了一定的发展，但发展还不是很充分时，一部分人可以通过生产资料的所有权而无偿占有别人的劳动果实，不劳而获的这部分人就无法通过社会劳动体验到自己的社会性本质，也不会与被统治阶级达成"感觉共享"，"感觉不能共享"意味着社会性的自觉意识丧失，他最多体验到自己作为统治阶级一员的阶级性。被统治阶级则因劳动仅仅是谋生手段——体验到的是异化劳动对人性的贬损，也无法自觉地意识到自己的社会性。正如马克思在《手稿》中所指出的——"私有制使我们变得如此愚蠢而片面"②，在这种阶级利益对立的"虚假"共同体中，人的需要、感觉和器官都失去其应有的社会性，即真正的人性。在《形态》和《共产党宣言》中，马克思根据资本的扩张逻辑提出世界历史理论，认为人类终将通过生产的社会化而结成命运共同体。为了解决"人们自身的联合力量成为某种异己的力量，成为不堪忍受的力量"这一现代性的重大问题，人类终将会扬弃私有制，实现自由自觉的联合，合目的地支配自己联合的力量。与此同时，"社会的人"摆脱了旧式分工的束缚，把谋生劳动转变为乐生劳动，通过利他劳动体验自我的存在、自我的力量和自我的价值。此时，社会是人的社会，人是社会的人，人类自由自觉的历史方才开启。总之，马克思认为，只有到生产力极大发展，物质财富极大丰富，消费资料按需分配的历史阶段，劳动才能扬弃它的谋生性质，每个人才能在利他劳动中感受、发展和确证自己的社会性存在，即真正的人性。

---

① 中共中央马克思恩格斯列宁斯大林著作编译局:《马克思恩格斯文集》第1卷，人民出版社2009年版，第185页。

② 中共中央马克思恩格斯列宁斯大林著作编译局:《马克思恩格斯文集》第1卷，人民出版社2009年版，第189页。

儒家文化也用发展的眼光看人性，坚持实践生成的人性论。与马克思重视生产实践不同，儒家重视的是道德实践，走的是人性教化之路，可谓"取法乎上"。儒家之学在"求仁"，"仁者，人也"，求仁的目的是把人之为人的本性实现出来。古代儿童启蒙首先背诵的是"人之初，性本善。性相近，习相远"。社会教育的主要内容是人伦义理、忠孝节义，目的是成"人"。《大学》开篇之语是"大学之道，在明明德，在新民"。辜鸿铭先生说："孔子传授的整个哲学和道德体系，可以用一个词来概括，即'君子之道'。"[①] "君子之道"旨在培养人的荣誉感和廉耻感，既提升人的精神境界，又减少了社会治理成本。辜鸿铭先生盛赞中国文化建构的高明之处，他说："名分意识带来的荣誉感和廉耻感对于人类社会多么的重要。……人若没有了荣誉感和廉耻感，社会就只能依靠武力来维系一时。但武力无法使一个社会长治久安。"[②]

在人性教化的具体路径上，儒家坚持实事求是，走务实主义路线，它从动物性的亲子之情中提升出"孝"的道理，以"孝道"为抓手培养人的社会性（利他性）意识，再扩而充之提出"五常"和"八德"的人性应然要求。李泽厚先生说："孔学特别重视人性情感的培育，重视动物性（欲）与社会性（理）的交融统一。我以为这实际是以'情'作为人性和人生的基础、实体和本源。"[③] 总之，儒家把人置于社会伦理关系中，依托人际的情感互动来激发和巩固人的道德理性，它把思想诉诸情感，由情入理，形成了情理兼容、成熟稳重的民族心理结构。儒家对人的道德实践持乐观态度，提倡"苟日新，日日新，又日新"的实践功夫。孟子曰："求则得之，舍则失之……，求在我者也。"（《孟子·尽心上》）只要一心向仁，"人皆可以为尧舜"（《孟子·告子章句下》）。荀子也说"涂之人可以为禹"（《荀子译注·性恶第二十三》）。王阳明说"见满街人都是圣人"（《传习录》）。总之，儒家对人性这种积极乐观的自我理解，体现了一种自觉改造"内在自然"的主体意识，它不同于西方

---

① 辜鸿铭：《东方智慧》，北京大学出版社2010年版，第24—25页。
② 辜鸿铭：《东方智慧》，北京大学出版社2010年版，第25页。
③ 李泽厚：《论语今读》，中华书局2015年版，前言第16页。

征服、改造外在自然的那种主体意识。

四、马克思主义中国化的人学意义

儒家文化教导人意识到自己是物质和精神结合在一起的高级生命体，承担着"赞天地之化育"以及"为天地立心"的神圣职责，具有人文启蒙的意义，所以真正的儒家文化并不是"吃人"的文化。相反，人文精神是它最主要和最鲜明的特征。楼宇烈先生认为，这种人文精神"包含着一种上薄拜神教、下防拜物教的现代理性精神"①。儒家通过人文教化塑造了中华民族情理兼容、持中、稳健的文化心理结构，辜鸿铭先生因此称其为"良民宗教"，并把它看作"是一笔无法估价的、迄今为止毋庸置疑的巨大的文明财富"，因为实践证明它的社会治理效果是：历经两千五百年之久用不着教士和军警，中国人却生活在和平之中。② 这是儒家文化对人类文明所做的伟大贡献，值得我们自信。

然而儒家文化过于相信仁义的力量，在对外关系上奉行"远人不服，则修文德以来之"（《论语·季氏》）的王道，轻视了物质力量的发展，结果无法对抗西方的"坚船利炮"。内在超越敌不过外在超越，或者说"内在自然的人化"敌不过"外在自然的人化"，面对三千年未有之大变局，儒家文明陷入被动和纠结，到底是"中体西用"还是"西体中用"？马克思对儒家文化的最大贡献就是阐明了人的本质力量对象化，也就是改造外在自然的物质生产实践之于人性发展的价值，即"自我异化的扬弃同自我异化走的是同一条道路"③。马克思在《手稿》中批判前人没有理解"私有财产的积极的本质"而陷入粗陋的共产主义幻想，指出私有财产既是人的本质力量对象化的产物，又是人性解放的物质条件。另外，马克思揭示生产实践中的分工与交往对于人的本质发展也具有重要意义，它扩展了人们的社会联系，增长了人们的见识和能力，促进了人的全面发展。总之，资本主义推动的物质生产和普遍交

---

① 楼宇烈：《中国文化的根本精神》，中华书局 2016 年版，第 230 页。
② 辜鸿铭：《东方智慧》，北京大学出版社 2010 年版，第 100 页。
③ 中共中央马克思恩格斯列宁斯大林著作编译局：《马克思恩格斯文集》第 1 卷，人民出版社 2009 年版，第 182 页。

往将使个人发展突破地域性、民族性、阶级性的束缚，走向自由而全面的发展。

马克思关于人的自我理解的思想扩展了儒家人性思想的理论视野，为儒家文化的涅槃再生提供了科学的指导。在这一科学理论的指导下，中华民族开始重视物质力量，发展生产力以壮大维护和平的能力，发展社会主义市场经济主动满足生产社会化的要求，积极参与全球化，自觉推进世界历史进程，主动倡议和构建"人类命运共同体"等。如今，中华民族不仅从站起来到富起来，进入强起来的民族复兴阶段，而且通过发展生产力促进了人们的分工与交往，扩展了人们的社会联系和社会活动空间，为人的自由而全面的发展积累了一定的物质基础。今天，电脑、互联网等技术手段作为人的体能、智能的延伸工具，为普通老百姓精神生活的丰富和发展提供了革命性的手段。

美国心理学家马斯洛的需要层次理论指出，当人们的物质需要满足后，就会生发出社会性需要和精神性需要等高级需要，可以把它们称为对"美好生活"的需要。十九大提出中国特色社会主义进入新时代，2020年全面建成小康社会，中国人民的主要需要开始转为对"美好生活"的需要。以修身养性、追求生命境界、安身立命为特征的儒家文化开始重新被人们关注。

从社会治理的角度来看，社会主义社会人与人的关系不再是阶级对抗和斗争，而是合作共赢。此时，儒家文化关于立德树人与社会治理相统一的政治智慧能为新时代的"美好生活"提供有效借鉴。具体来说，西方文化以"人性恶"为立论基础，国家的法治与社会的治理都以防范"人性恶"为前提，它使人对他人、人对政府、人对执政者充满了人性恶的心理恐惧，"在西方的传统中，个人忧虑政府会侵犯他的私人权利，所以从启蒙以来强调政府要受到限制"[1]，因此，西方人挖空心思地去设想对权力进行限制，社会运行缺乏足够的相互信任。这种文化对人的思想境界的提升是极为有害的，因为"人性本恶"的立论基础已经扼杀了人们进行内在超越的必要性和可能性。"人性本恶"的观念导致人人自危，人与人陷入博弈论所揭示的"囚徒困境"

---

[1] ［美］田辰山：《中国辩证法：从〈易经〉到马克思主义》，萧延中译，中国人民大学出版社2008年版，第158页。

之中。马克思认为，人的本质是一切社会关系的总和，"人性恶"是私有制社会的结果，资本主义制度是私有制发展最充分的阶段，资本主义的社会治理模式不断强化"人性恶"的事实，社会成员难以向往崇高。中国传统文化以"人性善"为立论基础，国家与社会的治理模式实际上是家庭治理模式的延伸，国家被看作是放大了的家。所谓"天之生民，非为君也。天之立君，以为民也"（《荀子·大略》）、"民以君为心，君以民为体"（《礼记·缁衣》），"除非是在革命的特殊社会条件下，中国政治理念的根本，并不把执政者与人民互相割裂，不把他们摆在互相对立的位置"①。人们相信政府是替天行道的，是为人民服务的。在中国古代社会，官员被比喻为父母官，是德才兼备之人才能胜任的。执政者不仅要以高超的才能协调社会关系，还要以榜样的力量引领社会风气，完成社会教化的责任。这种社会治理模式有利于普通民众由"小人"发展为"君子"，实现其"成人"的使命。近代中国进入资本主义文明主导的世界后，传统的以"人性善"为基础的社会治理文化被边缘化，西方以"人性恶"为基础的政治设计和政治文化被当作先进文明大力引进，个人主义、利己主义，甚至弱肉强食被当作正当价值，这样的社会治理文化既不利于个人的安身立命，也不利于社会的和谐与持久发展。随着中国现代化事业的推进，人们借助马克思主义的生产社会化理论再次认清人与人之间的本质关系，这就是社会分工决定的"人人为我，我为人人"的普遍依存关系。社会化大生产所需要的"合作共赢"意识通过社会主义公有制的成功实践、国家意识形态的宣传教育，激活了中国传统文化关于"人性善"的文化资源和制度自信，与人为善、团结合作等传统文化观念与共同富裕的社会主义文化、合作共赢的社会主义核心价值观实现了有效的对接。随着中国国际地位的提升，社会主义的治理模式和价值观益发深入人心。社会主义的道路、制度、理论和文化日渐成为亿万中国人民的理性自觉和自信。经历了否定之否定的精神历练，中国人民的精神境界正在不断提高。2020年中国在抗击新型冠状病毒过程中体现出来的集体主义的奉献精神、爱国主义精神、全

---

① ［美］田辰山：《中国辩证法：从〈易经〉到马克思主义》，萧延中译，中国人民大学出版社2008年版，第159页。

国一盘棋、众志成城的中国速度和中国力量，充分展示了社会主义的新风貌和社会主义先进文明的优越性。中华民族作为社会主义先进文化的载体，在人的自我认识方面，将再次引领世界人民超越西方文化，特别是资本主义文化的人学视野，为人类的自身发展贡献中国智慧。

总之，儒家文化通过马克思的人性思想而拓展了自己的历史文化视野，这是马克思主义中国化的人学意蕴。同时我们也要意识到，马克思并不能完全摆脱西方理性主义的文化传统，并且受历史条件和实践需要的制约，马克思关于人的自我理解也有其文化视野的局限性，主要有：

（1）马克思突出了生产力在人性发展中的决定作用，但对生产力发展可能引发的其他社会问题，如不可逆的生态破坏威胁人类的存在基础等问题讨论不足，一定程度上对生产力之于人性发展的决定力量过于乐观。

（2）马克思对人的理性持乐观态度，而对理性自身的辩证法预计不足，如与人的理性相联系的科技发展带来许多足以置人类于死地的社会风险，以及社会化大生产导致工具理性不可遏制地片面发展。韦伯指出，社会的理性化管理将人们的行为规范化、秩序化甚至同质化，使人如同被关在"铁笼"之中。

（3）马克思在强调"社会存在决定社会意识"的同时相对忽视了社会意识的能动的反作用，或者说给人造成这样的误会。如，一些落后国家把注意力集中在经济上赶超发达国家，相对忽视本国新型文化建设对人性发展的作用。

（4）马克思为了阶级斗争的需要不得不凸显人的阶级性和人与人之间的阶级对立，而相对忽视了人的非阶级属性，如人的情感信仰和人与人之间本能的情感关切。

（5）马克思对人性发展做了宏大的、历史的和整体性的分析，但是对当下有限的、现实的个体的安身立命问题未能给予足够的理论探讨。

正如哲学诠释学所说，任何人的理解都受到他所处的历史视域的限制，马克思也不例外。马克思只是揭示了资本主义社会人性异化的根本原因，指出了人性发展的基本规律和人性解放的基本路径，我们不能苛求马克思面面俱到地穷尽人性发展中的所有问题。同时，对马克思已有的人性观点也不能做形而上学的片面的或机械的解读，否则真理就会变成谬误。例如，物质基础是人性发展的根本条件但不是全部条件；私有制是人性异化的根本原因但不是全部原因；人的安身立命既有理性层面，如本质力量对象化，又有非理性层面，如情感的依赖和寄托；人性的发展既有社会存在的决定作用，又是社会教化和自我努力的结果。

高放先生指出：孔子虽然在某些方面不如马克思，但是孔子讲究修身、齐家、治国平天下、重视教育，这四点是超过马克思的，非常值得发扬光大。[①] 儒家文化对"内在自然的人化"的关注，对人的情感的强调，由情入理的人性教化方法，把立德树人与治国理政统一起来的人性发展路径等，在一定程度上扩展了马克思主义的人学视野，丰富了马克思主义的人性思想。伴随马克思主义中国化而扩展了的人学视野，属于理解者的新视野，它使我们在新的历史条件下能够按照一个更正确的尺度去把握人性发展的规律，为解决当下人类面临的难题提供新的智慧。综上所述，儒家文化与马克思主义在人的自我理解这一重要问题上都取得了丰硕的成果，丰富了人类关于自我认识的精神宝库。其致思理路和观点上的某些一致性为马克思主义中国化提供了心理基础，其差异性又是中国文化反观自照的理论之镜和涅槃再生的理论资源。

---

① 高放：《孔子与马克思》，载《同舟共进》2018 年第 4 期。

第三章　马克思主义与中国传统文化关于人与自然关系的视域融合

人类对自然界的绝对依赖关系使"自然观"成为各民族文化的重要内容，不同的"自然观"形成不同的民族思维模式和价值取向，构成了各民族的文化底色。中西文化的差异在很大程度上取决于双方不同的自然观。如果说近代西方文化偏重于征服自然的话，那么中国传统文化偏重于人与自然的和谐共生。马克思立足于人类实践的存在方式，指出人与自然的关系要经历一个辩证否定的历史发展过程。这一自然观为中国人民发展生产力，实现传统文明的现代转型以及新时代生态文明建设提供了理论指导。

第一节　中国传统文化视野中的天人关系

建立在游牧、海洋文明基础上的西方民族秉持"天人相分"的"自然观"，近代以来更加强调人的主体性，以征服改造自然为己任，造成人与自然关系的尖锐对立。与之相反，几千年的农耕文明形成了中华民族"天人合一"的"自然观"。在处理人与自然关系的历史中，中华民族早期对自然界也有过否定性的实践，充分体现了中华民族在自然界面前的主体精神和主体能力。当生产力发展到一定阶段，人与自然的矛盾不太尖锐以后，自然界的审美价值和精神意蕴不断被理性早熟的中国人领悟，自然界开始被人格化、一体化、审美化和诗意化，中华民族进入人与自然和谐共生的关系状态，"小富即安"的文化心理，以及长期安于农业文明的生存方式，都反映了中国文化对人与自然和谐关系的执着追求。

一、自然环境条件对文化的影响

　　亚里士多德、孟德斯鸠、黑格尔、拉采尔、森普尔等都充分肯定地理环境对民族文化的决定影响，认为人类的身心特征、民族特性、社会组织、文化发展等人文现象受自然环境，特别是气候条件的支配。孟德斯鸠在《论法的精神》一书中全面阐述了自然条件对一个民族的风俗、性格、精神面貌和道德、法律、政治制度等具有决定性的作用。他认为，居住在寒带地区的北方人体格健壮魁伟，但比较迟笨，对快乐的感受性很低；居住在热带地区的南方人体格纤细、脆弱，但对快乐的感受性较为敏感。北方人精力充沛、自信心强，像青年人一样勇敢，刻苦耐劳、热爱自由；而南方人则心神萎靡，缺乏自信心，像老头子一样懦弱、懒惰、不动脑筋，可以忍受奴役。土地贫瘠使人勤奋、俭朴、耐劳、勇敢和适应战争；……土地膏腴使人因生活宽裕而柔弱、怠惰、贪生怕死。前者一般对应于多数人统治的政体，后者一般对应于少数人专制的政体。他认为中国由于人口多，必须有勤劳和俭约的精神。① 这种地理环境决定论虽然夸大了环境的决定作用，忽视了社会、历史、人口、生产方式等诸多因素间的复杂关系，但自然环境对民族早期文化风格的形成的确具有很大的影响。在中西文化比较中，人们也一致认为自然环境的差异奠定了中西文化的不同路向。

　　钱穆先生在其《中国文化史导论》一书中指出："各地文化精神之不同，穷其根源，最先还是由于自然环境有分别，而影响其生活方式。再由生活方式影响到文化精神。"② 他根据地理环境和生产方式把人类文化划分为游牧文化、农耕文化和商业文化三种基本类型，认为"游牧文化发源在高寒的草原地带，农耕文化发源在河流灌溉的平原，商业文化发源在滨海地带以及近海之岛屿。三种自然环境，决定了三种生活方式，三种生活方式，形成了三种文化型。此三型文化，又可分成两类。游牧、商业文化为一类，农耕文化为又一类"③。他认为农耕可以自足，无事外求，且依赖土地，因此形成静定

---

① 何兆武：《中国印象：外国名人论中国文化》，中国人民大学出版社 2011 年版，第 29 页。
② 钱穆：《中国文化史导论》，商务印书馆 1994 年版，第 2 页。
③ 钱穆：《中国文化史导论》，商务印书馆 1994 年版，第 2 页。

保守的文化。人们靠天吃饭，认为"天""人"是相应的，"物""我"是一体的，人作为自然界这一有机整体的一部分，就应该"安分""守己"，追求时间的绵延。因此，农耕文明的文化特性是"安、足、静、定"，是"和平的"。游牧、商业则因其自然环境资源贫瘠不足，形成向外流动索取以及强烈的战胜与克服欲，形成"天""人"对立、"敌""我"对立的斗争思维和价值取向。这种文化注重空间的扩张，富有战斗性和侵略性。因此，"尚独立""挣自由"是游牧、商业文化的内在要求。中国文化属于典型的大陆农耕文化，而西方文化则属于典型的游牧、商业文化。

近代以前，由于交通的阻隔，中西文化秉持各自的"自然观"，互不干扰，各自发展。中华农耕文明经过五千多年的发展和积累，在真理尺度与价值尺度相统一的实践要求下不断完善和发展，形成了中华民族独具特色的生存智慧。但是，随着新航道的发现和资本主义向外扩张的需要，鸦片战争开启了中西文明的激烈碰撞。在中西文化比较中，"科学"与"民主"被看作是西方文化的长处。其实"科学"与"民主"是游牧、商业文化的题中应有之义。因为游牧、商业文化是要向外扩张的，以战胜自然、战胜他人为己任，战胜自然必得研究自然的规律，结果就推动了自然科学的发展；战胜他人不是那么容易，于是就发明了旨在平衡各自利益关系的民主制度。因此，崇尚斗争、竞争的西方民族文化精神在人与自然、人与人的关系上是一以贯之的，"科学"与"民主"是这种文化精神的外在表现。这与中华民族尊天、敬天，追求"天人合一""民吾同胞"的文化精神很不一样，可谓两个极端。

二、从否定性实践到"人与自然和谐共生"的价值追求

1. 中华民族历史早期在人与自然关系上的主体性意识和否定性实践

一般来说，人与自然的关系要经历肯定、否定和否定之否定三个阶段，即物我不分的原始混沌阶段，主客二分的对立、征服和改造阶段，最后是主客关系和谐统一阶段。众所周知，"天人合一"是中国传统文化的自然观。有人认为"天人合一"的自然观意味着中国文化始终处在天人不分或主客不

分、缺乏主体意识的原始混沌状态，并认为这是中国文化落后于主客二分的近代西方文化的主要原因。这种观点似是而非，值得商榷。

"要生存就得靠自己，不能靠苍天"的理性意识使中华民族很早就告别了宗教信仰。老子曰："天地不仁，以万物为刍狗。"（《道德经·第五章》）这种观点相对于宗教的"神爱世人"，听起来残酷却非常具有真理性。与海德格尔最后的感悟——"只有一个上帝才能解救我们"不同，中国人从不寄希望于宗教和彼岸世界。李泽厚先生说："中国哲学正是强调自己拯救自己的。"① 因此，在人与自然的关系上，中华民族并不是没有主体意识和斗争能力，而是经历过人对自然的否定性实践阶段。

仔细想一想，中华文明历经五千年而未中断，没有宗教寄托而民族兴旺发达于今，近代以来在饱受西方殖民侵略、战争摧残后仍能实现民族的重新崛起和复兴，这一文明奇迹用"主客不分""缺乏主体意识"是完全无法解释的。正如李存山教授所说："'天人合一'绝不是天人不分或主客不分的混沌，只有'天'、'人'在人的认识中有了比较明确的相对区分之后，中国哲学及其'究天人之际'的主题才能发生。"② 而且，有充分的资料显示，中国的先哲们把"知天""知人"作为重要的认识任务。例如，《周易》蕴含着丰富的自然哲学思想，体现了中国先哲对宇宙与人生的终极追问。庄子云："知天之所为，知人之所为者，至矣。"（《庄子·大宗师》）《中庸》曰："思知人，不可以不知天。"《淮南子·人间训》云："知人而不知天，则无以与道游。"诸如此类的"知天"要求在中国典籍中不胜枚举。显然，对天的认识只能建立在天人、主客二分的基础上。

中国文化"天人相分"的自然科学精神虽然在其后的历史发展中被强大的人文精神遮蔽和边缘化，但也取得过丰硕的成果。从中国第一部诗歌总集《诗经》描写农业生产的内容中可以看出先民们对自然律动的细致观察和对农作物生长规律的详细记载，已经非常全面和细致了。如《诗经·生民》记载了稻谷的生长过程："……荏厥丰草，种之黄茂。实方实苞，实种实褎。实

---

① 李泽厚：《李泽厚对话集·中国哲学登场》，中华书局 2014 年版，第 70 页。
② 李存山：《中国古代的天人观与主客关系论》，载《哲学研究》1998 年第 4 期。

发实秀。实坚实好，实颖实栗。"先民们对稻谷的描绘几乎可以和近代自然科学的观察研究相媲美。鲧、禹父子二人受命于尧、舜治理黄河的故事也是家喻户晓。另外，《墨子》《淮南子》以及《山海经》《水经注》《本草纲目》《齐民要术》等也记载了丰富的自然科学的认识成果。除此之外，中国古代还有造纸术、印刷术、火药和指南针等伟大发明。总之，在改造自然方面，中华民族既不缺少主体意识，也不缺少探索、认识、征服和开发自然的能力和历史记载。

2. 从否定性实践到"人与自然和谐共生"的价值追求，中国文化实现了农业生产方式下天人关系的再次飞跃

虽然中华民族在早期充分表现了战天斗地、征服改造自然的精神，但是当生产力水平发展到足以解决人们的温饱问题以后，人与自然之间的对立冲突就逐渐减小。作为"人的无机的身体"的自然界已不再为人所惧、所忧、所厌，相反，它带来的是喜悦和希望。加之西周取代殷商较早结束了商纣暴虐无道的统治，极大地缓和了阶级矛盾，也缓和了生产关系与生产力的矛盾，社会进入孔子充分肯定的太平盛世。

在相对比较和谐的社会关系下，人们有可能把握人与自然的本真依存关系，如"天无私覆，地无私载，日月无私照"（《礼记·孔子闲居》）、"诚者天之道也"（《孟子·离娄上》）、"天何言哉？四时行焉，百物生焉"（《论语·阳货》）、"万物并育而不相害，道并行而不相悖"（《礼记·中庸》）等等，以及"自然本身就是和谐的""天地是非常诚信的，只要辛勤付出，春种秋收，大自然总是不吝回馈"等"天之道"。人们对自然的信任感不断加深，逐渐以肯定、认同、感恩的心态看待自然，对待自然的价值评价逐渐超越了功利。最重要的是，自然界的精神价值开始被领悟，人们开始以审美的态度对待自然，而审美需要的共通感是超越"主客二分"、工具理性思维和功利尺度的。可以说，中华民族很早就进入一种比较高级的文化境界，如儒家文化追求的是天人合德，道家文化追求的至高境界是天人合一、万物齐一。

这时的天人关系也可以从《诗经》中窥知一二。《诗经》记录了劳动人民对自然界的喜怒哀乐。他们与大自然之间的伦理情怀也正是从这里开始孕育，并在这里得到了最朴素的展现。有学者研究发现，《诗经》里的很多歌曲"唱出了他们对大自然的深刻认同和理解，唱出了他们对大自然的感恩戴德和无限希望"①。如《诗经·桃夭》所述："桃之夭夭，灼灼其华。之子于归，宜其室家。桃之夭夭，有蕡其实。之子于归，宜其家室。桃之夭夭，其叶蓁蓁。之子于归，宜其家人。"在这里，自然被当作人的情感的"隐含体"，不再被看作冷冰冰的物质，被人格化、诗化或美化。先民们把自然看作跟人一样有情有义的存在，通过赋、比、兴等艺术形式以景（物）言志、借景（物）抒情、情景（物）交融，与自然达成一种亲和、共鸣关系，在日后的民族文化发展中以"民胞物与""物我一体""天人合一"的自然观而得以表述。

考古发现，早在八千年前中国文明就已初露曙光。在这么长的历史时期，我们有理由相信，中华民族对自然的态度不会一成不变，而是会随着人们的需要也就是实践的"目的律"而发展，出现一次由否定到否定之否定的飞跃。当生产工具由石器到铜器再到铁器，男耕女织、精耕细作的生产经验日益成熟，社会生产力获得极大提升，足以解决人们的温饱问题后，人与自然的矛盾就有所缓和。这时，中国的先哲们不失时机地引导人们拓展人的生命需要，提升人的生命境界，从"安身"问题走向"立命"问题，从人与自然的问题走向人与人、人与自我和谐相处的问题，从人的物质需要的满足走向人的情感需要的发展和满足，应该是合乎逻辑的。

具体来说，中国的先哲们一方面为中华民族构建起一套以"父慈子孝，兄友弟恭"为代表的温情脉脉的伦理生活模式，以发展和满足人们的社会性情感归属需要。另一方面，他们致力于道德教化，引导人们从事"立德"的实践，以便突破私心私欲所造成的人与世界隔离而引发的人生孤独、空虚，以及无法克服的有限性。钱穆先生说，这是因为"人生一切皆空，惟有立德是不空。立功立言如画龙点睛，还须归宿到立德。德是人生惟一可能的有所

---

① 喻斌：《论〈诗经〉中的两种自然与浸润自然的两种文化精神》，载《湖北师范学院学报（哲学社会科学版）》2003年第4期。

得，既是得之己，还能得于人"①。他还说："人类文化演进，究竟也不过是多添一些人样子，多创造出一些理想人，多教人可以走上确有所得的人生之大道。那些事便全是前人积德。德积厚了，人人有德，那时的人世界，便成了神世界。"②

对人的内在精神世界的开发和充实，不仅使人摆脱物质需要的束缚，而且也使人的审美需求不断提升。结果是，自然界作为人的审美对象的价值日益显现。需要指出的是，自然界原本就能满足人的多方面的需要，对人具有多维性的价值。马克思在《1844年经济学哲学手稿》中就提出，人的"普遍的因而是自由的本质"首先表现在人与自然关系的普遍性上，自然界不仅为人提供生产、生活资料，还作为艺术的对象，"是人的意识的一部分，是人的精神的无机界"③。与其他民族文化相比，中国人对自然界为人提供精神食粮这一价值的认识，以及在此价值观基础上对自然界审美能力的对象化可谓成果丰硕，令人叹为观止。中国历史上讴歌自然界的诗词曲赋、山水画作不计其数，充分彰显了中华民族对自然界的审美情趣和审美能力，"绿树村边合，青山郭外斜""采菊东篱下，悠然见南山""曲径通幽处，禅房花木深""感时花溅泪，恨别鸟惊心"等无数情景交融的诗词通俗易懂，不仅知识阶层能信手拈来，而且老百姓也能口耳相传，几千年里，自然界的精神价值一直在被中华民族充分开采和享用，滋养着中国人的精神世界。

如果说马克思把自然界纳入人类历史的分析是社会历史观的巨大理论创新，那么中华民族超越华服、美食的功利境界，把自然界纳入审美需要，也是人类文化发展的巨大飞跃。尽管根据黑格尔和马克思关于美的定义，自然美还不算是真正意义上的"美"。因为黑格尔认为"美是理念的感性显现"，他强调美是精神劳动的对象化；马克思认为"美是人的本质力量既合规律又合目的的对象化"。根据这种观点，他们不把自然美当作真正的美的形态。然而，能够发现自然之美也是人的主体能力的一种反映。这种审美能力也是

---

① 钱穆：《中国思想通俗讲话》，生活·读书·新知三联书店2013年版，第64页。
② 钱穆：《中国思想通俗讲话》，生活·读书·新知三联书店2013年版，第64页。
③ 中共中央马克思恩格斯列宁斯大林著作编译局：《马克思恩格斯文集》第1卷，人民出版社2009年版，第161页。

在改造自然的长期实践中生成和发展的。自然界作为人类最直接、最密切的生产、生活资料的来源地，提供了人类生存发展不可或缺的物质条件。随着人类意识的发展，自然界一方面以其无私的养育之恩刺激着人类情感意识的发生和发展；另一方面，自然界内在的生命律动和外在的生机勃勃也在不断刺激着人的感觉器官和感觉能力的发展，原始人对自然的审美能力随着生产、生活实践经验的丰富而不断提高。考古显示，原始人的石器已经反映出人类的高级属性，如情感和审美意识的萌发。

被纳入中国人审美视域中的自然，既包括自在的自然，也包括人化的自然。中国文化认为自然生生不已，本身就是美妙无比的。如庄子所言的"天地有大美而不言，四时有明法而不议，万物有成理而不说"，只有"观于天地"并能"原天地之美而达万物之理"才可视为真正的超越，才可视为真正进入精神的绝对自由之境。苏轼的《赤壁赋》也有经典的表述："惟江上之清风，与山间之明月，耳得之而为声，目遇之而成色，取之无禁，用之不竭。是造物者之无尽藏也，而吾与子之所共适。"即使是关于人与自然异己关系的感知也被知识分子们升华为自然的崇高美、恐怖美和怪诞美。

除此之外，人化自然的实践（劳动）过程也被纳入中国人的审美视域。儒家不仅承认自然的"自在之美"，而且欣赏人参赞天地化育时的"有为之美"，如荀子所说的"无伪则性不能自美"，李泽厚先生在《美的历程》中称之为人工制作之美。孔子曾说《尧典》可以观美，《尚书·尧典第一·虞书》中记录了尧所干的第一件具体的事就是"敬授人时"，即把天时变成人时，它是这样描述当时的情景的："乃命羲和，钦若昊天，历象日月星辰，敬授民时。分命羲仲，宅嵎夷，曰旸谷。寅宾出日，平秩东作。日中星鸟，以殷仲春。厥民析，鸟兽孳尾。"充分体现了中国文化"道法自然"的最高境界——"致中和，天地位焉，万物育焉"，中国人眼中的"大美"就是人参天地！可见，"天人合一"并不是否定人的主体地位，恰恰是要发挥人的主观能动性，顺天承运，协调好人与自然的矛盾，使万物各安其位，各尽其才，实现农业生产方式下人与自然的和谐共生，这种文明需要更大的智慧，体现的是更高的境界。

马克思认为按照美的规律来生产才是真正的人的生产。也就是说，生产既要合规律又要合目的才能充分体现人的自由自觉的本质，才能让人体验到一种本质力量对象化的精神愉悦。由于农业生产所依循的自然规律并不复杂，所以中华民族在农业生产实践中能够比较早、比较好地实现合规律与合目的的统一，能够比较早、比较充分地感受到"美的规律"和人的自由自觉的本质实现的美感。这种美的感觉的发展反过来又强化其对美的进一步的追求。高旭东教授指出："中国文化比西方文化具有更突出的审美特征，甚至可以说，中国文化具有一种泛审美主义的倾向；而西方文化则具有鲜明的科学特征，具有一种泛科学主义的倾向。"[①]

审美是超越功利、超越分别的，艺术的最高境界就是"和合"，即物我两忘、主客泯灭的境界。道家尤其强调"和合"，如庄子主张泯灭一切是非界限，大与小、是与非、美与丑、生与死在他眼里都是人为制造出来的对立，引发了不必要的矛盾和冲突。庄子曾经讲过一个"浑沌之死"的故事，意味深长。故事讲的是：南海之帝为倏，北海之帝为忽，中央之帝为浑沌。倏与忽时相与遇于浑沌之地，浑沌待之甚善。倏与忽谋报浑沌之德，曰："人皆有七窍，以视、听、食、息，此独无有，尝试凿之。日凿一窍，七日而浑沌死。"（《庄子·应帝王》）庄子以浑沌之死的故事为比喻，反对一切分化，说明"和合""天地与我并生，而万物与我为一"才是宇宙大道。如果说道家侧重于实现人与自然的"和合"，那么儒家则侧重于实现人与人、人与自我的"和合"。儒家的礼乐教化的目的是在区分角色关系的基础上明确各自的人生职责和伦理使命，目的是建构一个团结有序的整体，整体中的每个个体各司其职，只有角色的不同，没有地位的高低，大家各尽所能，实现合作共赢，根据各自能力的大小，最大可能地修身齐家治国平天下，把有限的个人生命融入家庭、家族、民族乃至天下人的生命绵延中。

对人与世界关系的"和合"追求使中华民族超越了片面的、自私的、有限的功利主义，也超越了对立和斗争的主客二分思维，形成了"天人合

---

① 高旭东：《中西比较文化讲稿》，北京师范大学出版集团2012年版，第38页。

一""民吾同胞、物吾与也"的"大我"的人生境界，这种"大我"的人生境界又导向"大乐"的人生体验。中国人把人生艺术化了，并且通过艺术化的人生解决了"有死的人生"的虚无感。所以，中华民族不用借助宗教就能实现现世的安乐。如高旭东教授所说：儒家把伦理与审美密切结合在一起，共同构筑起一个和而不同的伦理大厦，人们在伦理的大厦里和乐盈盈。[①] 钱穆先生说，中国人对外发现了自然之美，如绿树青山，对内发现了人性之美，如伦理道义之美，"我们人在这样的环境里，就会开心满足，这样的人生才传得下。至于物质条件是不这么重要的，只要过得去就够"[②]。中国文化走上了向内改造人自身这一更为根本的对象化之路，主要以调节人的主观欲望，提倡"知足常乐"等方法来化解人与自然的对立冲突，如梁漱溟先生所说："中国文化是以意欲自为调和、持中为其根本精神的。"[③] "中国人的思想是安分、知足、寡欲、摄生，而绝没有提倡要求物质享乐的。"[④] 在人与自然、人与人的关系上能够一以贯之地坚持"和合"的价值取向。

总之，中国文化的最大特点是企求人文秩序与自然秩序之间的协调，儒家伦理教化培养出的人的"感恩"意识、"以和为贵"的处事原则也充盈于自然界，人们对自然界充满了感恩和孺慕之情。在中国人的精神世界里，歌德笔下代表近代西方文化特点的浮士德精神——戡天役物的精神是非常少见的。因此，中国文化对自然的感恩与敬畏并不能完全等同于落后、保守，毋宁说是一种文化的早熟。这是中华民族在千百年的农业文明实践中形成的生存智慧。

尽管以现在的生产力水平来衡量，古代中国的天人和谐还主要是以自然为本的低水平的天人和谐，但是我们在进行价值评价时应该坚持具体的和历史的统一。实际上，"按照美的规律生产"是人的一种内在尺度。追求人的"内在尺度"、关注人的活动的"合目的"，同样作为一种规律制约着农业文明时代人们的生命活动，农业社会的劳动人民也能取得符合那个时代生产力

① 高旭东：《中西比较文化讲稿》，北京师范大学出版社集团2012年版，第41页。
② 钱穆：《中国文化精神》，九州出版社2012年版，第192页。
③ 梁漱溟：《东西文化及其哲学》，商务印书馆2012年版，第63页。
④ 梁漱溟：《东西文化及其哲学》，商务印书馆2012年版，第72页。

水平的最高智慧。中华民族在人与自然关系的协调上，把人与自然的矛盾同人与人的矛盾，以及人与自我的矛盾联系起来进行整体性的把握，是符合世界普遍联系的客观规律的。同时，中华民族通过强化人对自然的审美意识而发展人的审美能力，提升人的本质需要，最大限度地实现人的活动的目的性价值，比较有效地化解了农耕时代人类面临的主要问题，这是中国成为亚洲文明辐射中心的重要原因。

总之，相对于中国几千年的文明史来看，把"天人合一"的自然观看作是一定历史阶段中华民族扬弃"主客二分"存在模式的文明成果，是符合真理与价值相统一的实践规律的。

3. 中国文化意识到人与自然关系的整体性和互动性

物理学中有"作用力与反作用力"公理，即："作用力"永远是成对出现的，物体间的作用总是相互的，有作用力就有反作用力，两者总是同时存在，又同时消失。人与自然的关系也是如此，作为自然界的一部分，人征服自然的能力总是会反作用于人自身。因此，从这个角度来看，道家的辩证法思想及其提倡的道法自然、无所不容、自然无为、与自然和谐相处等理念包含着高度的生存智慧，但也过于消极无为。儒家奉行中庸之道，既尊重自然规律，又在适当发挥人的主观能动性的基础上追求"天人合一"的境界，既超越了"主客二分"可能引起的对立，又在一定程度上化解了人与自然的紧张关系。

楼宇烈先生说："人类认识的本能是非此即彼，也正是由于非此即彼，才给我们制造了种种知障和烦恼。……只有大彻大悟的人才能把所有分别都放下，……能看到一般人看不到的东西。"[1]梁漱溟先生指出：辗转不出乎利用与反抗，是曰"有对"；"无对"则超于利用与反抗，而恍若其为一体也。一切生物均限于"有对"之中，唯人类则以"有对"超进于"无对"。中国伦理本位的文化把握了这一智慧，致力于情感的提升而超进于"无对"。[2]如庄子能听到天籁之音，是因为他能够"齐物"，达到"天地与我并生，万物与我

---

① 楼宇烈：《中国文化的根本精神》，中华书局 2016 年版，第 7 页。
② 梁漱溟：《中国文化要义》，上海人民出版社 2011 年版，第 130 页。

为一"的人生境界。因此，中国文化追求平衡的"天人合一"观可以看作是人与自然关系的否定之否定，可以为肇始于"主客二分"思想的现代性生态危机的解决提供有益的启示。

海德格尔在《林中路》中批判了近代西方哲学的"主客二分"思维，他说："世界成为景象，这与人在存在者内成为主体是同一个过程。"[1] 在海德格尔的视域中，只要人成为主体就意味着人与世界的关系是"主客二分"的，并且这种"主客二分"思维是近代科学技术产生、发展和过度发展的根本原因。海德格尔对西方近代文化的批判无疑是很尖锐的，但是他对"主体性"和主客关系的理解仍旧没有超出西方二元对立的文化"前见"。李存山教授指出，不能脱离具体文化的价值观和意义所指，简单地理解不同文化语境下的"主体性"和"主客二分"的概念内涵，不能将中国的从陆九渊到王阳明这一主体性发扬的历史与西方的从笛卡尔到尼采的主体性发扬的历史相提并论[2]。的确，西方文化是二元对立的思维传统，在西方文化语境中，主体与客体一定是相互对立的，一定是统治与被统治的关系，过去是神统治一切，现在人要代替神来主宰天地万物，在西方文化语境中，"以人为本"可以等同于"人类中心主义"。

中国文化语境中的"主体性"并没有这种咄咄逼人的态势，因为中国传统文化从来不把人看成是外在于自然的至高存在。相反，它认为自然界的一切与自然的关系就像人的各部分器官之于身体的关系一样是相互依赖的，它们各安其位、各司其职、各尽其性，世界才能协调有序。荀子曰："故明于天人之分，则可谓至人矣。不为而成，不求而得，夫是之谓天职。如是者，虽深，其人不加虑焉；虽大，不加能焉；虽精，不加察焉，夫是之谓不与天争职。天有其时，地有其财，人有其治，夫是之谓能参。舍其所以参，而愿其所参，则惑矣。列星随旋，日月递照，四时代御，阴阳大化，风雨博施，万物各得其和以生，各得其养以成，不见其事，而见其功，夫是之谓神。皆知其所以成，莫知其无形，夫是之谓天功。唯圣人为不求知天。"（《荀

---

[1] 转引自宋祖良：《拯救地球和人类未来》，中国社会科学出版社1993年版，第214页。
[2] 李存山：《中国古代的天人观与主客关系论》，载《哲学研究》1998年第4期。

子·天论》)

中国人的哲学书《周易》早已高度抽象出世界的根本规律，提出"一阴一阳谓之道"的世界观，即一切都是相对的，没有什么东西能够独自存在，阴与阳是相生、相克、共存、转化的关系。因此，中国哲学里没有"改造自然"的提法，中国文化语境中的主体性与其说是一种主宰关系，不如说是一种顺其自然的辅佐关系。荀子认为，人只有顺其自然，才能掌握天时地财，利用万物。儒家把大禹治水的智慧看成是发挥主体性的典范。可见，中国文化语境中的"主体性"是指顺应自然以尽人、物的自然之性，是有为与无为的辩证统一。另外，在礼乐文明的中国文化语境中，主客关系也是充满礼让之情的。梁漱溟先生曾经对比中西文化的待客礼仪，他说西洋人宴客或拍照，自己坐在正中，客人反在他的两旁，皆为自己的陪衬。相反，中国宴席之间贵客高居上位，主人则在末座陪宾，中国的主客越是以对方为重越好。①这种为对方设想、以对方为重的伦理观念也被贯彻于人与自然的关系中，所谓"亲亲而仁民，仁民而爱物"以及"民胞物与"的思想都体现了中国文化的这种特有逻辑。

三、中国文化自课义务于人与自然的关系

中国文化对主体性和主客关系内涵的独特理解根源于中国文化的本体论。中国传统文化认为自然界掌握着最高的道，自然界的一切事物及其运动变化都是"道"的体现。而且包括人在内的宇宙万物，都是因气化而有生，禀同气而成性。董仲舒较早提出"天人同类"的观点。张载在《西铭》中说："乾称父，坤称母；予兹藐焉，乃混然中处。故天地之塞，吾其体；天地之帅，吾其性。民吾同胞，物吾与也。"意思是说，天是我的父亲，地是我的母亲，人都是天地所生，禀受天地之气而成性，其在宇宙间是很渺小的，和万物一样生存于天地之间。阴阳二气构成了人的身体，"太虚"之气规定了人善良的本性。天下的人都是我的同胞兄弟，天地间的人和物都是我的同伴

---

① 梁漱溟：《中国文化要义》，上海人民出版社2011年版，第87—89页。

朋友，所以，我们不仅要像对同胞兄弟一样去对待他人，而且也要像对人一样去关爱万物。因此在"万物一体""天人合一"的思想基础上，张载进一步提出"民吾同胞，物吾与也"，被后世概括为"民胞物与"。二程和朱熹也认为"性与天道合一"，陆王提出"心即天"；佛教、禅宗的轮回说和佛性说也认为天地是一性贯通的，所谓"青青翠竹，尽是法身，郁郁黄花，无非般若"。因此中国文化在处理人与自然的关系上主张"人法地，地法天，天法道，道法自然"（《道德经·第二十五章》）。这就保证了中国文化语境中的"主体性"不会异化为"人类中心主义"。

在《易传》中，天、地、人被看成宇宙组成的三大要素，天、地、人鼎足而三，被称为"三才"，它们是相互统治、相互依赖的，构成一种比较稳定的三角形似的能力制衡关系，谁也不能主宰谁。李泽厚先生说这种三角制衡关系也反映在中国古代的政治机制上，如皇帝统治老百姓，天统治皇帝，而天要听老百姓的。所谓"天视自我民视，天听自我民听"（《尚书·泰誓》）。天、地、人三才，人可以参天地赞化育，有很大的主动性，但是中国文化是在人与宇宙协同共在的伦理意义上强调人的主体性、能动性和独立性的，它不同于西方文化的"人类中心主义"。中国文化的自然观"不要让人沦为神的奴隶、物的奴隶，同时也不要让人成为天地万物的主宰"[1]。

更为重要的是，西周时期"天"开始被赋予"敬德保民"的道德理性，天之好恶与人之好恶一致，"天命"与"人事"息息相通。道德规范是有人格意志的"天"为"保民"而赐予人间的。周公提出了"以德配天"的思想，所谓"皇天无亲，惟德是辅"，要求行政者通过"敬德""明德"达到"永远承担天命"的目的。天命是天人沟通的桥梁，天命的重要特质在于"仁德"二字。中华民族逐渐由向外用力转而向内用力，侧重于《周易》提出的"地势坤，君子以厚德载物"的道德实践，积极效法自然，向天地学习人之为人所应具备的道德。既然天地让万物自由生长，却从来不去占有、主宰万物，"天之道，利而不害"，那么人类也应该行"圣人之道，为而不争"（《道德经·第

---

[1] 楼宇烈：《中国文化的根本精神》，中华书局 2016 年版，第 7 页。

八十一章》），"辅万物之自然而不敢为"（《道德经·第六十四章》）。中国古代先哲们认为人应向自然学习，追求"夫大人者，与天地合其德，与日月合其明，与四时合其序，与鬼神合其吉凶，先天而天弗违，后天而奉天时"（《周易·文言传》）的崇高境界。

中国文化不仅自课义务于人与自然的关系，而且为了使人生突破存在的虚无，中华民族还积极提升自己对自然的审美能力，把自然界作为自己的精神食粮，通过审美的超越充实人生的体验和意义。审美是超越主客二分的，当人对自然的审美能力达到一定水平后，把自然人格化、诗化和美华，然后与自然融为一体，就能实现人与自然的感觉共享。所谓"智者乐水，仁者乐山"，寄情于山水之间，修身养性，能够使人生不畏、不烦、不无聊。李泽厚先生说，儒家面对人生之悲剧是"强打精神，强颜欢笑，'知其不可而为之'，故意赋予宇宙、人生以积极意义，并以情感方式出之"[1]，最终建立起了中华民族的"有情宇宙观"。周敦颐说"不除庭前草以见'天意'"，程颢说"万物静观皆自得，四时佳兴与人同"，王阳明说"此花不在你心外"，等等。这些都充分反映了中国文化重点关注的不是功利的自然界，而是人与自然协同共在的诗化、美化后的自然界。自然界之所以活泼泼地充满了生意，是因为人的心中有生意，人把自己心中的生意投射到自然万物身上去了，使天地万物从寂寞无知的自然界变成生动活泼的意义世界。儒家"为天地立心"重点不在认识论，而在价值论。所以，在人与自然的关系上，"主体性"在中国文化语境中主要是指赋予天地万物以意义的能力。

总之，中国文化是从整体上把握人与自然的关系的，中华民族把自己看作自然的一部分，从天地万物原本就是和谐共生的世界观出发，对自然持肯定性的评价，并且自课义务，在参天地赞化育的意义上发挥人的主体能动性。中国文化把自然万物视为人类同伴的观点，对于遏制不尊重自然、一味向自然索取而导致当前环境污染、生态失衡危机，进而制约社会全面、协调、可持续发展的做法，具有积极的矫正意义。并且在一定意义上，中国文

---

① 李泽厚：《论语今读》，中华书局2015年版，第301页。

化早就超越了对待自然的功利主义态度，通过赋予自然以意义而使自然作为人的精神食粮的价值维度不断彰显，为中华民族安身立命创造了诗意栖居的可能。"天人合一""民胞物与"的自然观更是当今打造人类命运共同体的重要思想资源，其文化价值还有待进一步彰显。

四、中国文化过早地进入人类文化的第二路向

在人与自然的关系互动中，人无疑占据关系的主动地位，人的需要、观念、能力都会影响自然的存在状态。根据马斯洛的需要层次理论，一般来说，当人们的物质需要基本满足以后，其自然生命的存在需要就有了向社会生命的存在需要转向的可能，人们会生发出社会归属性的需要，如被群体接纳，获得群体认同和爱的需要等。如果不与时俱进地提升人们的需求层次，继续让人们沉浸在物质需要满足的层面上，人欲横流的结果不仅泯灭人与动物的区别，加剧人与自然关系的尖锐对立，而且会加剧人与人之间的利益纷争和对立，进而加剧社会的阶级压迫。并且，随着人们意识的发展，生命的意义问题成为更为重要的问题。马克思在《1844 年经济学哲学手稿》中指出："有意识的生命活动把人同动物的生命活动直接区别开来。"[①] 动物和自己的生命活动是直接同一的，动物不会有运动、变化和死亡意识，而人能意识到万事万物的运动、变化和死亡。当人意识到"人生必有死"后，人生的所有获得就意味着都是"一场空"，如佛教所说"色即是空，空即是色"。这时，大部分民族的做法是通过宗教文化的发展，通过承认现实人生的"无意义"但给人以"彼岸永生"的希望来回应人生的终极问题。中国文化比较特殊，它没有选择宗教的安身立命方式，而是选择了为现实人生赋予积极意义，即"让人生有所得"的方式来回应人类的终极命题。

基于人的社会性归属需要的增长和满足，以及人生意义的解答需要，中国文化的重心转向了"情本体"伦理社会的建构，以及陶情养性的教化人生。从而，人们征服和改造自然的欲望相对降低。《论语·子路》里有樊迟问稼的

---

① 中共中央马克思恩格斯列宁斯大林著作编译局：《马克思恩格斯文集》第 1 卷，人民出版社 2009 年版，第 162 页。

故事：樊迟请学稼。子曰："吾不如老农。"请学为圃。曰："吾不如老圃。"樊迟出。子曰："小人哉，樊须也！上好礼，则民莫敢不敬；上好义，则民莫敢不服；上好信，则民莫敢不用情。夫如是，则四方之民襁负其子而至矣，焉用稼？"从孔子的"何必学稼"的观点可以看出，中国文化已经发现人生在世最主要的任务是追求"成人"之道，思想家、政治家们治国理政最主要的任务是教化百姓，从而使中国文化由外在超越转向内在超越，即：反身向内，重视人的自我改造，通过"好礼""好义""好信"等成人之道，解决人与人、人与自我的矛盾冲突。

中国文化在人与自然的关系上不仅确立了协同共在的理念，而且培养了人赋予自然以"诗意存在"的审美能力。显然，对不同的主体，天地万物常常呈现出不同的意义。这就需要主体向内用力，提升自己的人生境界，方能提升自己"为天地立心"的能力，从而中国文化对内在自然人化的关注逐渐超出了对外在自然人化的关注。在这样的价值取向下，原来用以对付自然的认识活动就降为次要地位。而且人们也发现，无论怎样征服自然，人都是自然的一部分，就像孙悟空翻不出如来佛的手掌一样，"人类文化纵再进步，也逃不出自然范围，还是不能违背自然"①。总之，"有意识的生命活动"要求人们不仅要解决"安身"问题，还要解决"立命"问题。中国先哲们自觉地把"为天地立心，为生民立命"作为迫切需要解决的文化课题。

中国文化还通过主动调节人的欲望来巩固人与自然的这种应然的和谐关系。例如，通过重农抑商维持小农的生产方式，抑制了人对自然征服能力的过快发展；通过人生境界的提升使欲望转向的智慧降低了对自然无限攫取的欲望；通过协调社会关系降低人们的相对贫困感而在一定程度上化解人与自然的矛盾；等等。梁漱溟先生关于人类文化的"三路向"说对于理解中国文化的天人关系有很大的启发意义。他认为，文化就是一个民族的生活样法，生活就是没尽的意欲（Will），因而文化的根源就是意欲的方向。②梁先生认为西方文化是以意欲向前要求为根本精神的，着重解决人与物的问题；中国

---

① 钱穆：《中国文化精神》，九州出版社 2012 年版，第 152 页。
② 梁漱溟：《东西文化及其哲学》，商务印书馆 2012 年版，第 32 页。

文化是以意欲调和、持中为根本精神的，着重解决人与人（他心）的问题；印度文化是以取消意欲为根本精神的，着重解决人生的终极问题。①这三种文化本应该顺次进行，但是中国文化过早地结束了人与物的问题，转而解决人与人的问题。所以，中国文化并不是走得慢而落后于西方，相反，它是走得太快了，是理性早启、文化早熟。

中国文化转向解决人与人的关系问题，要使人与人的关系达致和谐，就不能用对物的方法，即只肯定自己的欲望、积极向前征服的方法对待人。相反，要克己奉人，一切以对方为重、"相与之情厚"才有可能赢得"他心"。儒家发现了处理人际关系之道，即"反身而诚"和内在性情上的"自得"等实践智慧，提出以"仁"为本的伦理思想。而最与仁相违的生活就是算账的、计较的、功利的生活②，因此，儒家越来越排斥那种个人本位的、为我的、导向分别计较的、利己主义的文化。战国时期的杨朱由于从个人本位出发，提倡"贵己""为我"而被孟子大加贬斥。儒家文化教人走上了"尚情无我"的"富情感"的生活，"富情感"的生活于己于人都是更高的智慧，它使人的生命富于情趣和寄托；反之，向外逐物的生活使人与人之间相互排斥，自我变得孤独，世界、人生都将变得支离破碎、冷漠寡欢、干枯乏味。"富情感"的生活能让人发现自己的"社会本能"，这是文化的基础，把破碎的宇宙融合为一，融合为相依相亲的精神家园，摆脱功利主义所加于人的逼狭严酷的世界。儒家发现的"富情感"的生活智慧同样适用于自然界，中国人将对人所持的容让、尚情、调和意欲的原则一以贯之，在人与自然的关系上，充满了"仁民爱物""民胞物与"的人文关怀。

钱穆先生也说："人类文化，也可分此两种。一是注重事业，张开向外；一是注重性情，蕴藏在里。"③它们分别对应于中西文化。注重事业会导致竞争，竞争的胜者总是少数人，少数人成功与胜利的喜悦是以多数人的失败为代价的，这样的人生不是理想的人生。用中国文化的价值观来评价，未免

---

① 梁漱溟：《东西文化及其哲学》，商务印书馆 2012 年版，第 61—63 页。
② 梁漱溟：《东西文化及其哲学》，商务印书馆 2012 年版，第 139 页。
③ 钱穆：《中国文化精神》，九州出版社 2012 年版，第 128 页。

是等而下之。也许是中国历史上经历了太多因竞争而起的征伐，中国古代的先哲们早已看不起这个"争"字，所谓"君子无所争"，中国人爱好和平，不喜欢和人比高下，宁愿自己退后。古代中国人安贫乐道，对物质条件并不看重，只要过得去就够，只求"尽心""尽性"，仰不愧于天，俯不怍于人，平凡地过完一生就能心安理得。更何况，向外的竞争要靠外物的刺激使人不能满足才能引人向前，维持竞争的机制。物质刺激引发了人们许多不必要的欲望，造成对自然的过度索取，也激化了人与人之间的矛盾。梁漱溟先生指出：人们"误以为外境一经圆满改造，就没问题，其实哪里便没有问题，问题正多的很"[①]！钱穆先生说："人生也就是自然，把物质建设来征服自然，同时不免就征服了人生。使人透不过气，回不转身来。……天趣已灭，生意已绝，那一种的文化，就快要堕落。"[②] 今天资本主义开启的工商业文明尽管在物质方面取得了巨大的进步，但它所引发的整个世界的动荡不安，说明它并没有使人在精神生活上获得进步或者说足以让人安身立命。

总之，有别于西方肯定意欲、着力向前征服自然的文化之路，中国文化很早就走上了调节意欲、处处尚情而无我的文化建设之路。这种文化路向在很大程度上消解了征服自然的欲求以及人与自然的矛盾，巩固了"天人合一"的自然观。

第二节　马克思关于人与自然关系的思考及其文化启示

马克思在《1844年经济学哲学手稿》（以下简称《手稿》）中把人与自然的关系纳入人的本质发展中予以考量，揭示了人的本质发展对于自然界的绝对依赖关系，揭示了"人化自然"和"自然化人"的双向互动关系，得出人与自然本质统一的观点，并以此为依据，提出"和谐共生"的生态伦理观，不仅超越了人类中心主义思想，而且也是对非人类中心主义思想的扬弃。马克思关于人与自然关系的科学认识，推动了中国传统文明的现代转型，也是新

[①] 梁漱溟：《东西文化及其哲学》，商务印书馆2012年版，第187页。
[②] 钱穆：《中国文化精神》，九州出版社2012年版，第195页。

时代推进中国特色社会主义生态文明建设的重要思想资源。

一、马克思关于人与自然关系的历史思考

（一）马克思把人与自然的关系纳入人的本质发展中予以考量

马克思之前的知识分子囿于唯心主义或旧唯物主义的世界观，没有把自然界纳入人类社会历史领域中，不仅无法对资本主义社会危机做出整体的、全面的、系统的解释和说明，也无法解答人类向何处去的历史之问。当时对自然的看法主要有两种，其一是黑格尔的"自然观"，黑格尔认为"绝对观念"先于自然界和人类社会而存在，自然界和人类社会是绝对观念外化或异化的结果。这种"抽象自然"无视自然界的客观实在性，是典型的客观唯心主义，它既看不到现实的人现实地改造自然的能动性，也不承认自然的实践生成性，从而使人与自然的关系披上了一层神秘的面纱。其二是以费尔巴哈为代表的旧唯物主义的"感性自然观"，他们虽然肯定了自然界的客观实在性，恢复了自然观上的唯物主义立场，但又走向另一个极端，即否定精神力量对自然的影响，一味强调对自然的感性直观，以原始不变的"自在自然"作为自己的立论基础，对"人化自然"熟视无睹，看不到"人化自然"身上所体现的人的实践力量和丰富的文化意蕴。总之，无论是黑格尔的"抽象自然"还是费尔巴哈的"自在自然"，他们都把自然界当作外在于人、外在于社会、外在于历史的东西。抽象的自然观必然导致抽象的人性观，这是把人与自然割裂开来界定人本身的近代主体性哲学的通病。

马克思正是意识到旧哲学唯心主义和形而上学世界观和方法论的错误，开始自觉地从人与自然的关系出发考察人的本质。在《1844年经济学哲学手稿》中，马克思指出动物只能本能地适应自然，人则能自由地、按照美的规律改造自然，使自然向人生成。他把物的世界的增值与人的世界的贬值联系起来研究资本主义的历史之谜，说明他在方法论上已经超越了古典经济学家和青年黑格尔派的历史唯心主义，开启历史唯物主义的宏大视野。

历史唯物主义就是把人与自然的关系纳入人的本质发展中予以考量。马

克思把自然划分为先于人类而存在的"自在自然"和被人类实践改造过的"人化自然"。认为随着人的实践范围的扩大，"自在自然"不断消失，它将以"人化自然"的形式继续存在，成为"人的无机的身体"。马克思紧紧抓住"人化自然"这一事实，揭示了"人化自然"身上所体现出的人的主体能动性、人类现实世界的历史生成性和人类解放的可能性等，把唯物论和辩证法有机地结合起来，创立了他的"实践本体论"。正如马克思在《1844年经济学哲学手稿》中所概括的："整个所谓世界历史不外是人通过人的劳动而诞生的过程，是自然界对人来说的生成过程。"[1] 全部历史无非是人的本质力量的对象化（自然人化）和真正的人的需要的形成过程。在"实践本体论"的基础上，人与世界的关系，包括人与自然、人与人、人与社会、人与自我的关系都得到了科学的解释、现实的批判和科学的展望。

马克思批判费尔巴哈不理解自然的人化性质，"他没有看到，他周围的感性世界决不是某种开天辟地以来就直接存在的、始终如一的东西，而是工业和社会状况的产物，是历史的产物，是世世代代活动的结果"[2]。更为重要的是，马克思指出"人化自然"不仅确证了人的本质力量，而且为人类解放树立了信心。马克思说："工业的历史和工业的已经生成的对象性的存在，是一本打开了的关于人的本质力量的书，是感性地摆在我们面前的人的心理学；对这种心理学人们至今还没有从它同人的本质的联系，而总是仅仅从外在的有用性这种关系来理解。"[3] 总之，从"人化自然"的事实出发，把自然界纳入社会历史的分析，把它看作人、社会、历史发展的前提，这是马克思的重大理论突破，也是马克思的重要理论特征。

（二）马克思揭示人的普遍性本质的自然生成及其对自然的绝对依赖

马克思肯定人是自然界的一部分，并认为人具有普遍性的本质，这种普

---

[1] 中共中央马克思恩格斯列宁斯大林著作编译局：《马克思恩格斯文集》第1卷，人民出版社2009年版，第196页。

[2] 中共中央马克思恩格斯列宁斯大林著作编译局：《马克思恩格斯文集》第1卷，人民出版社2009年版，第528页。

[3] 中共中央马克思恩格斯列宁斯大林著作编译局：《马克思恩格斯文集》第1卷，人民出版社2009年版，第192页。

遍性本质不是先验的，而是在自然历史发展中形成的。德国哲学家兰德曼在其《哲学人类学》一书中提出了"非特化"理论，为人的普遍性本质的生成提供了一种解释。他认为最初人与自然是同质性的存在，在人还没有充分特化的时候，自然环境突然发生了巨大的变化，人的这种非特化状态，反而意味着他没有先天的束缚，可以和整个世界发生任何关系，这就是人的普遍性本质。它表现在两个方面：一是能把任何对象纳入认识范围，二是能把任何对象纳入实践范围。普遍性对人的价值在于使人摆脱了一般物种狭隘性所决定的生命存在样式，可以与外界发生普遍的联系，人的生命活动因而拥有自由性。普遍性是人的自由本性的逻辑前提，马克思认为，实现人的普遍性本质即是个体生命意义所在。

受生产力水平和意识形态的影响，在很长的历史时期中，人们对自己的普遍性本质和本质需要的理解并不到位。而且原本人的需要就是复杂的，具有社会性、多元性、历史性、民族性等特征，并且是丰富的，有生理的、物质的、精神的、社会的等多种需要，自然界能够为人提供物质食粮、精神食粮而对人具有多维性的价值。究竟是哪一维度的价值得到充分开发，取决于人对自我本质需要的理解，继而决定了人与自然关系的矛盾性质。从这个角度来说，生态问题既与生产力水平有关，又与人对自身本质需要的认识有关。如有学者说："人怎样认识自己，人就会怎样实现自己，对外部自然世界的改造只不过是显现人本质的必要途径和必要手段。"[1] 西方近代以前，特别是宗教统治时期，人把自身看成是"灵魂性的存在"，否定和压抑人的物质需要，这时人与自然的关系不具有紧张对抗性。文艺复兴和启蒙运动肯定了人的肉体的、物质的需要，在培根"知识就是力量"的鼓动下人们积极地改造自然，并树立"人类中心主义"的生态伦理观。从此，自然界作为人索取和征服的直接对象而与人构成了紧张对抗关系。殊不知人是自然的一部分，人越是征服自然，越是被自然反噬。现代文明的各种弊端，尤其是生态危机启示人们，这种单向的、主奴式的关系并不能把人类带向自由和解放。

---

① 曹孟勤：《论马克思主义人学视域中生态文明建设主体自身的文明》，载《南京师大学报（社会科学版）》2016年第1期。

人与自然之间物质能量交换的途径和方式越多，获得的生存发展资源就越多，意味着人的自由程度也越高。因此"人化自然"是人确证自己普遍性本质的客观结果。马克思继承了费希特和黑格尔关于本质的确证必须外化的思想，提出了"劳动对象化"和"劳动现实化"等概念，认为人的普遍性本质必须通过与普遍的对象建立起普遍的实践关系才能得以确证。在《手稿》中他指出："通过实践创造对象世界，改造无机界，人证明自己是有意识的类存在物。"[①] 经过人的实践活动的改造，自然界不再是原生态的，而是体现人的本质力量的"人化自然"。"人化自然"是对象性的人，通过"人化自然"可以直观到人的本质发展程度。也就是说，人类加工和改造自然界的根本目的是占有自己"自由自觉的本质"，证明自身的人之为人的存在。就这样，自然界成就了人的普遍性本质，人的普遍性本质的确证又使人对自然界具有绝对的依赖关系，如刘森林教授所说的"主体的内在性特别需要外在体现而成就了'自然'的至高地位"[②]，自然界可以没有人，人却不能没有自然界。

同时还要看到，人的普遍性本质只是一种潜在的可能性，它的实现程度与人的感觉器官和感觉能力的大小成正比。人的感觉器官和感觉能力并不是费尔巴哈眼中生物器官和生物器官所具有的那种天生不变的能力。马克思指出，"社会的人的感觉不同于非社会的人的感觉"[③]。所谓"社会的感觉"是指人在社会生产交往中发展起来的不同于生物本能的感觉和感觉器官，如：能感受形式美的眼睛，能领略音乐感的耳朵，"视觉、听觉、嗅觉、味觉、触觉、思维、直观、情感、愿望、活动、爱，———总之，他的个体的一切器官，正像在形式上直接是社会的器官的那些器官一样，是通过自己的对象性关系，即通过自己同对象的关系而对对象的占有，对人的现实的占有；这些器官同对象的关系，是人的现实的实现"[④]。"社会的感觉器官"的形成与发展需

---

① 中共中央马克思恩格斯列宁斯大林著作编译局：《马克思恩格斯文集》第1卷，人民出版社2009年版，第162页。

② 刘森林：《回归自然：马克思与尼采的共同旨趣》，载《学术月刊》2017年第10期。

③ 中共中央马克思恩格斯列宁斯大林著作编译局：《马克思恩格斯文集》第1卷，人民出版社2009年版，第191页。

④ 中共中央马克思恩格斯列宁斯大林著作编译局：《马克思恩格斯文集》第1卷，人民出版社2009年版，第189页。

要"人化自然"的支持。马克思说:"人的感觉、感觉的人性,都是由于它的对象的存在,由于人化的自然界,才产生出来的。"① 也就是说,人的感觉能力是通过对象的存在和刺激而生成和发展的,"只有音乐才能激起人的音乐感"②。马克思指出:"五官感觉的形成是迄今为止全部世界历史的产物"③,"因此,一方面为了使人的感觉成为人的,另一方面为了创造同人的本质和自然界的本质的全部丰富性相适应的人的感觉,无论从理论方面还是从实践方面来说,人的本质的对象化都是必要的"④,最好是整个自然界都"变成人的无机的身体"⑤。马克思说:"随着对象性的现实在社会中对人来说到处成为人的本质力量的现实,成为人的现实,因而成为人自己的本质力量的现实,一切对象对他来说也就成为他自身的对象化,成为确证和实现他的个性的对象,成为他的对象,这就是说,对象成为他自身。"⑥

(三)马克思揭示生产资料私有制对于人的本质发展的辩证影响

正是由于人的本质实现对自然的这种绝对依赖关系,所以一旦自然界被少数人(这里以资本家为例)占有后,"没有自然界,没有感性的外部世界,工人什么也不能创造。自然界是工人的劳动得以实现、工人的劳动在其中活动、工人的劳动从中生产出和借以生产出自己的产品的材料"⑦。为了能与自然界再次结合,"工人在这两方面成为自己的对象的奴隶"⑧,即生活资料和生

---

① 中共中央马克思恩格斯列宁斯大林著作编译局:《马克思恩格斯文集》第1卷,人民出版社2009年版,第191页。
② 中共中央马克思恩格斯列宁斯大林著作编译局:《马克思恩格斯文集》第1卷,人民出版社2009年版,第191页。
③ 中共中央马克思恩格斯列宁斯大林著作编译局:《马克思恩格斯文集》第1卷,人民出版社2009年版,第191页。
④ 中共中央马克思恩格斯列宁斯大林著作编译局:《马克思恩格斯文集》第1卷,人民出版社2009年版,第192页。
⑤ 中共中央马克思恩格斯列宁斯大林著作编译局:《马克思恩格斯文集》第1卷,人民出版社2009年版,第161页。
⑥ 中共中央马克思恩格斯列宁斯大林著作编译局:《马克思恩格斯文集》第1卷,人民出版社2009年版,第190—191页。
⑦ 中共中央马克思恩格斯列宁斯大林著作编译局:《马克思恩格斯文集》第1卷,人民出版社2009年版,第158页。
⑧ 中共中央马克思恩格斯列宁斯大林著作编译局:《马克思恩格斯文集》第1卷,人民出版社2009年版,第158页。

产资料的奴隶。其顺序是"他首先是作为工人，其次是作为肉体的主体，才能够生存"①。生产资料私有制使工人被迫倒退回到"肉体的存在"，马克思说："这种奴隶状态的顶点就是：他只有作为工人才能维持自己作为肉体的主体，并且只有作为肉体的主体才能是工人。"②原本使人区别于动物的劳动仅仅成为谋生的活动，"只要肉体的强制或其他强制一停止，人们就会像逃避瘟疫那样逃避劳动"③。"结果是，人（工人）只有在运用自己的动物机能——吃、喝、生殖，至多还有居住、修饰等等——的时候，才觉得自己在自由活动，而在运用人的机能时，觉得自己只不过是动物，动物的东西成为人的东西，而人的东西成为动物的东西。"④因此，马克思说："异化劳动从人那里夺去了他的生产的对象，也就从人那里夺去了他的类生活，即他的现实的类对象性，把人对动物所具有的优点变成缺点。"⑤

不可否认，在私有制社会，"人化自然"以私有财产的形式存在，成为否定人、压迫人的力量。"人化自然"的这种异化的形式遮蔽了其对人的本质发展的革命意义。实际上，私有财产不仅具有"客体本质"和"消极本质"，还具有"主体本质"和"积极本质"。私有财产的"客体本质"是指物化劳动的实物形态；"主体本质"是指以实物形态存在的私有财产实际是人的本质力量的确证；"消极本质"是指私有财产必将导致异化劳动；"积极本质"是指在生产力有所发展，又发展不足的历史条件下，私有制利用和培育了人的贪欲，利用"恶"来激发人们生产的积极性。从历史上看，私有制的确有促进生产力发展的作用，如资本追逐利润开展的扩大再生产，一方面为人的解放积累了物质基础，另一方面以一种非正常的、强迫的方式，使人的潜能片

① 中共中央马克思恩格斯列宁斯大林著作编译局：《马克思恩格斯文集》第1卷，人民出版社2009年版，第158页。
② 中共中央马克思恩格斯列宁斯大林著作编译局：《马克思恩格斯文集》第1卷，人民出版社2009年版，第158页。
③ 中共中央马克思恩格斯列宁斯大林著作编译局：《马克思恩格斯文集》第1卷，人民出版社2009年版，第159页。
④ 中共中央马克思恩格斯列宁斯大林著作编译局：《马克思恩格斯文集》第1卷，人民出版社2009年版，第160页。
⑤ 中共中央马克思恩格斯列宁斯大林著作编译局：《马克思恩格斯文集》第1卷，人民出版社2009年版，第163页。

面地发挥到极致，即以个人的片面发展为代价，在社会总体的意义上日益积累着丰富的、全面而深刻的感觉。

马克思之前的粗陋的共产主义者想要扬弃私有财产（人化自然），但是他们仅仅把握到私有财产的"客体本质"，不能洞察其"主体本质"，结果就只能看到其"消极本质"而无法辩证地把握其"积极本质"。马克思说，他们提出"私有财产普遍化"的平均主义方案非但不能使人获得解放，反而是"对整个文化和文明的世界的抽象否定，向贫穷的、需求不高的人——他不仅没有超越私有财产的水平，甚至从来没有达到私有财产的水平——的非自然的简单状态的倒退，恰恰证明对私有财产的这种扬弃决不是真正的占有"[1]。这种人性的倒退生动地表现在对于"公妻制"的想象。与之相反，马克思提出"共产主义是对私有财产即人的自我异化的积极的扬弃，因而是通过人并且为了人而对人的本质的真正占有"[2]。

另外，马克思还通过"自然的人化"与"人的自然化"的共时性揭示了人与自然的本质统一，为"和谐共生"的生态伦理思想提供了理论基础。人在改造对象和确证自我本质的过程中，一方面客体不断按主体的意志生成，另一方面主体则不断把客体的物质形态和运行法则纳入自身的物质存在和精神存在。人与自然的关系也是如此，马克思在《手稿》中揭示"人化自然"和"自然的人化"是同一过程的两个方面。"自然的人化"是指自然界在人的本质力量对象化的改造下，日益打上人的烙印，服从和服务于人的发展，成为"人的无机的身体"，构成人类进一步发展的物质基础。"人的自然化"是指为了改造自然，人必须把自然界本身的属性和规律同化于人自身，使自然界的丰富性转换为人自身的内在特质，增强人的物质力量和精神力量。

"自然界的人化"与"人的自然化"的共时性关系意味着人与自然的统一关系将不断地显现为"你中有我，我中有你"的水乳交融关系，最终将通过私有制的积极扬弃而达成和解。《手稿》畅想共产主义社会"作为完成了的自

---

[1]　中共中央马克思恩格斯列宁斯大林著作编译局:《马克思恩格斯文集》第1卷，人民出版社2009年版，第184页。
[2]　中共中央马克思恩格斯列宁斯大林著作编译局:《马克思恩格斯文集》第1卷，人民出版社2009年版，第185页。

然主义，等于人道主义，而作为完成了的人道主义，等于自然主义"①。19世纪，工业和自然科学在加剧人的异化存在状态的同时也加剧了人与自然的一体化进程。《手稿》指出："自然科学却通过工业日益在实践上进入人的生活，改造人的生活，并为人的解放做准备，尽管它不得不直接地使非人化充分发展。"②

马克思关于人与自然的本质统一的观点突破了启蒙运动以来"人类中心主义"的单向视角，使人与自然之间的"我—它"式的主奴关系，转化为"我—你"式的命运共同体关系。人与自然的本质统一关系派生出人对自然应负的伦理义务，即"和谐共生"的生态伦理观，为解决人道主义和自然主义的矛盾指明了方向。需要补充的是，在人与自然的关系问题上有两种对立的观点：一是人类中心主义思想，二是非人类中心主义思想。马克思的生态伦理观不仅超越了人类中心主义思想，而且也是对非人类中心主义思想的扬弃。

综上，马克思把自然界纳入人的本质发展史，对人的本质的研究始终围绕人与自然的关系而展开，揭示了人的本质发展之于自然界的绝对依赖关系，揭示了人与自然的本质统一，超越了那种对人的本质的先验的、形而上学的探讨，为人与自然"和谐共生"的伦理思想提供了坚实的理论基础。需要澄清的是，不能把马克思关于"自然的人化"的思想简单地等同于近代西方"启蒙"思想的"人类中心主义"。因为"启蒙"思想的"人类中心主义"只是片面强调人类的理性自由和人对自然的单向度的征服，最终走向主观唯心主义并遭到大自然的疯狂报复。同时，"启蒙"思想的"人类中心主义"没有把改造自然与人类社会的解放运动联系起来，从而看不到人民群众创造历史的伟大力量。马克思关于"自然的人化"的思想虽然强调按照人的意愿塑造自然，但他认为这种意愿不是随心所欲的，而是受每一代人所处的历史条件的限制的。同时，他强调人与自然的双向互动关系，指出人化后的"自然界

---

① 中共中央马克思恩格斯列宁斯大林著作编译局:《马克思恩格斯文集》第1卷，人民出版社2009年版，第185页。
② 中共中央马克思恩格斯列宁斯大林著作编译局:《马克思恩格斯文集》第1卷，人民出版社2009年版，第193页。

是人的无机的身体"，人在本质上从属于自然界，人的普遍性本质决定了人比其他动物更依赖于自然界，"自然界是人为了不致死亡而必须与之形影不离的身体"，"人是自然界的一部分"；马克思还批判"启蒙"思想把自然界单纯物化的功利主义，强调自然界的多维价值，指出自然界不仅是"自然科学的对象"，还是"艺术的对象"。

二、马克思生态伦理思想对中国生态文明建设的指导意义

马克思关于人与自然"和谐共生"的生态伦理观与中国文化"天人合一"的思想具有极强的心理契合。正如张岱年、程宜山先生所说："在西方思想史上，最早认识到人与自然不仅存在对立而且存在和谐的是马克思和恩格斯。"① 马克思关于人与自然"和谐共生"的生态伦理观是对西方自然观的一次否定，在某种意义上相当于中国传统生态伦理观的否定之否定，作为更高阶段的回复，为中国文化"天人合一"思想的创造性转化和创新性发展指明了方向。这就是：发展生产力实现更高阶段的天人和谐。

马克思用"生产力"这一范畴讨论人与自然的关系，指出人对自然的改造能力不仅体现了人的本质力量的发展水平，而且决定了人们之间的生产关系，进而决定了人们之间的政治关系和社会意识形态。把精神生产与物质生产、人的本质力量与生产力联系起来考察，把生产力的发展看作是人类解放极端重要的条件等，是马克思的巨大理论创新。

马克思认为摆脱自然界对人的束缚是首要的历史任务，因为"在极端贫困的情况下，必须重新开始争取必需品的斗争，全部陈腐污浊的东西又要死灰复燃"②，"当人们还不能使自己的吃喝住穿在质和量方面得到充分保证的时候，人们就根本不能获得解放"③。生产力水平低下是人与自然关系异化的根本原因，马克思认为当物质资料极大丰富以后，通过占有生产资料而占有

① 张岱年、程宜山：《中国文化精神》，北京大学出版社 2015 年版，第 44 页。
② 中共中央马克思恩格斯列宁斯大林著作编译局：《马克思恩格斯文集》第 1 卷，人民出版社 2009 年版，第 538 页。
③ 中共中央马克思恩格斯列宁斯大林著作编译局：《马克思恩格斯文集》第 1 卷，人民出版社 2009 年版，第 527 页。

他人劳动成果的需要就成为不必要，这时，人们摆脱了私有制带来的"愚蠢而片面"，能够以社会历史形成的丰富的感觉器官自由、自觉地占有自然界多方面的属性和价值，而不是像"忧心忡忡的、贫穷的人对最美丽的景色都没有什么感觉；经营矿物的商人只看到矿物的商业价值，而看不到矿物的美和独特性"①。同时，物质资料极大丰富意味着人们摆脱了自然界的物质束缚，有可能保持人和自然之间合理的新陈代谢，即建立共产主义社会，那时"社会化的人，联合起来的生产者，将合理地调节他们和自然之间的物质变换，把它置于他们的共同控制之下，而不让它作为一种盲目的力量来统治自己，靠消耗最小的力量，在最无愧于和最适合于他们的人类本性的条件下来进行这种物质变换"②。

在这种思路的基础上，马克思充分肯定了近代西方文化的"主客二分"和"人类中心主义"，把人与自然的关系看作是"为我"的。虽然马克思也主张征服自然，但这种征服的目的是使自然界成为人的"无机的身体"和"精神的无机界"，实现人的普遍性本质。马克思继承了黑格尔的矛盾分析法，认为矛盾是一种能动关系，人与自然的矛盾关系是推动历史发展的动力，所谓"自我异化的扬弃同自我异化走的是一条道路"③，人与自然关系的和解必然要经历一个否定之否定的历史过程。总之，由生产力到生产关系，马克思发现了人与自然、人与社会、人与自我关系的整体的、客观的联动规律，为人与自然关系的彻底和解提供了科学的理论分析。马克思关于人与自然本质统一的思想意味着改造自然目的是在更高阶段上恢复人同自然的统一。

相比较而言，中国传统自给自足的小农经济，以及通过调节人的主观欲望而降低主客矛盾的生存智慧，使人与自然的矛盾冲突并不是很尖锐。而且，中国文化很早就超越了主客二分的思维模式，确立了"万物一体"的世界观，并把自然界人格化，赋予天、人共同的道德理性，提出"天人合德"

---

① 中共中央马克思恩格斯列宁斯大林著作编译局：《马克思恩格斯文集》第1卷，人民出版社2009年版，第192页。

② 马克思：《资本论》第3卷，人民出版社2004年版，第928—929页。

③ 中共中央马克思恩格斯列宁斯大林著作编译局：《马克思恩格斯文集》第1卷，人民出版社2009年版，第182页。

的价值追求，把"万物并育而不相害，道并行而不相悖"作为世界的理想状态。中国传统文化对于人与自然关系问题的研究更多地着眼于人的内部世界与外部世界的和谐平衡，构筑中华民族诗意的存在家园，对自然采取肯定性的评价，努力发掘自然的审美价值，并在审美体验中超越功利境界，超越主客二分带来的紧张和对立，达致"天人合一"的高远境界。

中国传统文化的自然观对于矫正西方文化的流弊具有重要的启发价值，但是中国文化的自然观立意过高，难免会束缚广大人民群众本质力量的发展。例如它不强调认识自然和改造自然，就无法使大多数人摆脱体力劳动和物质生活的束缚，社会必要劳动时间无法缩短就无法延长大多数人的自由时间，就不可能实现人类的普遍解放。没有丰富的"人化自然"，也就无法提供丰富的感觉对象，不利于人的社会感觉的发展。另外，小农经济的生产方式不利于扩展人的交往范围和普遍联系，交通闭塞、信息不畅不利于人们充分利用人类的一切文明成果，无法充分发展和利用社会联合的力量，从而束缚大多数人本质力量的全面发展。

另外，从人的普遍性本质来看，人总是不满足于现状，具有否定和超越现实的需求，不仅是内在的现实，还有外在的现实。也就是说，人的需要在广度和深度上总是在向前发展的，一味地提倡"存天理，灭人欲"既违背了人的普遍性本质也束缚了人的个性的发展。虽然发展人的本质力量并不一定能够带来世界的和平和人的安身立命，甚至还会激化各方面的矛盾，道家对此有丰富的论述；但是不重视人的本质力量的发展，必然会在民族竞争中处于被动地位，因为一般来说，竞争总是力量的比拼。

当人类进入资本逻辑主导的现代社会以后，时代条件已经不允许中国人继续安享"岁月静好"的诗意存在，生产力的相对落后使中华民族面临亡国灭种的威胁，必须与时俱进地发展生产力，追求更高阶段的天人和谐。马克思的历史唯物主义使中华民族重新意识到"人化自然"的多维价值，以及人类进入世界历史阶段后，生产力对于民族竞争和社会发展的重要性。社会主义的本质在于促进人的本质发展，建设"生态文明"是中国特色社会主义伟大事业的题中应有之义。"生态文明是人类继原始文明、农业文明、工业文明之后的第四次文明，它源于对发展的反思，也是对发展的提升，是对传统工业文明的扬弃和升华，是人类践行可持续发展法则的物质与精神成果的总和。它是以人与自然、人与人、人与社会和谐共生、良性循环、全面发展、持续繁荣为基本宗旨的新的文明形态、新的社会形态。"① 党的十八大以来，党中央高度重视生态文明建设，形成了面向绿色发展的四大核心理念，即：生态兴则文明兴、生态衰则文明衰，人与自然和谐共生的新生态自然观；绿水青山就是金山银山，保护环境就是保护生产力的新经济发展观；山水林田湖草是一个生命共同体的新系统观；环境就是民生，人民群众对美好生活的需求就是我们的奋斗目标的新民生政绩观。这些发展理念是新时代马克思主义中国化的思想武器。在国际舞台上，中国也正在以负责任的态度和坚定的行动，成为全球生态文明建设的重要参与者、贡献者、引领者。

---

① 杨多贵：《生态文明的概念是什么？》［DB/OL］. 中国发展门户网：http://cn.chinagate.cn/news/2015-05/15/content_35580536.htm。

第四章　马克思主义与中国传统文化关于
辩证法的视域融合

辩证法是哲学的灵魂，各民族对辩证法内涵的不同理解和对辩证法内容的不同侧重，决定了其思维方式、价值取向和文化心理结构上的差异。实践基础上的唯物辩证法是马克思主义新世界观的核心，它极大地扩展了中华民族关于辩证法的理解。从此，中华民族以马克思唯物辩证法的世界观、认识论和历史观为指导，发扬斗争精神，由被动到主动，积极投身于"传统性"社会向"现代性"社会、农业生产方式向工业生产方式、自然经济向商品经济转变的伟大历史实践，推动中华优秀传统文化创造性转化和创新性发展。

第一节　西方文化视域中的辩证法思想

"世界是怎样存在的"是辩证法要回答的根本问题。辩证法认为世界是普遍联系和永恒发展的，它要求人们用联系的、发展的、全面的思维方法看问题，与之相对立的是孤立、静止、片面地看问题的形而上学的思维方法。本文主要讨论辩证法。辩证法的世界观主要经历了古代朴素的辩证法、唯心主义辩证法和马克思的唯物辩证法三个历史阶段。西方辩证法源自城邦开展民主生活需要的辩论术，具有思辨的传统，黑格尔是辩证法的集大成者。马克思继承了西方辩证法中的否定精神，扬弃了黑格尔辩证法的客观唯心主义基础，建立了实践基础上的唯物辩证法，并把辩证法作为分析人类社会一般规律和资本主义社会特殊规律的思想武器。

一、古希腊的辩证法

"辩证法"（dialectics）和"对话"（dialogue）这两个词拥有共同的词根，词根"dia-"有"二者之间"，即"正反对立"的意思；"lectics"和"logue"则是"说话"的意思。早在古希腊城邦形成时期，自由民基于民主管理城邦的需要而使辩论之风盛行。于是，人们把在谈话中揭露对方论断中的矛盾并克服这些矛盾以求得真理的方法叫做"辩证法"。所以说，辩证法主要形成于城邦公共事务的论辩活动，是一种论战术，其目的是排除主观独断的干扰，通过对话使人意识到自身的不足，使有局限性的主张得以暴露，激发人的自我反思与超越的动力。辩证法作为一种矫正思维的方法，所要克服的顽疾正是人的独断性思维。苏格拉底是这种辩证法的创始人，他把"辩证法"推崇为发现真理的"助产术"。在与别人的辩论中，他经常使同一论题呈现出正反两种观点，要求对方用严密的逻辑规范不断修整自己关于某一问题的概念，以期最大限度地接近真理。柏拉图在此基础上把辩证法看作是由个别到一般，认识"理念"的方法。亚里士多德把辩证法作为形成概念、下定义和检查定义是否正确的方法。综上所述，"辩证法既是一种方法，也是一种逻辑。作为方法，辩证法是一种言辞的艺术，一种对话的技巧，一种说服别人的方式。这种意义的辩证法仅兴盛于古希腊，后来就消失了。作为逻辑，辩证法内在于人类理性之中，是一种认识世界和表达世界的方式。后来康德和黑格尔都是在这种逻辑的意义上谈论辩证法的"[①]。

古希腊开创了运用辩证法逻辑探索真理的文化传统，但是西方人在探索真理的过程中却逐渐走向形而上学。"形而上学"有两个意思，一个是哲学上的本体论，按照黑格尔的说法是"关于本质的抽象规定的学说"，与中国哲学中"形而上者谓之道，形而下者谓之器"（《周易·系辞上》）的意思一致。另一个意思是指用孤立、静止、片面的思维方式观察世界，或认为世界、事物是无矛盾的、静止不变的世界观。"形而上学"的这两种意思具有内在的相通性。因为首先，当人们追求永恒不变的本质的时候，就会不自觉

---

① 姚大志：《什么是辩证法？》，载《社会科学战线》2003 年第 6 期。

地把世界看成是既定的、不变的；其次，当人们为了把握事物确定的本质的时候，人们又会否定事物作为矛盾统一体的存在状态；再次，当人们运用辩证法逻辑探索真理时过于相信逻辑、理性的力量，会把依靠理性发现的真理绝对化。

自苏格拉底以来，西方人把世界二重化为现象世界和本质世界，然后孜孜不倦地认识现象世界背后那个永恒不变的本质。在柏拉图看来，存在着两个世界：无法言说的高尚的"理念世界"，以及纯粹"事物的世界"，后者只是对前者的拙劣模仿。柏拉图认为"理念"是心灵的眼睛透过现象看到的决定事物本质的东西，"理念"是可感的事物的根据和原因，可感的事物是可知的"理念"的派生物。一类事物有一个"理念"，各式各样的事物有各式各样的"理念"。柏拉图认为应该先由哲学家为人们找到和确定表象世界背后那个确定、真实的"理念"，如"理想国"。然后按照这个"理念""型相"（相当于英文 form）去改变世界。总之，把事物的本质——理念，与个别事物分开，并且以理念为存在的根据，是柏拉图哲学的基本原则。柏拉图的"理念说"最终发展为基督教的"上帝"这一范畴，"上帝决定和创造世界"，人们虔诚地向上帝祈祷，希望通过上帝的启示而把握那个客观的、不变的真理。无论是"理念"决定世界还是"上帝"创造世界，都倾向于认为世界有一个永恒不变的本质，是一种实体性思维。总之，"西方传统哲学是追求绝对真理的超验形而上学，其思维方式是以意识的终极确定性为基础或目标的逻各斯中心主义或理性主义，其功能和作用是以最高真理和人类理性名义发挥思想规范和统治作用的意识形态"①。

二、黑格尔客观唯心主义的辩证法

西方启蒙运动否定了上帝的存在，彰显了人的理性的能力。康德通过揭示理性的局限性而使"辩证法"的矛盾内涵重新彰显。康德在《纯粹理性批判》中把世界分为现象世界和本体世界，指出前者是经验的，后者是超验

---

① 高清海、孙利天：《马克思的哲学观变革及其当代意义》，载《马克思哲学的当代意义》，社会科学文献出版社 2006 年版，第 2 页。

的，人的理智能力能够通过感性形式和知性范畴把握现象世界，但是人类理性并不具备与本体世界相对应的认识能力，如果人类将只适用于现象世界的感性形式和知性范畴运用到超验的本体世界上去，就会导致四个"二律背反"，在关于世界的开端、组成、规律性和原因等问题上出现"正题"和"反题"都能成立的悖论。康德把这种自相矛盾状态称为"辩证法"，其解决之道是为理性逻辑的运用划定范围。

黑格尔敏锐地把握到康德辩证法的消极实质，指出，当康德发现矛盾时他认为这仅仅是逻辑产生缺陷的结果，是主观的错误，而存在本身则是完美的不具有矛盾的。黑格尔认为存在本身就是有矛盾的，理性认识到这些客观矛盾，才是真正认识到存在。他幽默地分析了康德只承认主观矛盾的原因："只是出于对世界事物的一种温情主义，他似乎认为世界的本质是不应具有矛盾的污点的，只好把矛盾归于思维着的理性或心灵的本质。"① 黑格尔不仅承认矛盾的普遍性，而且认为人类理性通过"正—反—合"的不断综合运动，有能力把世界的所有方面展示出来，因而现象世界与本体世界之间的鸿沟是可以逾越的。对于真理的认识过程，黑格尔提出了著名的"正题""反题""合题"理论。"正、反、合"是绝对精神在不同阶段的表现形式，"正题"必然地派生出它的对立面——"反题"，并且和"反题"构成"对立"。黑格尔认为矛盾的双方在不断否定的过程中，能够扬弃各自的片面性，达到真理的具体的统一，最终两者都被扬弃而达到"统一"的"合题"。

恩格斯说，在古代人们直观地感到世界是由种种联系和相互作用交织起来的，一切事物都在运动、变化、产生和消失，形成了朴素的辩证法观念和思维。近代自然科学分门别类地考察自然界，相应地使人们形成了一种形而上学的思维方式，这种思维方式与世界的存在状态相悖。黑格尔的辩证法突破了形而上学思维对人们的窒息。"合题"思想的引入使黑格尔的辩证法超越了近代以来只注重分析理性，即一切认识活动都被归结为对认识对象的分析、分解和还原，以求发现最基本的元素，并用这种最基本的元素来解释一

---

① 黑格尔：《小逻辑》，贺麟译，商务印书馆 2004 年版，第 131 页。

切的形而上学思维。黑格尔辩证法包含整体论、有机论和过程论等思想。所谓"整体论"，是指部分只能存在于整体之中，部分的性质只有在整体中才能得到说明，如黑格尔说"割下来的手就不是真正的人手了"。所谓"有机论"，是指任何事物都与其他事物处在普遍联系中，没有联系就没有它们的存在。所谓"过程论"，是指任何事物都是过程的产物，而过程意味着变化，变化导致一种更高的现实。

在人类的思想史上，还不曾有第二个人像黑格尔那样广泛深入地试图论证历史有其内在联系和必然的发展过程。恩格斯充分肯定了黑格尔的理论贡献，他在《反杜林论》一书中说："黑格尔第一次——这是他的伟大功绩——把整个自然的、历史的和精神的世界描写为一个过程，即把它描写为处在不断的运动、变化、转变和发展中，并企图揭示这种运动和发展的内在联系。"[1] 在《路德维希·费尔巴哈和德国古典哲学的终结》一文中，恩格斯再次肯定黑格尔辩证法蕴含的革命性。他说黑格尔有句名言："凡是现实的都是合乎理性的，凡是合乎理性的都是现实的。"[2] 在这一迂腐晦涩的言辞、笨拙枯燥的语句里面竟隐藏着革命的思想，即"凡是现存的都一定要灭亡"[3]。具体来说就是："在发展进程中，一切现实的东西都会成为不现实的，都会丧失自己的必然性、自己存在的权利、自己的合理性；一种新的、富有生命力的现实的东西，就会代替正在衰亡的现实的东西。"[4]

但是黑格尔的辩证法无论怎样富有创意，仍然承继了西方思辨主义的文化传统，在形式上是神秘的唯心主义。在他那里，自然界和人类历史、社会从根本上说只是"绝对精神"按照内在逻辑的自我显现，"在他看来，他头脑中的思想不是现实的事物和过程的或多或少抽象的反映，相反，在他看来，

---

① 中共中央马克思恩格斯列宁斯大林著作编译局：《马克思恩格斯文集》第9卷，人民出版社2009年版，第26页。
② 中共中央马克思恩格斯列宁斯大林著作编译局：《马克思恩格斯文集》第4卷，人民出版社2009年版，第268页。
③ 中共中央马克思恩格斯列宁斯大林著作编译局：《马克思恩格斯文集》第4卷，人民出版社2009年版，第269页。
④ 中共中央马克思恩格斯列宁斯大林著作编译局：《马克思恩格斯文集》第4卷，人民出版社2009年版，第269页。

事物及其发展只是在世界出现以前已经在某个地方存在着的'观念'的现实化的反映。这样，一切都被头足倒置了，世界的现实联系完全被颠倒了"①。而且黑格尔为了自己的荣华富贵，故意遮蔽其辩证法的革命性，认为绝对精神发展到黑格尔哲学便达到了顶峰，发展到普鲁士封建专制制度，便是最完美的社会制度，成为为普鲁士封建专制制度辩护的保守性理论，导致其理论的自相矛盾。

黑格尔去世以后，他的弟子分成两派：一派固守黑格尔体系中的保守因素，为宗教和专制制度辩护，称为老年黑格尔派；一派坚持黑格尔体系中的革命因素，用黑格尔的辩证法批判封建专制制度和宗教，称为青年黑格尔派。马克思和恩格斯曾经属于青年黑格尔派成员，继承了黑格尔的辩证法思想，但他们最终"剥除"了黑格尔辩证法的唯心主义外壳，继承了黑格尔辩证法的"合理内核"。

三、马克思基于实践本体论的唯物辩证法

对于马克思主义哲学来说，除了唯物主义之外，最重要的就是辩证法了。卢卡奇在其《历史与阶级意识》一书中论证了辩证法是马克思主义的本质特征和内在根据。在列宁看来，辩证法是马克思恩格斯理论体系的中心点，并专门写了《谈谈辩证法问题》。他在阅读《马克思恩格斯通信集》后指出："如果我们试图用一个词来表明整个通信集的焦点，即其中所抒发所探讨的错综复杂的思想汇合的中心点，那么这个词就是辩证法。运用唯物主义辩证法从根本上来修改整个政治经济学，把唯物主义辩证法运用于历史、自然科学、哲学以及工人阶级的政治和策略——这就是马克思和恩格斯最为关注的事情，这就是他们做出最重要、最新的贡献的领域，这就是他们在革命思想史上迈出的天才的一步。"② 在《唯物主义和经验批判主义》一文中列宁再

---

① 中共中央马克思恩格斯列宁斯大林著作编译局：《马克思恩格斯文集》第9卷，人民出版社2009年版，第27页。
② 中共中央马克思恩格斯列宁斯大林著作编译局：《列宁专题文集 论马克思主义》，人民出版社2009年版，第75页。

次明确:"马克思和恩格斯几十次地把自己的哲学观点叫做辩证唯物主义。"①

马克思从人的实践的生存方式出发揭示了人与世界的普遍依存关系,揭示了生产社会化与生产资料私有制之间的矛盾导致的社会动荡。唯物辩证法的诞生得益于马克思所处的时代条件。马克思在《〈政治经济学批判〉导言》一文中指出,社会发展高级阶段对于理解低级发展阶段具有重要意义,并做了一个生动的比喻,他说:"人体解剖对于猴体解剖是一把钥匙。反过来说,低等动物身上表露的高等动物的征兆,只有在高等动物本身已被认识之后才能理解。"②意思是说,在前资本主义社会或农业文明时代,人们自给自足,联系较少,生产力尚未以社会联合的方式和庞大的力量改变和作用于世界,人们不容易看到社会发展变化的客观规律。

以社会化大生产为基础的工业文明把人与世界的真实关系放大了给人看。社会化大生产迅速而深刻地改变了人们原有的生产方式、生活方式和思维方式,打破了"永恒不变""古已有之"的形而上学观念,迫使人们确立关于世界是普遍联系和永恒发展的辩证法观念。社会化大生产派生出各种各样的社会关系,由经济到政治,由政治到文化,社会现象的解释越来越依赖于对人们在物质生活方式中结成的利益关系的把握。社会化大生产开拓和扩大了世界市场,使人们逐渐摆脱了民族和国家的狭隘视野,在民族文化交往中凝聚关于"一荣俱荣、一损俱损"的价值共识。而资本主义私有制的发展却使有产和无产的对立发展成为劳动和资本的对立,工人运动风起云涌,展现出改造旧世界、实现"自由自觉的联合体"的勇气和力量。

马克思根据这样的时代背景总结出唯物辩证法的历史观,即:"物质生活的生产方式制约着整个社会生活、政治生活和精神生活的过程。不是人们的意识决定人们的存在,相反,是人们的社会存在决定人们的意识。社会的物质生产力发展到一定阶段,便同它们一直在其中运动的现存生产关系或财产关系(这只是生产关系的法律用语)发生矛盾。于是这些关系便由生产力

---

① 中共中央马克思恩格斯列宁斯大林著作编译局:《列宁专题文集　论辩证唯物主义和历史唯物主义》,人民出版社 2009 年版,第 2 页。
② 中共中央马克思恩格斯列宁斯大林著作编译局:《马克思恩格斯选集》第 2 卷,人民出版社 1995 年版,第 23 页。

诠释学视角下
——马克思主义中国化的文化价值

的发展形式变成生产力的桎梏。那时社会革命的时代就到来了。随着经济基础的变更，全部庞大的上层建筑也或慢或快的发生变革。"①

当然，马克思的伟大发现是站在前人的肩膀上的。马克思也曾接受黑格尔唯心主义的辩证法，然而普鲁士政府的《书报检查令》和"林木盗窃法"使马克思越来越感觉到："法的关系正像国家的形式一样，既不能从它们本身来理解，也不能从所谓人类精神的一般发展来理解，相反，它们根源于物质的生活关系，……对市民社会的解剖应该到政治经济学中去寻求。"②费尔巴哈成为马克思发现唯物辩证法的中介和桥梁。1841年，费尔巴哈在哲学领域中发起一场坚持唯物主义立场的革命。费尔巴哈提出："自然界是不依赖哲学而存在的；它是我们人类（本身就是自然界的产物）赖以生长的基础；在自然界和人以外不存在任何东西，我们的宗教幻想所创造出来的那些最高存在物只是我们自己的本质的虚幻反映。"费尔巴哈对思维和存在关系的正确阐述，使马克思从唯心主义转向唯物主义。但与费尔巴哈不同，马克思并没有对黑格尔的辩证法全盘否定，而是抛弃了黑格尔辩证法的客观唯心主义成分，吸取了其合理内核，把黑格尔的辩证法和唯物主义结合起来，创立了辩证唯物主义的世界观和方法论。马克思曾经写道："我的辩证方法，从根本上来说，不仅和黑格尔的辩证方法不同，而且和它截然相反。在黑格尔看来，思维过程，即他称为观念而甚至把它转化为独立主体的思维过程，是现实事物的创造主，而现实事物只是思维过程的外部表现。我的看法则相反，观念的东西不外是移入人的头脑并在人的头脑中改造过的物质的东西而已。"③

辩证法的世界观不仅要揭示世界运动变化的存在状态，还要揭示世界运动变化的根本原因。既然世界不是神创造的，也不是绝对精神外化的结果，

---

① 中共中央马克思恩格斯列宁斯大林著作编译局：《马克思恩格斯选集》第2卷，人民出版社1995年版，第32—33页。
② 中共中央马克思恩格斯列宁斯大林著作编译局：《马克思恩格斯文集》第2卷，人民出版社2009年版，第591页。
③ 中共中央马克思恩格斯列宁斯大林著作编译局：《马克思恩格斯选集》第2卷，人民出版社1995年版，第111—112页。

也不是"实体"或人的"自我意识"外化的结果，那只能是人自己的活动创造的。因此马克思把目光落在了人的活动上，致力于挖掘人的活动的本体论意义。在《1844 年经济学哲学手稿》中，马克思发现人的活动特征与动物不一样："动物和自己的生命活动是直接同一的。动物不把自己同自己的生命活动区别开来。它就是自己的生命活动。人则使自己的生命活动本身变成自己意志的和自己意识的对象。……仅仅由于这一点，他的活动才是自由的活动。"① 人总是"处处都把固有的尺度运用于对象；因此，人也按照美的规律来构造"②。由此，马克思提出要从人的实践活动出发理解现实世界的来龙去脉。而且，马克思旨在为最大多数人谋利益，为广大劳动人民改变世界。这样的阶级立场和理论诉求决定了马克思必然要将理论视角转向劳动人民的物质生产活动，揭示物质生产活动的本体论意义。

在《关于费尔巴哈的提纲》一文中，马克思批判费尔巴哈没有把人的活动本身理解为对象性的活动。"因此，他不了解'革命的'、'实践批判的'活动的意义。"③ 这种"直观的唯物主义"，"至多也只能达到对单个人和市民社会的直观"④，把由资本主义生产关系决定的"原子式个人""自私自利的个人"当成永恒不变的人性，把这种由原子式个人组成的单个人的集合体，即资本主义社会看成是永恒不变的社会组织方式。历史在他们眼中只是一些"僵死的事实的汇集"⑤，所以，旧唯物主义者貌似有批判和建构，实际的立脚点却是肯定现存的"市民社会"和"原子式个人"的存在状态，希望在此基础上做一些社会改良而不是彻底的社会革命，无法实现真正的理论批判与实践建构。

---

① 中共中央马克思恩格斯列宁斯大林著作编译局：《马克思恩格斯文集》第 1 卷，人民出版社 2009 年版，第 162 页。

② 中共中央马克思恩格斯列宁斯大林著作编译局：《马克思恩格斯文集》第 1 卷，人民出版社 2009 年版，第 163 页。

③ 中共中央马克思恩格斯列宁斯大林著作编译局：《马克思恩格斯文集》第 1 卷，人民出版社 2009 年版，第 499 页。

④ 中共中央马克思恩格斯列宁斯大林著作编译局：《马克思恩格斯文集》第 1 卷，人民出版社 2009 年版，第 502 页。

⑤ 中共中央马克思恩格斯列宁斯大林著作编译局：《马克思恩格斯文集》第 1 卷，人民出版社 2009 年版，第 526 页。

　　马克思创立了"实践本体论"的世界观,认为无论是自然存在、人类自身的存在还是社会的存在,既不是先验的观念产物,也不是永恒不变的前定和谐,而是一种实践中的存在,是世世代代活动的产物,并将继续在人的历史实践中生成和发展着。"实践本体论"的世界观"克服了旧唯物主义和唯心主义的抽象对立,解决了主观与客观、认识和实践的具体的历史的统一问题,……解决了人是什么这个最大的哲学疑难问题,破解了人的奥秘"①。需要注意的是,马克思的"实践本体论"只讨论人化的世界,因为非人化的世界对人来说是"存在的无",对其讨论只会导致纯粹经院哲学的争论。

　　马克思指出,以青年黑格尔派为代表的主观唯心主义者虽然彰显了人的主观能动性,但由于他们脱离"现实的、感性的活动",结果只是"把能动的方面抽象地发展了",无法实现自己思维的现实性和力量,变成纯粹经院哲学的争论。归根结底,主观唯心主义者也是因为忽视了人的实践活动及其在人类社会发展中的意义,以及实践活动在人的理性发展、真理内涵规定中的决定意义。他们只是进行观念的批判,而没有对观念产生的前提进行反思。马克思、恩格斯在《德意志意识形态》中一针见血地指出:"这些哲学家没有一个想到要提出关于德国哲学和德国现实之间的联系问题,关于他们所作的批判和他们自身的物质环境之间的联系问题。"②与之相反,马克思、恩格斯提出,人类历史应该从现实的个人出发:"全部人类历史的第一个前提无疑是有生命的个人的存在。因此,第一个需要确认的事实就是这些个人的肉体组织以及由此产生的个人对其他自然的关系。"③

　　马克思和恩格斯从现实的人的物质生产活动这一现实的前提出发,抽丝剥茧地厘清了各种社会现象的来龙去脉,以及它们之间的相互关系。他们首先揭示由人的肉体需要所决定的人的谋生活动,必然形成人与自然的互动

---

① 高清海、孙利天:《马克思的哲学观变革及其当代意义》,载《马克思哲学的当代意义》,社会科学文献出版社 2006 年版,第 6 页。

② 中共中央马克思恩格斯列宁斯大林著作编译局:《马克思恩格斯文集》第 1 卷,人民出版社 2009 年版,第 516 页。

③ 中共中央马克思恩格斯列宁斯大林著作编译局:《马克思恩格斯文集》第 1 卷,人民出版社 2009 年版,第 519 页。

关系，提出"生产力"的范畴；然后指出人的物质生产活动所具有的社会性，即合作性，从而提出"分工"、"交往"和"交往形式"等范畴来表达生产关系的内涵，目的是揭示人与人的关系不是抽象的理性或情感的产物，而是合作性的物质生产活动的需要和产物。由于分工是生产力和生产关系的中介，分工程度既代表生产力水平，又决定生产资料所有制的各种不同形式。所以，马克思、恩格斯紧紧抓住"分工"这一核心概念，从纵向和横向两个维度剖析各种社会现象的来龙去脉。纵向上，分工产生了不同的生产资料所有制形式，从而产生不同的人与人的交往关系，它们分别对应不同的社会形态。横向上，分工产生的生产资料私有制必然导致人们之间的利益对立，产生脑体分工、阶级和阶级矛盾，以及统治阶级的特殊利益与共同利益之间的矛盾，为了化解这种矛盾就产生国家这种貌似与实际单个利益和全体利益相脱离的独立形式。事实上，国家政权掌握在统治阶级手里，国家只能是虚幻的共同体，统治阶级为了掩饰共同体的虚幻性，又制造虚假的意识形态，把自己的利益说成是普遍的利益。"占统治地位的思想不过是占统治地位的物质关系在观念上的表现，不过是以思想的形式表现出来的占统治地位的物质关系。"①

马克思、恩格斯揭示了生产力、生产关系的矛盾运动机制，以及为生产力、生产关系服务的上层建筑的运动变化规律，揭示了人类物质生活、政治生活和精神生活之间的普遍联系，得出"整个所谓世界历史不外是人通过人的劳动而诞生的过程，是自然界对人来说的生成过程"②的结论，创立了历史唯物主义的辩证法，实现了辩证法的彻底革命。

四、马克思的唯物辩证法突破了西方形而上学的文化传统

（一）西方形而上学文化传统的利弊分析

作为"地球上最美丽的花朵"，人类意识主要包括"知、情、意"三部分

① 中共中央马克思恩格斯列宁斯大林著作编译局：《马克思恩格斯文集》第1卷，人民出版社2009年版，第550—551页。
② 中共中央马克思恩格斯列宁斯大林著作编译局：《马克思恩格斯文集》第1卷，人民出版社2009年版，第196页。

的能力。其中"知"既包括感性认识能力，又包括理性认识能力。理性认识能力是一种透过现象把握本质的形而上学能力，是人与动物的重要区别。西方文化的理论性、形而上学性比较强。与之相反，中国传统文化缺少形而上学的兴趣。高旭东教授在其《生命之树与知识之树》一书中，把中国文化比作"生命之树"，把西方文化比作"知识之树"，认为前者注重生命的感性体验，追求情感的满足，后者注重生命的理性超越，追求知识的满足。李泽厚先生说，中国没有西方那种思辨的、理性的形而上学，这种形而上学可以被称为狭义的形而上学。但是中国有广义的形而上学，就是对人的生活价值、意义的追求。中国哲学本质上是一种生活哲学，它与现在西方的那种"后哲学"思想比较接近。① 冯友兰先生在其《中国哲学简史》中也说："按照中国哲学的传统，哲学的任务不是为了人对客观实际增加正面的知识，而是为了提高人的心智。"②

　　近代自然科学的发展与西方理性的形而上学传统密不可分。自然科学取得的累累硕果反过来又强化了西方形而上学文化传统的自信。所谓过犹不及，西方文化日益暴露出它的弊端。李泽厚先生认为，从古希腊到近代，西方哲学的思辨日益与自然科学结合在一起，使思辨的深度、力度更为加大。西方哲学的诗意已经没有了，都变成理性的、思辨的、推理的东西，所追求的真理变成了硬邦邦的理性抽象，忘记了哲学中还应有诗意的东西。其实，存在的奥秘正在于诗意的生存，这是中国传统。③20世纪初第一次世界大战的人道主义灾难引起西方有识之士对西方形而上学文化传统以及自然科学思维方式的反思和批判。德国历史学家斯宾格勒写下了《西方的没落》这一皇皇巨著。作者认为，当西方以物质文明为主的时代兴起，以精神文化为主的时代也就逐渐衰落了。胡塞尔则在其《欧洲科学危机和超验现象学》中指出："在十九世纪后半叶，现代人让自己的整个世界观受实证科学支配，并迷惑于实证科学所造就的'繁荣'。这种独特现象意味着，现代人漫不经心

① 李泽厚：《李泽厚对话集·中国哲学登场》，中华书局2014年版，第11页。
② 冯友兰：《中国哲学简史》，天津社会科学院出版社2005年版，第308页。
③ 李泽厚：《李泽厚对话集·中国哲学登场》，中华书局2014年版，第10页。

地抹去了那些对于真正的人来说至关重要的问题。只见事实的科学造成了只见事实的人。"①然而这种文化批判在资本主义生产方式面前是软弱无力的，不久又爆发了第二次世界大战。二战以后，西方一些有识之士，特别是法兰克福学派学者又对资本主义进行了大规模的文化批判，甚至出现矫枉过正的后现代化主义运动。"但是，大规模批判形而上学的活动，迄今为止也不过百年。俗话说，'冰冻三尺，非一日之寒'。两千多年来，科学思维方式已经渗透到了西方文明的血液里，不是一天两天就可以解决问题的。"②

其次，西方文化对事物本质的不懈追求，使人们形成一种否定性、批判性的思维习惯，激励人们不断反思和超越现实。这种不安于现状的批判思维有利于人们发挥意识的能动反映能力，即对信息进行选择、建构、重组和整合的反映功能。人类活动用批判的、革命的理论做指导，更能促进社会的发展变化。我们看到，14世纪发端于意大利的文艺复兴运动，16世纪德国马丁·路德掀起的宗教改革运动，17世纪的科学革命、18世纪欧洲的启蒙运动以及法国大革命等，都反映了西方文化否定性的思维习惯和观念改革对世界的革命改造作用。斯宾格勒曾经指出，西方文化就是歌德笔下所描绘的浮士德文化，"浮士德在书斋里研究学问，象征着中世纪的西方人在那里研索天然，探究知识，后来他的心中再也涌不出愿心，于是就走出书斋，象征着西方知识分子走出中世纪，展开文艺复兴的追求，从'为知识而知识'到把知识看成一种力量，蕴含着西方文化的近代转折。从这里开始，浮士德不停地追求，他和魔鬼打赌，如果在追求中产生满足的念头，就会死去。他追求女人，追求政治，追求古典的美，去了古希腊……所有这些，都展示了基督教文化的想象力，以及在从中世纪到近代的精神演变中所能达到的深度和广度。最后，浮士德在移山填海的创造性活动中得以满足"③。西方文化否定、批判的传统不仅表现为对永恒不死的来世的希求，也表现为永远不满足于现

---

① ［德］埃德蒙德·胡塞尔：《欧洲科学危机和超验现象学》，张庆熊译，上海译文出版社2005年版，第7页。
② 张志伟：《中国哲学还是中国思想——也谈中国哲学的合法性危机》，载《中国人民大学学报》2003年第2期。
③ 高旭东：《中西比较文化讲稿》，北京师范大学出版集团2012年版，第23—24页。

状的贪婪和竞争精神，使其率先开启了现代文明，并把世界各民族卷入由其主导的现代化的生存方式，并因其在经济、政治上的垄断地位而形成了文化上的霸权。

与西方文化相比，中国文化崇尚知足常乐，缺少这种否定性、批判性的思维习惯，缺乏改变世界的创造精神，儒家"信而好古"，崇尚尧、舜、禹、汤、文武、周公的时代，是一种"向后看"的文化传统。老子的哲学更进一步，把"向后退缩来维护生命的安全和长久"的观点提升到哲学层面，认为"物壮则老，是谓不道，不道早已"（《道德经·第三十章》）。孔子认为，生命的安乐与知识财富的多寡并不成正比，所谓"饭疏食饮水，曲肱而枕之，乐亦在其中矣"。老子认为知足者常乐。"孔子顾及伦理生命，并不着意于真理智慧；老子则旗帜鲜明地以生命之树反对知识之树。"孔子说："民可使由之，不可使知之。"老子则认为，圣人之治，应该使民"无知无欲"。① 西方文化追求"知识之树"，使其尽管痛苦但具有超越意向，中国文化守护"生命之树"，"对生命的安乐享受胜于对生命的超越"，但是"中国文化紧抱生命之树而无暇顾及知识之树，结果'聪明反被聪明误'，到头来吃到了苦果"②。

西方文化对本质的追求必然走向与"辩证法"相对立的"形而上学"的世界观和方法论。恩格斯在《反杜林论》中指出的："在形而上学者看来，事物及其在思想上的反映即概念，是孤立的、应当逐个地和分别地加以考察的、固定的、僵硬的、一成不变的研究对象。他们在绝对不相容的对立中思维；他们的说法是：'是就是，不是就不是；除此以外，都是鬼话。'在他们看来，一个事物要么存在，要么就不存在；同样，一个事物不能同时是自身又是别的东西。正和负是绝对互相排斥的；原因和结果也同样是处于僵硬的相互对立中。初看起来，这种思维方式对我们来说似乎是极为可信的，因为它是合乎所谓常识的。然而，常识在日常应用的范围内虽然是极可尊敬的东西，但它一跨入广阔的研究领域，就会碰到极为惊人的变故。形而上学的考察方式，虽然在相当广泛的、各依对象性质而大小不同的领域中是合理的，甚至

---

① 高旭东：《生命之树与知识之树》，河北人民出版社 1989 年版，第 42 页。
② 高旭东：《生命之树与知识之树》，河北人民出版社 1989 年版，第 1—9 页。

必要的，可是它每一次迟早都要达到一个界限，一超过这个界限，它就会变成片面的、狭隘的、抽象的，并且陷入无法解决的矛盾。因为它看到一个一个的事物，忘记它们互相间的联系；看到它们的存在，忘记它们的生成和消逝；看到它们的静止，忘记它们的运动；因为它只见树木，不见森林。"① 虽然恩格斯这里说"形而上学"的思维方式源于自然科学的研究领域，后来被英国的哲学家培根和洛克作为一种思维方法移植到哲学中，但事实上，西方哲学本身就具有形而上学的思维倾向。

西方哲学的这种形而上学取向必然导致唯心主义的认识路线。唯心主义的认识路线主张知识是先验的，又分为客观唯心主义和主观唯心主义。从柏拉图到基督教，再到黑格尔都陷入客观唯心主义的认识泥潭中。如黑格尔就认为，历史决定于某种"世界精神"，伟大人物是"世界精神的代理人"。如拿破仑代表了"世界精神"，他"骑着马，驰骋全世界，主宰全世界"。客观唯心主义的哲学传统必然强调认识的绝对性和封闭性，甚至走向极端性。

虽然随着人类自身理性的发展，17、18 世纪，客观唯心主义的认识论受到反省和批判，但人们又陷入主观唯心主义的泥潭之中。19 世纪，以青年黑格尔派和"真正的社会主义者"等为代表的社会先知们脱离实践，夸大人的理性和自我意识的能力，走不出唯心史观的理论困局。因为，既然他们认为"现实世界是观念世界的产物"，他们就会认为真理只能被少数人发现，抹杀人民群众认识世界和改造世界的主体力量。如尼采认为历史的意义在于"超人"的诞生。"超人"具有决定一切的力量，可以使千万年的历史生色。人民群众是一堆任人使用的无定形的材料，是一块需要雕刻家加工的石头。

费尔巴哈等唯物主义者虽然确立了唯物主义立场，但是在认识论上仍旧带有形而上学性，马克思称之为"直观反映论"。如，他们把世界还原成原子，试图以原子的不变的属性解释一切事物；把人还原成动物，把人类社会还原成动物世界，以永恒不变的"动物性"理解和解释人性，以动物世界永恒不变的优胜劣汰、弱肉强食的自然法则解释人类社会，从而为现存的"市

---

① 中共中央马克思恩格斯列宁斯大林著作编译局：《马克思恩格斯文集》第 9 卷，人民出版社 2009 年版，第 24 页。

民社会"辩护。马克思批判旧唯物主义的这种"直观反映论""至多也只能达到对单个人和市民社会的直观"①。"直观反映论"不理解人的实践活动的伟大意义，因为他们看不到人的认识活动的能动性和革命性，看不到人的活动的合规律性与合目的性的辩证统一，看不到人与环境的双向互动关系，即主体客体化和客体主体化；无法从实践出发理解人类社会的来龙去脉，即社会存在与社会意识的辩证统一关系，结果他们虽然从唯物主义的环境决定论出发，但最终却得出"天才"决定论的唯心主义历史观，成为"半截子唯物主义"。总之，西方文化形而上学的思维传统无法解释资本主义的"历史之谜"，也跳不出英雄史观。

（二）马克思的实践哲学对西方形而上学文化传统的突破

马克思指出西方人一直相信现实世界是观念世界的产物，希望把握绝对的真理，企图构建绝对真理的体系，以便"从天国降到人间"，指导人们改造世界。他们把发现这些绝对真理的人看作是历史的制造者，把"解释世界"当作首要任务。马克思第一次指出的西方哲学或西方文化的问题所在，就是没有对它的哲学的前提进行批判。他们不明白认识的主体——人，是实践中的人，因而是具体的、现实的、历史的、有限的人，他们的活动不是随心所欲的，而是受到一定的物质条件制约的。实践发展到哪里，他们的认识和实践才能发展到哪里。当我们承认认识的主体是具体的、现实的、历史的、有限的人以后，就不得不承认人的认识具有历史性、具体性、相对性和开放性，不得不承认人们的认识只能是"从人间升到天国"。从而，生活与意识的关系只能是这样的："在改变自己的这个现实的同时也改变着自己的思维和思维的产物。不是意识决定生活，而是生活决定意识。"②马克思立足于人的实践活动，把人看成是社会实践活动中的人，把实践的观点引入本体论、认识论和历史观，令人信服地揭示了现实世界，包括自然界、人自身和

---

① 中共中央马克思恩格斯列宁斯大林著作编译局：《马克思恩格斯文集》第1卷，人民出版社2009年版，第502页。

② 中共中央马克思恩格斯列宁斯大林著作编译局：《马克思恩格斯文集》第1卷，人民出版社2009年版，第525页。

社会意识、人类社会等现象的运动、变化、发展的根本原因和客观规律，突破了西方两千多年形而上学的文化传统，为人类建构起一种全新的世界观和方法论。

马克思还从实践的社会历史性出发，揭示了社会意识的阶级性本质，对西方形而上学的文化传统给予了釜底抽薪式的打击。马克思和恩格斯早在《德意志意识形态》中就揭示了作为文化核心的意识形态的阶级性和虚假性，指出其代表的主要是统治阶级的特殊利益。"统治阶级的思想在每一时代都是占统治地位的思想。这就是说，一个阶级是社会上占统治地位的物质力量，同时也是社会上占统治地位的精神力量。支配着物质生产资料的阶级，同时也支配着精神生产资料，……占统治地位的思想不过是占统治地位的物质关系在观念上的表现，不过是以思想的形式表现出来的占统治地位的物质关系。"① 总之，至今一切社会意识形态都是为阶级斗争服务的，"每一个企图取代旧统治阶级的新阶级，为了达到自己的目的不得不把自己的利益说成是社会全体成员的共同利益，就是说，这在观念上的表达就是：赋予自己的思想以普遍性的形式，把它们描绘成唯一合乎理性的、有普遍意义的思想"②。

马克思指出，资产阶级借助形而上学的方法论，以抽象的人性论虚构一种人类社会的原始状态，作为其文化的立论基础。他们把人的自然属性和自然界弱肉强食的竞争法则生搬硬套到人类社会，试图把资产阶级的利己主义观念，资产阶级的道德、宗教、教育、哲学、政治、法律等观念、观点合理化，并使之成为绝对的、永恒的真理，发挥意识形态为经济基础服务的本质功能。学者赵汀阳说："马克思主义在文化分析上引入'阶级分析'，这是划时代的知识论突破。"③

马克思和恩格斯还指出，统治阶级要想维护自己的统治，客观上需要宣扬唯心史观。因为，无论是客观唯心主义还是主观唯心主义，它们的主体

---

① 中共中央马克思恩格斯列宁斯大林著作编译局：《马克思恩格斯文集》第1卷，人民出版社2009年版，第550—551页。

② 中共中央马克思恩格斯列宁斯大林著作编译局：《马克思恩格斯文集》第1卷，人民出版社2009年版，第552页。

③ 赵汀阳：《没有世界观的世界》，中国人民大学出版社2005年版，第230页。

都跟处在社会底层的劳动人民无关，这样就悄悄地抹杀了广大人民群众认识世界和改造世界的主体作用，有利于遏制劳动人民批判和反抗现存制度的进步运动。马克思和恩格斯在《德意志意识形态》中精彩地揭露了统治阶级构建历史唯心主义的全部戏法：首先是把统治阶级的思想同统治阶级本身分隔开来，使统治阶级的思想获得一种貌似独立的地位。然后使这些思想之间看似具有某种逻辑秩序或神秘的联系，从而使这种独立出来的思想具有了一种"概念的自我规定"性。这样就割断了思想和其现实基础的联系，彻底地把这些思想独立化、神秘化，好像这些思想本身有自己独立的历史和独立的发展。最后，为了消除这种"自我规定着的概念"的神秘外观，便把它变成某种人物——"自我意识"或"思维着的人""哲学家""意识形态家"等。

为了具体驳斥资产阶级关于资本主义的世界观和价值观绝对性和永恒性的神话，揭露其历史暂时性，马克思和恩格斯运用历史唯物主义的世界观分析了资产阶级及其价值观念登上历史舞台的现实过程。这就是《共产党宣言》中所说的：从中世纪的农奴中产生了初期城市的城关市民；从这个市民等级中发展出最初的资产阶级分子。代表先进生产力的资产阶级为了获得自由贸易和自由买卖的权利，为了和王权、贵族争夺统治权，开展了轰轰烈烈的启蒙运动，提出了"自由""民主""平等"等口号。资产阶级高扬人的理性，对封建专制制度和宗教的观念束缚等展开了猛烈的批判。随着生产力的发展以及世界市场的开辟，他们不断发展壮大，最后夺取政权，用资本主义的生产方式取代了原来的封建的生产方式，极大地解放了生产力。代表资产阶级意志和利益的资产阶级文化作为"资产阶级的生产关系和所有制关系的产物"也登上历史舞台。资产阶级把从属于私有制阶级社会的，特别是资本主义社会的利己观念当成是永恒不变的观念。

马克思、恩格斯辩证地指出资产阶级意识形态的历史进步性和历史局限性。一方面，资本主义生产方式相对于封建专制、相对于人们过去那种自给自足的农业生产方式和闭关自守的隔绝状态来说，它使个人挣脱了人对人的血缘依赖关系，进入以物的依赖为基础的人的独立性发展。因此，资产阶级用于推翻封建社会思想统治的世界观和价值观具有一定的历史进步意义。它关于"分权"的学说、关于"自由竞争"的价值理念、关于信仰自由和宗教自由的思想等，虽然只是资产阶级要求自由贸易、自由买卖的需要，但是这些价值观念毕竟启发和教育了从封建专制以及人身依附关系中摆脱出来的无产阶级，并且由于资产阶级在各种政治斗争中不得不求助于无产阶级，无产阶级被动地卷进了各种政治运动中，"于是，资产阶级自己就把自己的教育因素即反对自身的武器给予了无产阶级"①，大规模地提升了无产阶级的革命觉悟。

但是另一方面，资产阶级把受资本逻辑支配的人的原子式的存在方式以及"市民社会"人与人之间赤裸裸的金钱关系，当成是最合乎理性的，因而是人的永恒不变的存在方式和交往方式。马克思揭露：在貌似自由、平等的等价交换关系中，工人阶级由于没有生产资料，也就没有真正的自由，有的只是出卖劳动力的自由，"工人仅仅为增殖资本而活着，只有在统治阶级的利益需要他活着的时候才能活着"②。在《1844年经济学哲学手稿》中，马克思通过异化劳动的四个方面的详细分析，揭示了资本主义社会存在着严重的产品异化、劳动异化、人的本质异化以及关系异化。因此，马克思指出，资产阶级的生产方式是以牺牲广大工人阶级的自由发展为代价的，它将随着生产力的发展而再次被否定。1825年以来，资本主义反复爆发的经济危机说明"资产阶级不仅锻造了置自身于死地的武器；它还产生了将要运用这种武器的人——现代的工人，即无产者"③。马克思、恩格斯认为资产阶级的文化观念必将随着阶级对立的消失而消失。因为"共产主义革命就是同传统的所有制关系实行最彻底的决裂；毫不奇怪，它在自己的发展进程中要同传统的观念实行最彻底的决裂"④。

---

① 中共中央马克思恩格斯列宁斯大林著作编译局：《马克思恩格斯文集》第2卷，人民出版社2009年版，第41页。
② 中共中央马克思恩格斯列宁斯大林著作编译局：《马克思恩格斯文集》第2卷，人民出版社2009年版，第46页。
③ 中共中央马克思恩格斯列宁斯大林著作编译局：《马克思恩格斯文集》第2卷，人民出版社2009年版，第38页。
④ 中共中央马克思恩格斯列宁斯大林著作编译局：《马克思恩格斯文集》第2卷，人民出版社2009年版，第52页。

马克思认为西方文化无论在过去还是现在，都没有能够很好地实现人的自由和解放，给人以幸福的体验。曾经，西方文化的形而上学性、阶级性导致西方文化在柏拉图之后走向客观唯心主义的宗教文化，人们匍匐在上帝脚下，放弃了自己的努力，把人生的幸福寄托于来世。马克思揭示："宗教是还没有获得自身或已经再度丧失自身的人的自我意识和自我感觉。……宗教是人的本质在幻想中的实现，因为人的本质不具有真正的现实性。"① "宗教是被压迫生灵的叹息，……宗教是人民的鸦片。"② 总之，宗教许诺给人民的是虚幻的幸福。这就是马克思对西方宗教文化及其文化异化的一种批判。因此，马克思充分肯定青年黑格尔派对德国宗教的批判，认为"对宗教的批判是其他一切批判的前提"③，并指出："这种批判撕碎锁链上那些虚幻的花朵，不是要人依旧戴上没有幻想没有慰藉的锁链，而是要人扔掉它，采摘新鲜的花朵。对宗教的批判使人不抱幻想，使人能够作为不抱幻想而具有理智的人来思考，来行动，来建立自己的现实。"④

进入资本主义社会以后，人们逐渐从宗教的束缚和小农生产方式中摆脱出来，有可能通过普遍的交往而丰富自己的社会性器官，有可能通过社会的联合而能动地改造客观世界，在本质力量对象化的劳动过程中体验人生的价值和幸福。正如马克思在《1844年经济学哲学手稿》中所说的那样："工业的历史和工业的已经生成的对象性的存在，是一本打开了的关于人的本质力量的书，是感性地摆在我们面前的人的心理学。"⑤ 黑格尔高度肯定劳动的积极意义，把劳动看成是劳动者规定和改造劳动对象、对象化自己自由本质的一种手段，劳动的过程和结果是人的自我肯定和主体本质力量的自我确证。马

---

① 中共中央马克思恩格斯列宁斯大林著作编译局：《马克思恩格斯文集》第1卷，人民出版社2009年版，第3页。
② 中共中央马克思恩格斯列宁斯大林著作编译局：《马克思恩格斯文集》第1卷，人民出版社2009年版，第4页。
③ 中共中央马克思恩格斯列宁斯大林著作编译局：《马克思恩格斯文集》第1卷，人民出版社2009年版，第3页。
④ 中共中央马克思恩格斯列宁斯大林著作编译局：《马克思恩格斯文集》第1卷，人民出版社2009年版，第4页。
⑤ 中共中央马克思恩格斯列宁斯大林著作编译局：《马克思恩格斯文集》第1卷，人民出版社1995年版，第192页。

克思批判黑格尔只看到了劳动的积极作用，没有看到劳动的消极作用，因为私有制下的劳动具有奴役性质，这种劳动使劳动过程具有强制性和否定性。异化劳动让工人厌恶劳动，像躲避瘟疫那样逃避劳动，"结果是，人（工人）只有在运用自己的动物机能——吃、喝、生殖，至多还有居住、修饰等等——的时候，才觉得自己在自由活动，而在运用人的机能时，觉得自己只不过是动物。动物的东西成为人的东西，而人的东西成为动物的东西"①。

马克思同时揭示资本主义社会的拜物教文化让人再次迷失自己。这是因为，在资本主义商品社会，社会生产者劳动关系的社会性质——"我为人人，人人为我"，只有采取商品之间，即物与物之间相交换的形式才能间接地实现。这就使人们之间一定的社会关系被物与物的关系掩盖，具有了拜物教性质。商品生产者不能自己掌握自己的命运，而是听凭商品、价值、货币运动的摆布。"它使人和人之间除了赤裸裸的利害关系，除了冷酷无情的'现金交易'，就再也没有任何别的联系了。它把宗教虔诚、骑士热忱、小市民伤感这些情感的神圣发作，淹没在利己主义打算的冰水之中。它把人的尊严变成了交换价值，用一种没有良心的贸易自由代替了无数特许的和自力挣得的自由。……资产阶级抹去了一切向来受人尊崇和令人敬畏的职业的神圣光环。它把医生、律师、教士、诗人和学者变成了它出钱招雇的雇佣劳动者。"②资本主义社会把人逼成自私自利的原子式的个人，使人丧失其真正的社会性，人的本质也随之丧失。因此，这种"市民社会"的文化不能使人安身立命。"人们终于不得不用冷静的眼光来看他们的生活地位、他们的相互关系。"③

综上所述，马克思把现实世界看作是人的实践活动的产物，既避免了纯粹经院哲学的思辨，使人们能够客观地、实证地研究各种社会现象，把握它们相互之间的现实逻辑关系，实现历史与逻辑的统一，又建立起一种实事求

---

① 中共中央马克思恩格斯列宁斯大林著作编译局：《马克思恩格斯文集》第1卷，人民出版社2009年版，第160页。
② 中共中央马克思恩格斯列宁斯大林著作编译局：《马克思恩格斯文集》第2卷，人民出版社2009年版，第34页。
③ 中共中央马克思恩格斯列宁斯大林著作编译局：《马克思恩格斯文集》第2卷，人民出版社2009年版，第35页。

是的方法论，使人们自觉地站在前一代人的基础上，推进人类改造世界、争取自身解放的伟大事业。马克思、恩格斯说："共产主义和所有过去的运动不同的地方在于：它推翻一切旧的生产关系和交往关系的基础，并且第一次自觉地把一切自发形成的前提看作是前人的创造，消除这些前提的自发性，使这些前提受联合起来的个人的支配。"[1]

马克思创立的"辩证唯物主义"照见了西方形而上学思维的文化局限性。但遗憾的是，马克思对西方的文化批判并没有引起西方国家的足够重视。究其原因，一方面是近代以来，西方国家开启和推动的资本主义生产方式使其在世界经济中处于领先和垄断的地位，相应地在文化上也就超级自信、自满和自负，故步自封，听不进相反的意见；另一方面，为了维护垄断资产阶级在国内、国际分工关系中的垄断利益，垄断资本主义到处推行它的"所谓的文明"。

第二节　中西文化关于"对立统一规律"的理解与侧重

辩证法的内涵在西方文化历史上经历了几个阶段的发展，最后发展到黑格尔和马克思这里，辩证法被定义为"关于事物联系和发展的科学"，它的主要特征是承认世界的普遍联系与永恒发展，从动态中考察事物运动变化的规律，主要包括对立统一、量变质变、否定之否定规律。其中对立统一规律是辩证法的实质和核心，由矛盾的同一性规律和斗争性规律组成。矛盾的斗争性和统一性原本是相互依赖、不可分割的，"但人们可以从斗争立论，包纳统一，也可以从统一立论，包纳斗争"[2]。由于人们对客观世界的反映具有主观能动性，即对信息的接受具有选择、重组、整合、建构等能动性，中西文化对矛盾的同一性规律和斗争性规律的理解与侧重不同。西方文化强调矛盾的斗争性，强调"贵斗"哲学，倾向于破坏；中国文化强调矛盾的同一性，

---

[1]　中共中央马克思恩格斯列宁斯大林著作编译局：《马克思恩格斯文集》第1卷，人民出版社2009年版，第574页。
[2]　牟钟鉴：《中国文化的当下精神》，中华书局2016年版，第278页。

强调"贵和"哲学，倾向于建设。中西文化思维方式、价值观念、行为模式上的差异在很大程度上可以从这里得到解释。

一、西方文化对矛盾斗争性的重视

虽然西方辩证法主要形成和发展于辩论术，但自然界的客观辩证法也会作用于人的意识，使人形成辩证法的认识。赫拉克利特就是在这种意义上被称为古希腊辩证法的奠基人，他提出："实体不是由一些事物构成，而是由持续不断的创造和毁灭的过程构成"，"万物皆流，无物长久；万物皆变，无物常驻"。但无论是思辨性的辩证法还是对客观辩证法正确反映的主观辩证法，西方文化都比较强调矛盾的对立、对抗，强调矛盾的斗争性对于事物发展的动力价值。赫拉克利特认为"争战创生出万物""冲突使世界充满生气""战争既是万物之父，也是万物之王""斗争即正义"，万物只有通过与他物的对抗、斗争才能成其为自身，胜利者成为"自由者"，失败者成为"奴隶"。否则，万物就会因无法显现自身而处于寂然状态。因此，万物的生存原则是争战。赫拉克利特的这一思想，对西方政治文化思想产生了深远的影响。苏格拉底思辨的辩证法认为，要通过辩论双方的相互否定才能推进真理性的认识，他和柏拉图把事物分为现象和本质，把世界分为现实的世界和理念的世界。

梁漱溟先生认为，西方文化的这种对立、对抗性思维还与西方社会的组织结构有关。他在《中国文化要义》一书中指出，西方社会是以集团为单位组织生活，这是西方人形成对立、对抗性思维的重要原因。因为团体意味着界别，团体的存在需要内部的团结和外部的竞争。集团内部统治过强容易引起争自由、争民主的"个人本位主义"的反动；集团之间为了争夺权力而斗争频繁，致使西方千余年来宗教斗争、政治斗争、种族斗争、私人恩怨引发的频繁而激烈的斗争难解难休。梁先生指出："团体与斗争，殆相连不离。……反之，散漫与和平相连。西洋自有基督教以后，总是过着集团而斗争的生活——虽然基督教是主张和平的。中国自受周孔教化以后，大体过着散漫而和平的生活——虽然孔子亦说'必有武备'的话。"①

西方近代自然科学研究所用的形而上学方法也不断强化西方文化的对立性思维。自然科学为了获得事物确定性的概念和判断，不得不将研究对象分门别类，并把研究对象看作是静止不变的。久而久之，这种不得已的形而上学的研究方法逐渐固化成形而上学的思维模式。对此，恩格斯在《反杜林论》中批判当时的形而上学者："在他们看来，一个事物要么存在，要么就不存在；同样，一个事物不能同时是自身又是别的东西。正和负是绝对相互排斥的；原因和结果也同样是处于僵硬的相互对立中。"②

近代以来，伴随资本主义发展起来的市场经济、"市民社会"和原子式的个人、殖民侵略可谓西方斗争文化的题中应有之义，作为一种社会存在反过来又固化了人们的分离和斗争意识。马克思在《1844年经济学哲学手稿》中生动地描述了资本主义制度下工人之间为了就业机会展开的无奈竞争、工人和资本家之间为了工资展开的敌对斗争、资本家之间为瓜分利润而展开的激烈竞争、资本家和土地所有者之间因地租而展开的复杂竞争。马克思指出，在私有制社会，"每个人都指望使别人产生某种新的需要，以便迫使他做出新的牺牲，以便使他处于一种新的依赖地位并且诱使他追求一种新的享受，从而陷入一种新的经济破产。每个人都力图创造出一种支配他人的、异己的本质力量，以便从这里面找到他自己的利己需要的满足"③。

19世纪末，西方国家为了把资本主义剥削导致的社会不平等合法化，同时也为欧洲殖民政策的合法性辩护，而大肆宣传"社会达尔文主义"，把达尔文在1859年发表的《物种起源》中关于自然界中存在着的残酷的"生存竞争"规律套用到社会政治领域。"社会达尔文主义之父"赫伯特·斯宾塞说："人之间的战争，就像动物间的战争，极大地推动了其组织向更高阶段

---

① 梁漱溟：《中国文化要义》，上海人民出版社2011年版，第56页。
② 中共中央马克思恩格斯列宁斯大林著作编译局：《马克思恩格斯文集》第9卷，人民出版社2009年版，第24页。
③ 中共中央马克思恩格斯列宁斯大林著作编译局：《马克思恩格斯文集》第1卷，人民出版社2009年版，第223页。

的发展。"① 于是"竞争""民族主义""种族主义""优劣等级"等概念成为西方意识形态的主流话语。这些话语向人们反复灌输"优胜劣汰""弱肉强食"的正当性，加剧了人与自然、人与社会、人与他人的对立和紧张关系。1900—1909 年任德意志帝国总理的伯恩哈德·冯·比洛宣扬战争"不仅是生物学法则，而且是一种道德义务，同时也是文明中一种必不可少的要素"，战争是"缔造生命的原则"，缺少了战争人类将陷于"堕落"和"倒退"。社会达尔文主义不仅反对"慈善"，而且也反对启蒙运动追求的"永久和平"的人道主义和博爱理想。20 世纪上半叶，西方国家又把全世界卷进两次世界大战和一次世界性的经济危机，给人类带来巨大灾难。由于战后西方主要国家在国际分工中一直占据垄断地位，其居高临下、趾高气扬的文化心理使其继续奉行唯我独尊、对立、对抗、零和博弈的思维模式。法国哲学家萨特有句名言——"地狱就是别人"，如果用以概括西方民族的文化心理，则是最恰当不过的，但这绝对不是中华民族的世界观和文化心理。

美国学者安乐哲等西方汉学家比较中西文化的差异时指出，西方哲学风格所看到的宇宙，是只有一个秩序，是直线式因果关系的，或者说是"A 决定 B""如果……就……"那种定理模式般的世界。它认为一切现象都是依赖一个并且只有通过一个超越的、创世的神才能获得意义。因此，黑格尔说中国文化是专制主义完全是对中国文化的误解，恰恰是西方这种本质主义、理性主义思维会形成绝对主义和专制主义。过去是西方的上帝，近代以来是西方的理性，都承担着专制的使命。随着世界历史的展开，人们发现西方文明制造的世界图景就是这般模样：在人与社会的关系上过分强调个人权利和自由，美其名曰"自由主义"；在人与自然的关系上过分强调"人类中心主义"；在与其他文化的相处上过分强调"西方中心主义"，认为西方标准就是世界标准，强行推行自己定义的"普适价值"；等等。处处体现出西方文化两极对立的思维习惯以及与之相应的唯我独尊、排斥异己的霸道性文化基因，这些可以说是西方文化的必然逻辑。

---

① 转引自周保巍：《"社会达尔文主义"述评》，载《历史教学问题》2011 年第 5 期。

从源远流长的奥林匹克运动会，到达尔文的"物竞天择"理论，再到充满竞争的商品经济，西方社会不仅崇尚竞争精神，而且倾向于二元对立思维。在西方文化的视域中，主体与客体、人与自然、感性与理性、上帝与恶魔、灵魂与肉体的二元文化概念泾渭分明，并且都处于一种对峙状态，一个似乎总要支配另一个，由此而处于激烈的对立冲突当中。马克斯·韦伯曾经分析资本主义的文化精神论，他认为资本主义的发展根源于基督教新教徒关于自己是上帝的"选民"还是"弃民"的焦虑。20世纪90年代美国学者亨廷顿提出"文明冲突论"，冷战后的世界，冲突的基本根源不再是意识形态，而文化方面的差异，使得主宰全球的将是"文明的冲突"。

今天，随着中国的崛起，国际关系面临深度调整，世界进入百年未有之大变局，人类社会的私有制度和竞争机制不可能在短时期内退出历史舞台，与之相伴随的你死我活、以邻为壑、零和博弈的思维模式也不可能在短时期内退出历史舞台。一些人开始鼓吹和炒作"修昔底德陷阱"，即认为守成大国和新兴大国必有一战，这种观点再次凸显西方文化缺乏构建新式文明的战略想象力，深陷对抗性思维惯性。

不断推进的人类生产的社会化、国际化运动使地球成为地球村，各民族成为地球村的村民，世界人民正处在前所未有的相互依赖、命运与共的世界历史进程中。社会存在决定社会意识，一体化的世界需要人们扬弃孤立地、对立地看问题的思维方式，从合作共赢的思维模式出发积极建设人类命运共同体。从辩证法的层面来说，就是把思维的目光转向矛盾的同一性。

二、中国传统文化对矛盾同一性的重视

中国文化具有悠久、厚重的唯物辩证法传统。距今五千多年，中国最早的哲学著作《易经》阐述的就是"阴阳变化"之道。更为重要的是，由于孔子对《周易》的称赞，《易经》被儒门奉为圣典，群经之首，是古代读书人必读的作品。这样就使《易经》的辩证法思想广泛地贯穿于中国的哲学、史学、文学、宗教、自然科学及社会科学之中，并且通过中医、中药、气功、伦理等渗透于普通百姓的文化基因之中。在矛盾的斗争性和同一性问题上，中国

文化比较强调矛盾的同一性。例如，当古希腊的辩证法大师赫拉克利特提出"争战创生出万物"的时候，中国的先哲们却提出"和实生物"的观点。西周时期的史伯曰："夫和实生物，同则不继。以他平他谓之和，故能丰长而物归之。若以同裨同，尽乃弃矣。故先王以土与金木水火杂，以成百物。是以和五味以调口，刚四支以卫体，和六律以聪耳……"又云："声一无听，物一无文，味一无果，物一不讲。"（《国语·郑语》）"同"是事物的简单堆砌，并不能产生新事物；"和"是不同事物的合作，相互融合产生出新的事物。正如声音单调不好听，颜色单一无色彩，一种味道就没有滋味一样的道理，中国人很早就发现万物相和相生的道理。因此，中国传统辩证法非常重视矛盾双方相互依赖、相互转化的同一性规律而不是矛盾双方相互斗争、相互排斥的斗争性规律。

中国传统辩证法对矛盾同一性的重视使中华民族成为当之无愧的"爱好和平"的民族，从不把外在于人的世界看成是对立、对抗的关系，相反，中华民族很早就具有一种共同体的"和谐共生"意识，对周围世界充满友好的态度。正如《礼记·中庸》所说的"万物并育而不相害，道并行而不相悖"，中国文化特别强调包容，认为天地之所以能够成就其大，在于它能够承载一切，包容万物。所谓"道法自然"，中国人认为，世界之大，人口之多，要允许不同的政治主张和社会制度、不同的社会体制、不同的民族、不同的信仰相互并存，国与国之间和人与人之间多一些理解和包容，少一点排斥倾轧，和平共处相互协作，这样才能够做到共存共赢。包容精神的本质是对矛盾同一性的重视，体现为中国人对"和合"之道的追求。当人与自然、人与他人的关系产生矛盾时，中国人总是想方设法找到化解矛盾、和平解决问题的途径。大禹不用堵而用疏导的方法治水的智慧，被中国人奉为处理人与自然矛盾关系的典范，并纷纷效仿。秦国蜀郡太守李冰秉持"深淘滩、低作堰""乘势利导、因时制宜""遇湾截角、逢正抽心"等治水方略，率众修建了都江堰水利工程，再次体现了中国人和平解决人与自然矛盾的高超智慧。在处理人与人的关系问题上，中国文化也是通过寻求最大共识的方法来化解矛盾，或者以屈己安人的方法来减少矛盾冲突。舜以孝心感化后母的传说，被中国人奉为处理人与人矛盾关系的典范，同样被后人效仿。在处理人与世界的矛盾关系中，中国人没有采取西方式的咄咄逼人，而是选择了"吃亏是福""退一步海阔天空"等以退为进的人际交往智慧。

中国文化对矛盾同一性的重视跟中国悠久的农业生产方式有关。恩格斯在《自然辩证法》中指出，所谓主观辩证法即辩证的思维，不过是客观辩证法在人们思维中的反映而已。《易经》曰："观乎天文，以察时变"，"财成天地之道，辅相天地之宜"（《周易·泰》）。《道德经》曰："人法地，地法天，天法道，道法自然。"这些都说明中华民族是通过观察、分析自然现象把握天地运行规律的。中华民族在与自然界打交道的过程中，面对生生不已的自然现象，大自然中"到处盛行的"对立统一关系很早就被人们意识到，并且人们逐渐把握到自然界内部各要素之间循环往复的物质能量交换关系，形成了整体性的宇宙观和整体性的思维方式。

中国文化认为宇宙是一体而有机的，天地间的每个成分跟其他的成分相互关联，在这样的宇宙观里，没有绝对的矛盾，只有相对的矛盾。在中国人的文化视域中，自然界的一切构成要素都是协同鼎新的共生关系。事物之间的差异不存在价值的高低，而是阴阳偶对的关系，如《易传》以"一阴一阳之谓道"立论，认为相反属性的事物或同一事物的相反属性总是并存着，它们相反相成，"万物负阴而抱阳，冲气以为和"（《道德经·第四十二章》），不是阴打败阳或阳打败阴，而是阴阳结合才能演变出万物。"阴阳和合"的宇宙观是中国传统辩证法的精髓。安乐哲和田辰山指出，中国文化中的阴阳不是相互排斥，而是相互需要。如上需要下，前需要后，美需要丑，每一端只能借助另一端获得自己的规定性。有一物必有与之相反者以对之，二物相系不离。也就是说，中国的辩证法思维不是上帝跟魔鬼，阴和阳不是哪个好哪个不好，而是可以相互渗透和补充，阴中有阳，阳中有阴，同一个人对你来说是阳，对他人来说是阴，非常灵活。不是一边是绝对圣洁，一边是绝对邪恶。可以融合多种相互矛盾的思想和事物，是中国文化的典型特征。

在阴阳相反相成的对立关系中，二者相互作用，导致不可避免的变化。农业生产方式使中国人对自然界的运动变化非常敏感，在"寒来暑往""冬去春来""生老病死"的循环往复、永恒轮回中，先民们深深地感受到相反相成，矛盾向它的对立面转化是大自然的运动规律。老子曰："人之生也柔弱，其死也坚强。草木之生也柔脆，其死也枯槁。故坚强者死之徒，柔弱者生之徒。"（《道德经·第七十六章》）又说："天下莫柔弱于水，而攻坚强者莫之能胜。"（《道德经·第七十八章》）意思是天下没有比水更柔弱的，但攻坚克强却没有什么能胜过它。

阴阳互动，生生不已，导致世界总是处在变化之中。《易传》提出"天地革而四时成"，"天行健，君子以自强不息"，意思是世界的流变是通过一系列变革、革新形成的，人也必须与时偕行，要"通变""革命"。总之，中国人从自然现象中看出了对立面相互依赖、相互转化的规律，黑格尔说，阴阳观念是中国人智慧的全部科学，指的正是中国哲学中的朴素的辩证法思想。

中国传统辩证法对矛盾同一性的重视还跟中国社会的组织方式有关。梁漱溟先生认为中国文化是以伦理组织社会，不似西方文化以集团组织社会，这就使中国社会的阶级对立和冲突不强。他在《中国文化要义》一书中指出："假如西洋可以称为阶级对立的社会，那么，中国便是职业分途的社会。"[1] 中国历史上自给自足的小农生产中"土地集中垄断之情形不著，一般估计，有地的人颇占多数"[2]。工商业依附于农业，生产和资本集中不著，遗产均分的习俗加剧了财产占有的分散化。所以"秦汉以来之中国，单纯从经济上看去，其农工生产都不会演出对立之阶级来"[3]。"两千年来，常常只是一种消极相安之局，初未尝举积极统治之实。"[4] 相对封闭、狭隘的小农经济生活虽然不利于扩大人们的社会交往，但是只要没有外族的入侵，中国人在"小富即安"的价值理念下，还是比较容易过上平凡、真实、快乐的生活的。中国人很早就把文化的重心从人与自然的关系上转移到人与人的关系上，安心经营以家庭为细胞的社会生活，家庭生活强调的是爱和相互融合的能力。儒家文化致力于培养人们从家庭伦理生活中体验人生快乐的能力。林语堂先

---

① 梁漱溟：《中国文化要义》，上海人民出版社 2011 年版，第 134 页。
② 梁漱溟：《中国文化要义》，上海人民出版社 2011 年版，第 143 页。
③ 梁漱溟：《中国文化要义》，上海人民出版社 2011 年版，第 145 页。
④ 梁漱溟：《中国文化要义》，上海人民出版社 2011 年版，第 149 页。

生指出，中国人的幸福无非四件事：一是睡在自家床上；二是吃父母做的饭菜；三是听爱人讲情话；四是跟孩子做游戏。

中国伦理主义的家庭生活与古希腊城邦式的政治生活很不一样。前者是以血缘、情感纽带维系的，把自我深深地融入家族生活中，成为"关系人中的人"；后者则以契约关系为纽带，通过商业竞争或武力竞争、理性思辨等参与公共生活，成为相互批判、相互否定的独立的个人。家庭生活不能用城邦生活的那套利益权衡和算计机制来协调，如果用"人性恶"为文化发展的立论前提去设计和驱动家庭、家族生活的运行机制，用竞争或斗争来处理相互关系，用法律、规章制度相互制约，家庭迟早会瓦解。家庭不是辩论场，不是争输赢的地方，而是一个讲爱的地方。所谓"大事小事争对错，再好的感情也会变淡变坏"。

家国一体的社会结构使中华民族几千年来较少产生西方那种对抗、对立的阶级意识或种族意识，甚至连国家意识也是近代才有的。在中国家国一体的社会结构下，一方面人与人的关系是相依相系的，权利与义务被掩盖在温情或伦理关系之下，常常是一团乱麻剪不断理还乱，无法用分离、孤立、对立、静止的思维去计量、分析和研究。另一方面，人不是静止不变等待主体认识的被动客体，作为"此在"的人的感情、观念时刻在变，人与人的关系只能用联系互动的、变化发展的、整体长远的思维去把握。中国人正是在处理伦理关系的生活实践中，点点滴滴地确证和汇聚着辩证法的生存智慧，逐渐形成了运用辩证法的思维方法化解生活中各种矛盾的思维能力。辩证法的思维方式渗透于中华民族生活的方方面面。如群体本位的价值理念、伦理本位的社会生活、辨证施治的医药文化，以及在政治、军事和教育活动中，其主要特点是从宏观、整体、系统、生成变化的角度研究问题，善于"执两用中"，善于平衡矛盾，善于促进矛盾双方的转化，即"变通"。

中国人不像西方人那样追求彼岸的生活而否定此岸的现实生活，中国文化对现实持肯定和认同的态度。相应地，中国文化把生看得很重，所谓"天地之大德曰生"（《周易·系辞下》）。中国人直观地认为对立、冲突常常造成两败俱伤，给生命造成极大的痛苦。所以在矛盾的同一性和斗争性原理上，中国文化更偏重于矛盾的同一性原理，在此基础上形成了"致中和"的文化取向。中国人一贯主张"和为贵"，不仅认为"和实生物"，而且认为"和气生财"，"合作共赢""天时不如地利、地利不如人和""家和万事兴"等人生智慧已经成为中国人文化性格中的重要内容。中国文化认为只有通过"中和"使万物各安其位、各尽其性，才能生生不息。因此，中国文化虽然承认矛盾，但把矛盾主要理解为一种有助于"和实生物"的差异，而不是非此即彼、零和博弈关系下的排斥和对立。

李泽厚先生指出，与西方的罪感文化和日本的耻感文化不同，儒家文化的特色是乐感文化。《论语》首章："子曰：学而时习之，不亦说乎？有朋自远方来，不亦乐乎？"突出"悦""乐"二字。中国乐感文化表现在中国人知足常乐的能力上，他关注事物和谐共生的一面胜过矛盾冲突的一面，这样的思维模式使中国人能在平凡的生活中发掘出生活的美好和诗意。在中国文化的语境中，审美能力与文化水平直接挂钩，历史上，中国文人竞相留下无数赞美生活、赞美自然的诗词画作。如"农夫荷锄立，相见语依依"，"鹅湖山下稻粱肥，豚栅鸡栖半掩扉。桑柘影斜春社散，家家扶得醉人归"，"莫笑农家腊酒浑，丰年留客足鸡豚"，"采菊东篱下，悠然见南山"等，很多文学作品都生动地刻画了中国人平凡和真实的快乐生活。中国文化发现快乐的能力反过来说明中国文化更关注矛盾的同一性。

一个民族的本体论思想也会影响他的思维模式。西方文化的形而上学性跟它的"理念"本体论或"原子"本体论的宇宙观是直接相关的。与之相反，中国文化占主流地位的本体论思想是"气本体"的宇宙观。传说中的中国人文始祖伏羲创立的八卦就蕴含着"气本体"的智慧。西周末伯阳父有"天地之气，不失其序"的说法。战国时庄子认为"人之生，气之聚也，聚则为生，散则为死……故曰通天下一气耳"（《庄子·知北游》）。东汉王充提出"元气自然论"，认为"天地合气，万物自生"，"气之生人，犹水之为冰也。水凝为冰，气凝为人"（《论衡·论死篇》）。北宋张载在其著《正蒙·太和篇》中提出"元气本体论"，肯定一切存在都是气。他说："凡可状皆有也，凡有皆象也，凡象皆气也"（《正蒙·乾称篇》），"太虚无形，气之本体，其聚其散，变化之客形尔"(《正蒙·太和篇》)。明清之际王夫之以"虚空皆气"之说发挥、发展了元气本体论。元气学说以元气作为构成世界的基本物质，以元气的运动变化来解释宇宙万物的生成、发展、变化、消亡等现象。

"气本体"的宇宙观必然对应于唯物主义的辩证法，因为：一方面气具有浮沉升降的本性，中国文化因此重视运动、变化和生成的观念，这也是中国文化不喜用固定、僵化的概念把握世界的一个重要原因；另一方面"气"是一以贯之的，中国文化因此更强调天地万物一体的观念，即认为天地万物和人形成了一个有机的整体，人只是这个系统中的主导要素。

邓晓芒教授多次谈到，中国人对西方辩证法和马克思的辩证法的诠释受到自己传统文化"前见"的影响而没有理解到位。[①] 暂且不说中国人对西方辩证法的诠释是否到位，中国人的确是把矛盾理解为"差别"。邓晓芒教授也承认：多样差别的联系、对立面的统一也是辩证法的体现。那么，中国辩证法"承认、赞成、允许彼此有差异、有区别、有分歧，然后使这些差异、区别、分歧调整、配置、处理到某种适当的地位、情况、结构中，于是各得其所，而后整体便有'和'—— 和谐或发展"[②]，恰恰体现出中国文化的协调、合作能力。

对此，一些西方学者站在中西文化比较的视角对中国人的价值取向和思维方式做了比较精彩的分析。早在 17 世纪末，莱布尼茨在其《中国近事》一书中就高度肯定中国文化关于和谐、和平的价值取向。他说"中国人蔑视一切在人类之间制造和诱导暴力的东西"，以及"中国的整个典章制度是多么出色，可与别的民族的形成鲜明对比，整个指向是取得社会稳定安宁，建立社会秩序，这样人们之间关系尽最大可能避免不和谐"[③]。当代法国汉学家葛兰言（Marcel Granet）在其《中国人的思想》一书中概述中国人的思维特征是"关联性思维"，第一次提出中国文化是一种互系性思维方式的观点。英国汉学家葛瑞汉（A.C.Graham）继承了葛兰言的观点，并在其《论道者：中国

---

① 邓晓芒：《实践唯物论新解：开出现象学之维》，武汉大学出版社 2007 年版，第 357 页。
② 李泽厚：《论语今读》，中华书局 2015 年版，第 256 页。
③ 转引自安乐哲：《儒家角色伦理学》，山东人民出版社 2017 年版，第 7—8 页。

古代哲学论辩》一书中进行了详细的分析，将它作为中西思维差异的主要特点。安乐哲在其《儒家角色伦理学》中以"互系性思维模式"深度诠释了儒家哲学。

"互系性思维模式"的意思是："对一个事物或事件做出解释，首先你要将它纳入一种机制。这种机制是按照类比关系组建起来的。类比关系是为着这一机制而选择出来的事物或事件之间的类似关系；然后再冥思和采取行动。而这行动是这些关系所喻义的。"① 简言之，"互系性思维"不存在"A 决定 B"、一物凌驾于万物之上的观念，而是 A、B、C、D 相互联系、相互作用、相互辅佐、相互融会、相互交构等共在关系。"互系"给人一种二物相系不离的意向。安乐哲认为，"互系性思维"源自中国文化把人看作"关系性的存在"，"儒家角色伦理坚持以关系为本，不接受任何将人视为最终个体性的概念。人与人的分散、不联系是个抽象概念，也是一个误导性的虚构概念，人与人的相互关系是一个事实"②。中国人的"关系性的存在"形成于中国传统社会以家庭、家族为核心的角色生活。

美国学者田辰山比较中西辩证法后借用郝大维、安乐哲的观点，提出中国古代辩证法也是一种阴阳"互系性"的辩证法。他说："西方传统辩证法的核心是二元论，即主客对立，不可以通约，所以常常出现二元分立观点。要么是唯物论，要么是唯心论；要么是决定论，要么是意志论等。中国的辩证法则与之有很大不同。尽管中国辩证法中的核心思想也是'两极性'（polarity），如《易经》中的阴阳概念，但在这里，二者的关系不是绝然对立的，而是互为前提、不可分离的。阴阳、高低、上下、祸福，乃至主体与客体等等的关系都是'互系性'地联系着的，失去一方，另一方也就不存在了。尽管有主要与次要方面的分别，但没有绝对的永恒的分立，在一定条件下二者之间可以转化。"③

---

① 郝大维、安乐哲：《期待中国：中西文化叙述思维》，纽约州立大学出版社 1995 年版，第 124—125 页。转引自田辰山：《中国辩证法：从〈易经〉到马克思》，萧延中译，中国人民大学出版社 2008 年版，第 22 页。
② 安乐哲：《儒家角色伦理学》，山东人民出版社 2017 年版，序第 4 页。
③ ［美］田辰山：《中国辩证法：从〈易经〉到马克思》，萧延中译，中国人民大学出版社 2008 年版，序第 2 页。

这种"互系性"辩证法的生成与中国古代"天人合一"的宇宙观是统一的。《易经》提出"一阴一阳之谓道","阴—阳"作为对立面是紧密联系着的，一方依赖另一方而成为自己，双方相互需要，相反才能相成。"《易》中阴阳本身就意味着终极的相交和相互引发，由此而生出变化、变化之道和不测之神意。"①《春秋榖梁传》认为"独阴不生，独阳不生，独天不生，三合然后生"，意思是说，单独有阴不能生发，单独有阳也不能生发，单独有天时也不能生发，只有阴气、阳气、天气三者同时具备，世间万物才可以生发。明代程允升《幼学琼林·夫妇》称："孤阴则不生，独阳则不长，故天地配以阴阳；男以女为室，女以男为家，故人生偶以夫妇。"因此，"阴阳双方处于同一层面，谁也不比谁从本性上更优越、更真实"②。

老子的《道德经》也是中国辩证法思想的重要代表作，它里面提出"道生一，一生二，二生三，三生万物"的观点。我们看到，"二"是由"一"同母所生，"二"要合作才能生出"三"；在中国伦理本位的文化视域下，"三生万物"意味着万物同根同源，人们自然而然地生发出"民吾同胞，物吾与也"（《张载集·西铭篇》）、"仁者以天地万物为一体"（《二程集》）的仁爱万物之情。王阳明在《大学问》中说："大人者，以天地万物为一体者也，其视天下犹一家，中国犹一人焉。若夫间形骸而分尔我者，小人矣。大人之能以天地万物为一体也，非意之也，其心之仁本若是，其与天地万物而为一也。"总之，在中国人看来，人与自然之间是一个充满关系的场域，"万物并育而不相害，道并行而不相悖"（《中庸》）、"阴阳互补"是万物之间的本然状态。张载在《正蒙·太和》中对矛盾关系有段辩证的分析，他说："有象斯有对，对必反其为；有反斯有仇，仇必和而解。"意思是说：一切现象都有对立两方面，对立两方面的运动方向必然相反，相反就相仇，相仇就是斗争，斗争的结果，必然归于调和。王夫之非常赞赏"仇必和而解"的观点，指出"太和，和之至也"（《张子正蒙注·太和篇》）。世界观决定价值观，这样一种"和合"观念弱化了辩证法中的矛盾对立思想。

---

① 张祥龙：《从现象学到孔夫子》，商务印书馆 2001 年版，第 207 页。
② 张祥龙：《性别在中西哲学中的地位及其思想后果》，载《江苏社会科学》2002 年第 6 期。

追求"和合"被视为中国文化的一种传统，使中国人无论为人还是处事都强调"和为贵"，并形成了一套强大的"调和"差异或矛盾的智慧，即在差异中寻求统一的能力。钱穆先生在《中国文化精神》一书中把掌握了"调和之道"看作是中国文化的长处。他认为，西方文化的本质，冲突胜过了调和，应该可以调和的也变成冲突。西方文化不断有冲突，在冲突中表现出一股力量，这个力量是可怕的。回过头来看我们自己，好像无精打采，有气无力的，怎么老不会冲突，遂误谓中国文化的缺点就在这里。乃要在无冲突中制造冲突。不知中国文化之伟大处，乃在能"调和"。[①]中国传统辩证法不走极端，主张"叩其两端而执其中"，在对立中求统一，把达致"中庸"视为最高境界。冯友兰先生也说："中国文化既是入世的，又是出世的；既是理想主义的，又是现实主义的；既讲求实际，又不肤浅。中国文化的使命正是要在这种两极对立中寻求它们的综合。"[②]

总之，与西方二元对立、不可通约的辩证法不一样，中国古代辩证法强调的是"两个东西"（矛和盾）的相反相成。这种辩证法不仅非常善于把不利的因素转化为有利的因素，而且非常善于调和对立面，这种调和能力强化了人们的大局意识，促进了共同体的绵延发展，这是中华民族五千多年绵延不绝的重要原因之一，也是中国传统文化中最值得我们自信和引以为傲的部分。今天，人类迫切需要建立一种命运共同体的意识。中国文化对矛盾同一性的强调能够为世界和平提供中国智慧。英国历史学家汤因比对比中西文化下的政治统治历史后，得出一个结论：中国肩负着不只给半个世界而且给整个世界带来政治统一与和平的命运。这是因为在原子能时代，靠武力征服、统一世界的传统做法已经难以做到，世界未来的统一一定是通过和平统一实现的。中国两千两百多年大一统的政治历史显示出这种在政治、文化上和平统一的本领。相反，西方自罗马帝国崩溃后再也没有能够挽回原来的政治统一。过去五百年，西方对政治上的影响是靠武力征服，并使世界分裂。中国人在汉朝以后就放弃了好战精神，具有比世界上任何民族都成功地把几亿民

---

① 钱穆：《中国文化精神》，九州出版社 2012 年版，第 54—59 页。
② 冯友兰：《中国哲学简史》，天津社会科学院出版社 2005 年版，第 7—8 页。

众，从政治、文化上团结起来的无与伦比的成功经验。这样的统一正是今天世界的绝对要求。①

第三节　马克思的唯物辩证法中国化的文化意蕴

唯物辩证法是中华民族五千多年生存智慧的结晶，尽管它与马克思唯物主义辩证法来源于不同的文化背景，形成于不同的时代条件，但两者还是有许多契合之处。如美籍学者窦宗仪先生说："使我惊奇的是，除了马克思主义体系之外，在西方哲学系统中没有一个与儒家思维更为一致；而且，两家在辩证唯物主义上的一致远大于历史唯物主义上的一致。"② 中国文化朴素的唯物辩证法思想，经由马克思唯物主义辩证法的指引，实现了创新性地发展，在新的历史条件下成为中国人民进行现代化运动、实现民族复兴的思想武器。

一、马克思的唯物辩证法与中国传统辩证法的相异性

马克思主义作为一种外来文化，其辩证法尽管与西方传统思辨的唯心主义辩证法很不一样，但是它毕竟脱胎于西方文明，被深深地打上了西方文化传统的烙印，而且它与中国传统辩证法在形成背景、阶级使命、思想特征等方面具有很大差异，是"两种不同层次和不同势位的学说体系"③。前者对应于工业文明、现代社会和商品经济，后者对应于农业文明、传统社会和自然经济。前者代表无产阶级的世界观，为无产阶级反抗资产阶级的统治，实现自身和全人类的自由解放提供世界观和方法论的指导；后者则是中华民族在长期的农业生产实践中形成的对于客观世界运动变化发展规律的主观反映，是一种朴素的唯物辩证法思想。总的看来，马克思唯物主义辩证法与中国传统唯物辩证法之间存在着某种程度的否定之否定的关系。张允熠教授认为：

---

① ［英］汤因比、［日］池田大作：《展望21世纪——汤因比与池田大作对话录》，荀春生等译，国际文化出版公司1985年版，第289—295页。
② 窦宗仪：《儒学与马克思主义》，兰州大学出版社1993年版，第1页。
③ 张允熠：《中国文化与马克思主义》，山西教育出版社1999年版，第103页。

"中国的辩证法思想也是一门体系严整、结构有序和博大精深的学说体系，相比之下，黑格尔只是一名站在历史巨人肩上的小孩。马克思主义的辩证法直接改造于黑格尔，其与儒学辩证法的关系是一个否定之否定的过程，这意味着马克思主义在更高的基点上改造了黑格尔，因而也就内在地包容和超越了儒学。"[1] 具体来说，"黑格尔正是否定了中国哲学中具有唯物主义趋向的'实在'论，而悄悄吸取了中国哲学的辩证法，这种被黑格尔颠倒了的哲学在马克思主义那里再被颠倒，从而使马克思主义哲学与中国哲学获取了比黑格尔哲学在实质上更大的'共同之点'，那就是在唯物论基础上辩证的思维和辩证的认识论"[2]。

　　从唯物辩证法的内涵来看，它包括世界的普遍联系和永恒发展两个总观点。中国文化的唯物辩证法也承认世界是普遍联系和永恒发展的，但这是一种前现代语境中的联系与发展。作为一种主观辩证法，它是农业生产方式下人与自然之间物质能量循环联系在人们头脑中的反映。中国长久处于农业社会，小农业生产靠天吃饭，人们闭锁在血缘、地缘等天然共同体中，除了熟人社会和血缘关系以外，人们自给自足，并没有形成现代工业社会这种基于发达的社会分工而形成的人与世界的普遍密切的联系。因此，这种唯物辩证法是朴素的，其文化视野中的普遍联系实际上是有限的、不发达的联系；同时，它把世界运动变化的主要动力理解为自然力。而马克思的唯物辩证法是对 19 世纪工业社会存在的联系与发展规律的科学反映，人们因社会化大生产而与世界建立起的普遍联系是马克思唯物辩证法的现实基础。马克思认为现实世界不是自然原生态的世界，而是人化的世界，世界运动变化的主要动力不是自然力而是人力，是人类联合起来进行社会化大生产爆发出来的社会生产力，现实世界是这种社会生产力对象化的结果。马克思批判费尔巴哈："他没有看到，他周围的感性世界决不是某种开天辟地以来就直接存在的、始终如一的东西，而是工业和社会状况的产物，是历史的产物，是世世代代

---

① 张允熠：《中国文化与马克思主义》，山西教育出版社 1999 年版，第 123—124 页。
② 张允熠：《中国文化与马克思主义》，山西教育出版社 1999 年版，第 127 页。

活动的结果。"①

关于矛盾的同一性和斗争性，两者的文化理解也不一样。中国传统辩证法用阴阳概括事物的性质，并用"一阴一阳之谓道"阐明它对矛盾同一性的重视，强调阴阳之间相生、共存和转化的关系。易中天教授说这种关系"说得白一点，就是你也存在，我也存在；你中有我，我中有你；你离不开我，我离不开你；你变成我，我变成你"②。正如恩格斯所指出的，"所谓的客观辩证法是在整个自然界中起支配作用的，而所谓的主观辩证法，即辩证的思维，不过是在自然界中到处发生作用的、对立中的运动的反映"③。中国传统辩证法着眼于对立面的相互依存性而不是斗争性，这种价值倾向是"道法自然"的结果，中国人看到的自然界就是这样一幅"万物并育而不相害，道并行而不相悖"（《礼记·中庸》），生生不息、和谐和平的自然景象。

有学者说："西方文明的核心精神是对象化的精神，马克思主义的辩证唯物主义和历史唯物主义，都是西方对象化思维的体现。"④"马克思主义讲暴力革命和'最后的斗争'，这把西方文明的斗争精神也发挥到极致了。"⑤的确，马克思的唯物辩证法着眼于事物之间的对立和斗争，他的文化视域中是生产力与生产关系的尖锐对立——"资产阶级的关系已经太狭窄了，再容纳不了它本身所造成的财富了"⑥，是资产阶级和无产阶级的尖锐对立——"资产阶级不能统治下去了，因为它甚至不能保证自己的奴隶维持奴隶的生活"⑦，是人的异化存在与人的自由而普遍的本质的尖锐对立。冯友兰先生曾说，马克思的唯物辩证法主张"仇必仇到底"，与中国文化的"仇必和而解"大不相同，因为北宋哲学家张载在《正蒙·太和篇》中言："有象斯有对，对

① 中共中央马克思恩格斯列宁斯大林著作编译局：《马克思恩格斯文集》第1卷，人民出版社2009年版，第528页。
② 易中天：《中国智慧》，上海文艺出版社2011年版，第15页。
③ 中共中央马克思恩格斯列宁斯大林著作编译局：《马克思恩格斯文集》第9卷，人民出版社2009年版，第470页。
④ 吴新文：《再造文明》，上海人民出版社2017年版，第151页。
⑤ 吴新文：《再造文明》，上海人民出版社2017年版，第152页。
⑥ 中共中央马克思恩格斯列宁斯大林著作编译局：《马克思恩格斯文集》第2卷，人民出版社2009年版，第37页。
⑦ 中共中央马克思恩格斯列宁斯大林著作编译局：《马克思恩格斯文集》第2卷，人民出版社2009年版，第43页。

必反其为；有反斯有仇，仇必和而解。"

但是，马克思的辩证法不仅强调矛盾的斗争性，也强调矛盾的同一性。并且，矛盾的同一性是马克思辩证法的出发点和归宿。因为马克思认为，人的实践活动是人化世界产生、运动和变化的根本原因。人的实践活动具有社会性、合目的性，它不断促进人与人、人与社会、人与自然以至于民族与民族之间的普遍联系，人与自己的外在世界在资本逻辑的支配下正在不自觉地进入一体化时代：他人是我们的社会器官，社会是我们发展的条件，自然界是我们的无机的身体，各民族的历史进入世界历史状态。马克思对资本主义制度造成的各种矛盾和对立进行了现实的批判，呼吁全世界无产阶级联合起来推翻这个充满阶级对立的旧社会，建设一个人与自然、人与人、人与社会关系和谐的世界。共产主义就是对这种普遍联系造成的一体化运动的自觉意识。因此，马克思对矛盾斗争性的强调不是目的而是手段，实现社会的平等、团结、繁荣，才是真正目的。马克思主义使辩证法兼具"理论"与"现实"、"斗争"与"和谐"的双重视域而更加科学。过去那种把马克思的唯物辩证法仅仅理解为斗争哲学的观点过于狭隘了。所谓"仇必仇到底"适用的是阶级社会，其最终目的还是要进入"每个人自由而全面发展"的和谐社会。总之，马克思的理论不仅是革命的理论，还是建设的理论，运用马克思的辩证法思想，必须具体问题具体分析，灵活运用，避免犯教条主义的错误。

关于事物的运动变化趋势，中国文化的辩证法强调的是矛盾双方向它的对立面转化，如祸福、得失、危机等阴阳面在一定条件下的相互转化，是一种循环论的运动观，有学者称之为"通变"式的辩证法。《三国演义》开篇之语"话说天下大势，分久必合，合久必分"，很能反映中国文化关于世界运动的循环论思想。这与马克思、黑格尔辩证法所揭示的否定之否定规律，即事物螺旋式上升和波浪式前进是不一样的。田辰山在其《中国辩证法：从〈易经〉到马克思》一书中指出，中国人以《易经》为代表的"通变"思想是马克思的唯物辩证法中国化的文化基础，但"中国人所说的马克思的辩证法，与作为欧洲文化遗产的马克思的辩证法，所指涉的并不是同一种内涵"①。

根据哲学诠释学的"视域融合"原理，中国文化和马克思主义关于辩证法的上述理解差异，在马克思的唯物辩证法中国化的过程中，恰恰构成了两大文明理解与对话的历史文化间距。在哲学诠释学看来，理解过程是两个视域的融合，一个是理解主体自身的视域，另一个是文本或作者的视域。两个视域的融合是一种效果历史，"意味着向一个更高的普遍性的提升，这种普遍性不仅克服了我们自己的个别性，而且也克服了那个他人的个别性"②。因为，"一切特殊的东西都在整体中被重新审视，特殊视域中所包含的不真的前判断将根据这种更全面的视域被修正，从而达到历史视域与我们的视域之一致，这种一致性就是普遍性的根本保证"③。从这个角度来看，马克思的唯物辩证法的中国化为人类辩证法思想的创新性理解和创造性发展提供了广阔的文化发展空间。

二、马克思的唯物辩证法提升了中国辩证法的理性思维

马克思的唯物辩证法源自西方又超越西方，它把世界的普遍联系与永恒发展建立在社会化大生产的基础上，既克服了西方文化语境中辩证法的"唯心主义倾向"，又帮助中国文化扬弃朴素的唯物主义辩证法思想，形成与现代社会运动、变化、发展的客观唯物辩证法相一致的主观唯物辩证法，为中华民族的伟大复兴提供了科学的世界观和强大的思想武器。所谓主观唯物辩证法，是指采取观念的、逻辑的形式，同人类思维的自觉活动相联系，以概念为基础的辩证思维规律。中华民族虽然早在五千多年前就对客观世界的辩证法规律有深刻的认识，主要体现在《周易》中，但其后人们主要停留在对经典的注释和诠释上，知识分子通过类比、比喻、格言、警句甚至家训等方式普及人们对客观辩证法的认识。严格地说，中国传统辩证法思想具有浓厚的经验主义色彩，尚未达到真正意义上的主观辩证法，这在一定程度上限制

---

① ［美］田辰山：《中国辩证法：从〈易经〉到马克思》，萧延中译，中国人民大学出版社 2008 年版，第 1 页。

② ［德］伽达默尔：《真理与方法》，上海译文出版社 1999 年版，第 391 页。

③ 潘德荣：《西方诠释学史》，北京大学出版社 2013 年版，第 343—344 页。

了它的发展。

20 世纪初，旅居中国 20 余年的美国传教士亚瑟·史密斯，在其《中国人德行》一书中概括了中国人的思维特点，其中一点是"智力混沌"，他说中国的语言不像英语那样有很多复杂的语法结构，使其对事物的表达具有很强的模糊性。而且"中国人普遍有一个习惯，这就是用事实本身来解释事实，不追究其中的道理"①，不试图寻找事物的缘由，"他们压根没有追究事物原因的观念"②。笔者认为这主要还是因为中国文化的重心在"人事"和"情理"一面。相对于人与物的关系来说，人与人的关系错综复杂，它经常受非理性因素的影响。所谓"清官难断家务事"，处理人际关系不适合用形而上学的概念分析。这同样可以解释为什么中国有庞大的历史资料库，却没有形成发达的历史科学。农业文明的文化传承方式也使中国人缺乏西方文化那种理性分析、批判和探索外在世界的求知兴趣。另外，如高旭东教授所说："中国文化具有一种泛审美主义的倾向；而西方文化则具有鲜明的科学特征，具有一种泛科学主义的倾向。"③审美需要一种物我两忘、主客泯灭、与世界合二为一的境界，如庄子主张泯灭一切是非界限，使世界归于混沌状态，才能领略天地之大美。这些都导致中国人对事物的认识满足于总体的模糊直观，不利于自然科学和社会科学的发展。

在传统的农业文明时代，人们在封闭的天然共同体中生活，社会联系不发达，社会变化缓慢，人们在十分熟悉的、安全的生活世界里，仅靠传统的风俗习惯、榜样示范，就能应付日常生计。但是到了现代工业社会，这种朴素的辩证法思想显然不能应对资本逻辑带来的剧烈社会变动。马克思、恩格斯在《共产党宣言》中生动描述了现代资本主义社会的动荡和不安："生产的不断变革，一切社会状况不停的动荡，永远的不安定和变动，这就是资产阶级时代不同于过去一切时代的地方。一切固定的僵化的关系以及与之相适应的素被尊崇的观念和见解都被消除了，一切新形成的关系等不到固定下来

---

① ［美］亚瑟·史密斯：《中国人德行》，新世界出版社 2005 年版，第 49 页。
② ［美］亚瑟·史密斯：《中国人德行》，新世界出版社 2005 年版，第 52 页。
③ 高旭东：《中西比较文化讲稿》，北京师范大学出版社集团 2012 年版，第 38 页。

就陈旧了。一切等级的和固定的东西都烟消云散了，一切神圣的东西都被亵渎了。人们终于不得不用冷静的眼光来看他们的生活地位、他们的相互关系。"①

另外，"内在超越"的思维取向使中国人侧重于关注历史人物的道德修养对王朝更迭的影响，而对历史发展的客观规律缺少理性透视。同时，中国传统辩证法以顺应自然达成"天人和谐"为目的，对矛盾的同一性比较侧重，对矛盾的斗争性不太看重。这些都说明中国传统的辩证法还有待进一步发展和完善。更加值得一提的是，中国现代性建构的特点是"晚发"与"外生"。所谓"晚发"就是指，中国现代性在发生时间上晚于西方资本主义强国。所谓"外生"就是指，中国的现代性起初主要不是从中国社会内部自主生长出来的，而是由西方强国通过殖民征服从外部强行输入的。人与自然、人与人的对立，或者说生产力、生产关系之间的矛盾对立一直到19世纪的资本主义社会才充分暴露出来，因此，中国人对人与自然的斗争状态——生产力，对人与人的斗争状态——阶级斗争缺少直观的经验和理性的反思，这是情有可原的。但不管怎么说，中华民族要完成现代性的建构，传统辩证法的文化视域已经捉襟见肘了。这时，既需要借鉴西方现代性的文明成果，又需要尽可能地超越西方现代性的苦果，马克思的唯物辩证法对资本主义开启的现代文明的理性批判恰好满足了中国传统辩证法这种创新性发展的需要。

马克思的唯物辩证法继承了西方文化的理性精神。在马克思之前，代表逻辑思辨能力的西方辩证法已经有较大发展，到黑格尔达到顶峰。马克思研究辩证法有明确的目的，那就是揭示人类历史发展的客观规律，以便为人类解放提供理论支持。因此，马克思并没有抛弃西方文化的理性精神，而是摒弃其"从天国降到人间"的唯心主义方法论，坚持"从人间升到天国"的实证科学，通过对现实的历史进行必要的抽象而把握了历史背后的客观规律。这种探寻"规律"的意识反映了西方文化的理性精神。马克思在《资本论》第二版的跋中谈到黑格尔时说："我公开承认我是这位大思想家的学生，并且在

---

① 中共中央马克思恩格斯列宁斯大林著作编译局：《马克思恩格斯文集》第2卷，人民出版社2009年版，第34—35页。

关于价值理论的一章中，有些地方我甚至卖弄起黑格尔特有的表达方式。辩证法在黑格尔手中神秘化了，但这决没有妨碍他第一个全面地有意识地叙述了辩证法的一般运动形式。在他那里，辩证法是倒立着的。必须把它倒过来，以便发现神秘外壳中的合理内核。"①19世纪资本主义生产社会化造成的普遍联系、各种社会矛盾，以及由此产生的工人阶级变革社会制度的要求等，使马克思有机会把黑格尔头足倒置的辩证法颠倒回来。

如果说文化常常表现为一套概念体系的话，那么马克思在阐释自己的辩证法思想时建构了一套概念体系，如现实的人、物质生产、生产力、生产关系、经济基础、上层建筑、分工、所有制、阶级、剥削、异化、意识形态、虚假的共同体等，这些概念之间存在着内在的联系。马克思、恩格斯在《德意志意识形态》中运用这些概念，历史与逻辑相统一地揭示了人类社会由低级向高级曲折发展的历史规律，以及人类自我意识，即文化的发展，对社会生产方式、社会生产力的依赖关系，如："生产力的这种发展（随着这种发展，人们的世界历史性的而不是地域性的存在同时已经是经验的存在了）之所以是绝对必需的实际前提，还因为如果没有这种发展，那就只会有贫穷、极端贫困的普遍化；而在极端贫困的情况下，必须重新开始争取必需品的斗争，全部陈腐污浊的东西又要死灰复燃。"②因此，马克思的唯物辩证法不仅继承了西方思辨性辩证法对逻辑性和矛盾斗争性的强调，而且揭示了主观辩证法的客观基础。

受实用理性的影响，中国文化对历史经验尤其重视，世界上没有哪个民族对历史的记载能有中华民族这般详细和持久。但是黑格尔在其《法哲学原理》中却说：中国历史从本质上看是没有历史的，它只是君主覆灭的一再重复而已，任何进步都不可能从中产生。因为在黑格尔看来，历史不是历史事件在时间上的排序和堆积，或历史事件被解释为个别历史人物的偶然性活动结果，而是揭示人类活动进程中的规律（对立统一、量变质变、否定之否定

---

① 中共中央马克思恩格斯列宁斯大林著作编译局：《马克思恩格斯文集》第5卷，人民出版社2009年版，第22页。
② 中共中央马克思恩格斯列宁斯大林著作编译局：《马克思恩格斯文集》第1卷，人民出版社2009年版，第538页。

规律）的一门学科。中国历史所记载的大多是"皇帝轮流做，明天到我家"的王朝更迭、治乱循环的周期律，没有揭示人类社会活动进程从低级向高级运动的内在规律。但是，黑格尔虽然把辩证法的逻辑引入历史的分析，但其历史辩证法仍是思辨的，历史运动的主体是虚幻的绝对精神。马克思不满于这种抽象性，在西方哲学史上率先对那种推崇理论、蔑视实践的形而上学或理论哲学进行了颠覆性的批判，建立了一种现代实践哲学。①"马克思在实践哲学的基础上对黑格尔辩证法进行了一种唯物主义的改造，使得这种抽象的辩证法具有了现实性，从抽象的概念运动转变为对于现实历史过程的概念把握。"②

对于苦苦求索社会变革路径的仁人志士来说，马克思把辩证法与社会生活结合起来的做法，让重视历史经验积累的他们有种豁然开朗的感觉。例如，它使中国人从自发的辩证法提升为自觉的辩证法；使"通古今之变"的传统历史观提升为唯物主义历史观；使具有空想特点的"大同社会"理想提升为社会主义的理想信念和追求；使造反心理提升为自觉的阶级斗争意识。毛泽东曾说："《共产党宣言》我看了不下一百遍，遇到问题，我就翻阅马克思的《共产党宣言》，有时只阅读一两段，有时全篇都读，每阅读一次，我都有新的启发。我写《新民主主义论》时，《共产党宣言》就翻阅过多少次。读马克思主义理论在于应用。"③

中国先进知识分子借助中国传统辩证法思想把马克思的唯物辩证法这套概念体系中国化和大众化，深化了中国民众对现代世界运动规律，特别是资本主义社会运动规律的理性把握。学者雍涛在《论毛泽东哲学的双重文化性格》一文中指出：毛泽东的哲学思想具有双重文化性格，它既有马克思主义的性质，又有中国传统哲学的性质，实现了马克思主义哲学与中国传统哲学文化中的优秀因子的有机结合，从而使马克思主义哲学这一产生于西方文化背景中的哲学思想融入了中国哲学和文化的精神智慧。④

① 王南湜：《马克思哲学当代性的三重意蕴》，载《中国社会科学》2001年第5期。
② 王南湜：《重估毛泽东辩证法中的中国传统元素》，载《中国社会科学》2010年第3期。
③ 转引自许玉杰：《解读〈共产党宣言〉》，中国经济出版社2010年版，第1页。
④ 雍涛：《论毛泽东哲学的双重文化性格》，载《毛泽东思想论坛》1995年第4期。

中国人民次第展开的革命、建设和改革的历史实践波澜壮阔，内容丰富。不同历史阶段中国共产党对马克思的唯物辩证法的诠释创新是不一样的。例如：革命战争年代主要是"阶级斗争"理论的视域融合；社会主义建设与改革年代主要是"生产力与生产关系"理论的视域融合；21世纪则主要是"和谐社会"理论的视域融合。每一次视域融合都意味着中国传统辩证法在新的历史条件下完成了科学、理性认识的飞跃。

三、马克思的唯物辩证法使中国文化走出循环论的自然观和历史观

中国几千年的农业生产方式，农作物春华秋实的生长过程以及春夏秋冬、寒来暑往的四季更替现象作用于人们的意识，使中国人得出"反者道之动"的观点，并指出"道"的运动方向为反方向的。例如，"物极必反""盛极而衰""否极泰来""塞翁失马，焉知非福""山重水复疑无路，柳暗花明又一村"是中国老百姓耳熟能详的生活格言。冯友兰先生说："这个理论对中华民族有巨大的影响，帮助中华民族在漫长的历史中克服了无数的困难。中国人深信这个理论，因此经常提醒自己要居安思危；另一方面，即使处于极端困难之中，也不失望，……深信黎明即将到来。"[1] 但另一方面，农业生产是周而复始的，小农生活相对封闭单一，代与代之间的生命内容和形式由于社会生活和社会联系的不发达而差异不大，人们缺少关于事物发展否定之否定的意识，循环论的自然观和历史观占主流地位。

邓晓芒指出："中国古代辩证法的矛盾学说历来都是强调'两个东西'（矛和盾）的相互冲突，而忽视了'一个东西'在自我否定中自己与自己的冲突，因而即使有'无限可分'的学说，最终仍有可能落入外部冲突的形而上学。"[2] 这导致中国社会不像西方社会那样走向开放的向上发展，而是走向原地循环往复。也就是说，中国传统辩证法缺少"向上发展"的内涵。所谓"向上发展"是指事物发展要经历两次否定、三个阶段，其中"否定之否定阶段"仿佛是向原来出发点的"回复"，但这是在更高阶段的"回复"，因而事

---

① 冯友兰：《中国哲学简史》，天津社会科学院出版社 2005 年版，第 19 页。
② 邓晓芒：《论中、西辩证法的生存论差异》，载《江海学刊》1994 年第 3 期。

物运动具有螺旋式上升的总趋势。中国传统辩证法之所以未能揭示事物"向上发展"的规律，原因和费尔巴哈的局限相似，即只看到自然力对世界的影响，而没有看到人的实践力量对自然界或社会制度的革命性改造。邓晓芒指出：《易传》中的"天行健，君子以自强不息"并不是真正的能动思想，因为这里的"自强不息不是要去创造什么、欲求什么，而是要保持和巩固某种'重复之象'，这与受西方进化论影响后今人所理解的'文化是需要不断前进不断发展的，不前进就会陷于停滞、陷于偏枯'，是大相径庭的"①。

可以说，在马克思主义实践观诞生之前，人们都没有真正理解和彰显辩证法"向上发展"的内在动力是人类改造世界的主客观矛盾和自身的联合力量，从而对社会历史发展的主体、动力、方向和规律缺乏历史唯物主义的分析。黑格尔辩证法认为事物发展的逻辑是"正题—反题—合题"，由于"合题"是"正题"与"反题"综合的产物，所以否定之否定包含"向上发展"这一内涵。但他的辩证法讨论的是概念的辩证发展规律，否定之否定只是绝对精神自我运动的一个阶段，因而只具有精神发展的意义。费尔巴哈批判黑格尔本体论的神秘性，恢复了唯物主义本体论，但由于他不理解人的活动的内在矛盾——实践与认识、合目的与合规律的辩证统一，结果他虽然身处工业文明，仍旧"没有看到，他周围的感性世界决不是某种开天辟地以来就直接存在的、始终如一的东西，而是工业和社会状况的产物，是历史的产物，是世世代代活动的结果，其中每一代都立足于前一代所奠定的基础上，继续发展前一代的工业和交往，并随着需要的改变而改变他们的社会制度"②。

也就是说，作为旧唯物主义的代表，费尔巴哈没有看到人的实践活动迸发出的改造世界的巨大威力。与之不同，马克思发现了人的实践活动的力量，指出："工业的历史和工业的已经生成的对象性的存在，是一本打开了的关于人的本质力量的书，是感性地摆在我们面前的人的心理学。"③其后他

---

① 邓晓芒：《论中、西辩证法的生存论差异》，载《江海学刊》1994年第3期。

② 中共中央马克思恩格斯列宁斯大林著作编译局：《马克思恩格斯文集》第1卷，人民出版社2009年版，第528页。

③ 中共中央马克思恩格斯列宁斯大林著作编译局：《马克思恩格斯文集》第1卷，人民出版社2009年版，第192页。

在《关于费尔巴哈的提纲》中公开批判旧唯物主义对人的主观能动性的忽视，以至于"不了解'革命的'、'实践批判的'活动的意义"①。实践是人与自然、人与社会、人与他人、人与自我矛盾产生的根源。实践蕴含着"人的尺度"与"物的尺度"、"合目的性"与"合规律性"、"普遍性"与"特殊性"、"理想性"与"现实性"、"渐进性"与"飞跃性"等矛盾，这些矛盾是社会发展的重要动力。因此，马克思的实践观扩展了中国传统辩证法仅仅关注"阴阳"矛盾的辩证法视域。

由于实践具有能动性，实践的主客观矛盾是通过不断扬弃实现的，马克思说："每一代一方面在完全改变了的环境下继续从事所继承的活动，另一方面又通过完全改变了的活动来变更旧的环境。"②因而社会形态的更替是前进性与曲折性的统一。马克思把否定之否定原理建立在唯物论的基础上，并作为自己最重要的理论武器。在《1844年经济学哲学手稿》中，马克思论证共产主义的实现路径是一种否定之否定的结果，如："自我异化的扬弃同自我异化走的是同一条道路"③；"共产主义是对私有财产即人的自我异化的积极的扬弃"④；"整个革命运动必然在私有财产的运动中，即在经济的运动中，为自己既找到经验的基础，也找到理论的基础"⑤；"人的本质只能被归结为这种绝对的贫困，这样它才能够从自身产生出它的内在丰富性"⑥；"共产主义是作为否定的否定的肯定"⑦。诸如此类的关于否定之否定的辩证法思想还有很多。马克思利用否定之否定的辩证法思想对人类文明的发展脉络做出了最具

---

① 中共中央马克思恩格斯列宁斯大林著作编译局：《马克思恩格斯文集》第1卷，人民出版社2009年版，第499页。
② 中共中央马克思恩格斯列宁斯大林著作编译局：《马克思恩格斯文集》第1卷，人民出版社2009年版，第540页。
③ 中共中央马克思恩格斯列宁斯大林著作编译局：《马克思恩格斯文集》第1卷，人民出版社2009年版，第182页。
④ 中共中央马克思恩格斯列宁斯大林著作编译局：《马克思恩格斯文集》第1卷，人民出版社2009年版，第185页。
⑤ 中共中央马克思恩格斯列宁斯大林著作编译局：《马克思恩格斯文集》第1卷，人民出版社2009年版，第186页。
⑥ 中共中央马克思恩格斯列宁斯大林著作编译局：《马克思恩格斯文集》第1卷，人民出版社2009年版，第190页。
⑦ 中共中央马克思恩格斯列宁斯大林著作编译局：《马克思恩格斯文集》第1卷，人民出版社2009年版，第197页。

说服力的阐释，对主流意识形态把资本主义文明看作是"文明本身"的形而上学观点做了最有力的驳斥。马克思指出，资本主义文明并不是人类文明的终结，恰恰相反，资本主义生产的社会化和私有制的矛盾日益尖锐，以至于"资产阶级用来推翻封建制度的武器，现在却对准资产阶级自己了"[①]。

马克思把现实世界理解为实践的产物，世界因人的实践否定而具有"向上发展"的事实，"否定"也因实践而具有"向上发展"的内涵。"否定"或"否定之否定"具有革命性的意义，是人民群众改变旧世界、建设新世界的重要理论依据，对被压迫、被剥削和被奴役的中国人民来说，具有重大的思想启蒙意义。自1840年鸦片战争以来，古老的中国一直被动地应对资本主义的挑战，中国人民希望赶上时代发展的步伐，又不能接受西方的霸权文明。根据马克思主义的否定观，共产主义既是对西方资本主义工业文明的否定，也是对中国农业生产方式所取得的和谐文明的否定之否定。因此，马克思主义否定之否定的辩证法思想改变了中国人的世界观和历史观，坚定了中国人民打破旧世界、建设新世界的文化自信。毛主席说："中国自有科学的共产主义以来，人们的眼界是提高了，中国革命也改变了面目。"[②]中国共产党在革命实践中积极汲取、改造和提升中国传统辩证法的一些思想范畴，使它们从封建宗法的、封闭狭隘的小农意识中剥离出来，创新性地发展为科学的、理性的思想武器。

否定之否定原理同时被中国共产党运用到认识领域，形成了辩证唯物主义的认识路线。毛主席说："一个正确的认识，往往需要经过由物质到精神，由精神到物质，即由实践到认识，由认识到实践这样多次的反复，才能够完成。"[③]如此"实践、认识、再实践、再认识，这种形式，循环往复以至无穷，而实践和认识之每一循环的内容，都比较地进到了高一级的程度"[④]。中国共产党以辩证唯物主义的认识路线为指导，一次次化险为夷。20世纪东欧剧

---

① 中共中央马克思恩格斯列宁斯大林著作编译局：《马克思恩格斯文集》第2卷，人民出版社2009年版，第37页。
② 《毛泽东选集》第2卷，人民出版社1991年版，第686页。
③ 中共中央文献研究室：《毛泽东文集》第8卷，人民出版社1999年版，第321页。
④ 《毛泽东选集》第1卷，人民出版社1991年版，第296—297页。

变带来社会主义事业的低潮，邓小平却自信地说："一些国家出现严重曲折，社会主义好像被削弱了，但人民经受锻炼，从中吸收教训，将促使社会主义向着更加健康的方向发展。"① 习近平同志在纪念马克思诞辰 200 周年大会上的讲话中指出，"当代中国的伟大社会变革，不是简单延续我国历史文化的母版，不是简单套用马克思主义经典作家设想的模板，不是其他国家社会主义实践的再版，也不是国外现代化发展的翻版"②，深刻揭示了中国特色社会主义是对当今世界人类一切文明成果的积极扬弃，彰显了中国共产党的理论自觉和自信。

四、马克思的唯物辩证法为中国文化注入革命精神

前文已述，"中西最鲜明的文化差别就在于'二元中和'和'二元对立'"③。中国传统文化强调矛盾的同一性，主张"和为贵"，并不主张斗争。中国文化的代名词是"和合文化"，不仅有追求"和合"的理念，而且有化解矛盾对立的中庸之道。"中国文化试图防止一切冲突，而致力于和谐。阴阳和，乾坤才能定；天地和，万物才能生；男女和，才会有人类；父子和，才会有人伦；君臣和，社会有机体才会正常运转。"④ 中华民族历来对外在自然和社会制度采取顺从、和合与共的态度，比较缺乏革命斗争精神。

实际上，中国传统辩证法也有批判和否定精神，如《周易》有"天行健，君子以自强不息"，让人们不要安于现状；"穷则变，变则通，通则久"，要求人们与时俱进，根据变化了的现实提出革新策略；还有"苟日新，日日新又日新"（《大学》）、"吾日三省吾身"（《论语·学而》）等要求。但这些批判和否定主要指向人自身，如梁漱溟先生所说："中国式的人生，最大特点莫过于他总是向里用力，与西洋人总是向外用力者恰恰相反。"⑤ 因此严格地说，

① 《邓小平文选》第 3 卷，人民出版社 1993 年版，第 383 页。
② 中共中央宣传部：《习近平新时代中国特色社会主义思想学习纲要》，学习出版社 2019 年版，第 31—32 页。
③ 高旭东：《中西比较文化讲稿》，北京师范大学出版社集团 2012 年版，第 88 页。
④ 高旭东：《中西比较文化讲稿》，北京师范大学出版社集团 2012 年版，第 89 页。
⑤ 梁漱溟：《中国文化要义》，上海人民出版社 2011 年版，第 185 页。

中国文化并不是消极无为的静文化，而是与西方文化的用力方向不一样。中国文化不反对与外界事物接触，但接触的主要目的是追求物我一体、天人合一的和谐境界，或者把外界事物的优秀品德积极纳入自己的人格修养。中国文化以"屈己安人""内在超越""反求诸己""尽其在我"的内敛性文化，区分于西方"外在超越"型的文化已成为学界共识。所谓"内在超越"就是向内改造自己的内心世界，表现为个人的道德修养水平；所谓"外在超越"就是向外征服和改造自然界，表现为社会生产力水平。一直以来，中国传统辩证法在天人关系上是顺应有余而改造不足，注重"内在超越"而忽视"外在超越"。宋、明两代中国文化重文轻武的现象更加突出，颜元曾讽刺宋、明的儒生"无事袖手谈心性，临危一死报君王"。正是知识分子醉心于内在超越，而使中国科技的领先地位逐渐丧失。

马克思指出："环境的改变和人的活动或自我改变的一致，只能被看作是并合理地理解为革命的实践。"[1]人类的实践活动是主体客体化和客体主体化双向互动过程的辩证统一，因此人的内在世界和外在世界的发展是相辅相成的，人的自由解放必须建立在社会生产力高度发展、物质财富极大丰富的基础上。马克思在《1844年经济学哲学手稿》中揭示："五官感觉的形成，是迄今为止全部世界历史的产物"[2]；"忧心忡忡的、贫穷的人对最美丽的景色都没有什么感觉"[3]；"因此，一方面为了使人的感觉成为人的，另一方面为了创造同人的本质和自然界的本质的全部丰富性相适应的人的感觉，无论从理论方面还是从实践方面来说，人的本质的对象化都是必要的"[4]。这些观点对注重"内在超越"而忽视"外在超越"的中国传统文化来说，不啻为惊天炸雷。因为这一观点让人意识到中国传统文化的局限性："内在超越"因缺乏"外在

---

① 中共中央马克思恩格斯列宁斯大林著作编译局：《马克思恩格斯文集》第1卷，人民出版社2009年版，第500页。

② 中共中央马克思恩格斯列宁斯大林著作编译局：《马克思恩格斯文集》第1卷，人民出版社2009年版，第191页。

③ 中共中央马克思恩格斯列宁斯大林著作编译局：《马克思恩格斯文集》第1卷，人民出版社2009年版，第192页。

④ 中共中央马克思恩格斯列宁斯大林著作编译局：《马克思恩格斯文集》第1卷，人民出版社2009年版，第192页。

超越"的支持而不能实现绝大多数人的自由解放。马克思的唯物辩证法激发了中国文化对"外在超越"、生产力的重视，中国人民深刻意识到"外在超越"与"内在超越"具有密切的相关性，要想实现民族独立和国家富强，必须重视"外在超越"，把物质文明建设和精神文明建设统一起来。

重视"外在超越"，重视社会生产力的发展，意味着中国传统辩证法要重视和利用矛盾的斗争性在事物发展中的积极意义。精通中国历史的钱穆先生在《中国文化精神》一书认为中国传统文化由于调和能力很强，历史上基本没有冲突。但是近代落后挨打后，极度的不自信导致盲目的西化，"以为西方文化的长处正是在能冲突，不知冲突只是西方文化中一短处。……自己没有冲突，要来制造冲突"，"在中国本无无产与有产之'阶级'分别与冲突，毛泽东夺取政权，定要划出分别，制造冲突。……我们这一百年来，只想靠抄袭模仿西洋文化来救自己，而不幸西洋文化又是一种内部多冲突的文化，我们要抄袭模仿它，于是在无冲突中造冲突，遂变出'毛泽东思想'，这正是一百年来我们刻意要抄袭模仿西洋文化所得来的结果。此事若说离奇，却极真实"[1]。显然，钱穆对"毛泽东思想"的评价是错误的。他没有认识到中华民族受三座大山的压迫，已经到了亡国亡种的危险地步，此时依旧抱守中国古代辩证法崇尚"和平"的精神理念，就是犯了保守主义的错误。

钱穆对"毛泽东思想"的评价恰恰指出了毛泽东的理论创新所在，这就是吸收了马克思的唯物辩证法的革命斗争精神和批判否定精神。马克思说："辩证法不崇拜任何东西，按其本质来说，它是批判的和革命的。"[2] 马克思主义以否定性为"发展原则"和"创造原则"的辩证法，极大地拓宽了中国人的文化视域。马克思主义基于实践基础上的辩证法，内在地要求人们行动起来，要求人们发挥主体能动性积极地改造世界。马克思在《关于费尔巴哈的提纲》中批判旧唯物主义只看到人的受动性而看不到人的能动性，他从人的实践活动出发，要求人们将对象、现实、感性当作实践去理解，从主体

---

① 钱穆：《中国文化精神》，九州出版社2012年版，第59—60页。
② 中共中央马克思恩格斯列宁斯大林著作编译局：《马克思恩格斯文集》第5卷，人民出版社2009年版，第22页。

方面去理解，从而把唯物主义和能动性结合起来。马克思主义的人生观是以
"改变世界为己任"，与中国传统文化的"修、齐、治、平"的人生理念以及
刚健自强的民族精神相契合。中国知识分子历来有"以天下为己任"的责任
担当，中国先进知识分子在理解了马克思主义的精神实质以后，就积极主动
地把马克思的唯物辩证法内在的斗争精神、革命精神引入中国文化，激活了
中国古代辩证法的"变易"思想，唤醒了中华民族"自强不息""刚健有为"
的奋斗精神。张岱年先生认为刚健、自强的精神是中华民族非常重要的民族
精神，它使中华民族在东方延续几千年，不断发展壮大，创造出光辉灿烂的
农业文明，并能在一次次异族征服中重新站立起来。拿破仑曾说，中国一旦
觉醒，将会震惊世界。

　　毛泽东是通过列宁的《哲学笔记》接触到辩证法的，他和列宁都面临夺
取政权的历史任务，深谙矛盾的斗争性在辩证法中的核心地位。中国传统文
化中就有革命心理，借助马克思主义的阶级斗争理论，被提升转变为自觉的
阶级斗争意识和解放意识。毛泽东在 20 世纪 20 年代中期就运用马克思的阶
级斗争理论写就了《中国社会各阶级的分析》，不仅分析了中国社会复杂的
阶级结构，而且科学地把握了各阶级之间错综复杂的矛盾关系及其变化规
律，为革命依靠谁、团结谁、打击谁奠定了理论基础。抗日战争年代，毛泽
东创造性地运用阶级斗争的方法分析民族斗争，提出"民族斗争和阶级斗争
一致"的看法，使我党在抗日统一战线中处理好国共合作问题；在和平建设
年代，毛泽东"也习惯于用战争术语来思考和概括各个领域的问题，如经济
战线、钢铁战线、农业战线、财贸战线、统一战线、思想战线、文艺战线等
各条'战线'的提法"①。由此可见，毛泽东把马克思的唯物辩证法对矛盾斗争
性的强调引入中国传统辩证法，为爱好和平的中华优秀传统文化注入革命精
神，使中国人的价值观实现了由静入动的创造性转变。

　　中国化的辩证法一方面继承了中国古代辩证法对矛盾同一性规律的重
视，一方面吸收了马克思的唯物辩证法关于矛盾斗争性的重视，弥补了中

---

① 安启念：《马克思主义哲学中国化研究》，中国人民大学出版社 2006 年版，第 356 页。

国传统辩证法柔性有余刚性不足、"内在超越"有余而"外在超越"不足的缺憾。中国化的辩证法实现了内在超越与外在超越的统一：不仅和自己的欲望做斗争，和西方腐朽堕落的资本主义生活做斗争，和"懒惰"的习性做斗争；与"愤怒、攀比、嫉妒、傲慢、焦虑"的习性做斗争，与"吝啬、冷漠"的习性做斗争，与"自私自利"的本性做斗争……而且和自然界做斗争，大力发展生产力，创造人类社会和人类自身解放的客观条件。红船精神、井冈山精神、长征精神、延安精神、大庆精神、焦裕禄精神、"两弹一星"精神、航天精神等精神面貌，已内化于中华民族的文化心理结构之中。总之，中国化的辩证法激发了亿万人民的主观能动性，使改天换地的革命文化成为中国特色社会主义文化的重要组成部分。

五、马克思的唯物辩证法使中国传统民本思想实现了创造性转化

辩证法认为世界的存在状态是运动变化的，但是推动世界运动变化的主体究竟是什么？旧唯物主义辩证法认为是自然界的自然力；唯心主义辩证法认为是神的意志、绝对精神或人的"爱"的力量。马克思则认为现存的世界不是从来如此、静止不变的，而是"世世代代劳动的产物"。现实世界是人化的世界，是人的本质力量通过劳动外化、对象化的结果。马克思在《关于费尔巴哈的提纲》中，通过揭示世界的"人化"性质而从根本上肯定了作为劳动主体的人民群众创造世界的主体地位；在《德意志意识形态》中，马克思又揭示了生产力这个"最革命、最活跃"的因素对社会生活的决定作用，指出人民群众的物质生产活动对社会政治、文化生活的决定作用；在《资本论》中，马克思揭示了无产阶级一方面是资本主义社会财富的创造者，一方面又是资本主义矛盾最悲惨的承担者，阐明了"无产阶级作为社会主义社会创造者的世界历史作用"，使社会主义学说由空想变为科学。总之，群众史观破除了以往的英雄史观。它是"实践本体论"的逻辑必然，人民群众被遮蔽的革命力量一旦被自觉地意识到和调动起来，将对社会历史的发展产生巨大的推动作用。

中国古代有着深远的民本思想传统。民本思想发端于商周时期。司马

迁《史记·殷本纪第三》中记载：三千六百多年前，商朝开国君主商汤王灭夏后对贤相伊尹说："人视水见形，视民知治不。"意思是人从水中能看到自己的形象，同理，观察人民就能知道国家治理得好不好。《尚书·泰誓》记载武王伐纣时曰："天视自我民视，天听自我民听，百姓有过，在予一人，今朕必往。"意思是，上天看到的就是百姓看到的，上天听到的就是百姓听到的，即天意即是民意，现在百姓对商责怪，对我抱怨，我一定要伐商，顺从天意。中国人非常善于总结历史经验，夏商覆灭的历史教训让人们认识到"天命靡常"，认识到人民推翻旧王朝的革命力量，进而得出"天惟时求民主""民之所欲，天必从之""皇天无亲，唯德是辅"，以及"敬德"才能"保民"等观念。从殷商的"重天敬鬼"到周朝的"敬德保民"，中国文化开启了民本思想的先河。其后，民本思想又经历了"重民轻天"到"民贵君轻"的发展。儒家更是积极宣扬民本思想。孔子曰："因民之所利而利之。"孟子曰："民为贵，社稷次之，君为轻。是故得乎丘民而为天子，得乎天子为诸侯，得乎诸侯为大夫。"意思是百姓最重要，其次是社稷，君在三者中居末。得民心者可得天下，得到天子信任可以成为诸侯，得到诸侯赏识可以做大夫。中国古代的民本思想主要是统治阶级从农民起义、人民反抗剥削压迫的经验中总结出来的教训。儒家认为统治者只有赢得民心才能得到天下，因此必须爱民、顺民、安民、利民。唐太宗李世民把君民关系比作舟和水，指出"水能载舟，亦能覆舟"。柳宗元提出"吏为民役"的观点，把民本思想推向高峰，他认为，当官者是人民的仆役，是要为人民办事的。而且，中国是以伦理组织社会，家是国的浓缩，国是家的放大，国家领导人类似于一家之长，被克以爱民如子的责任和义务。中国传统民本思想对中国历史的发展有着深远的影响，使得广大人民在一定程度上能够安居乐业，促进了中国封建社会发展，形成了中国历史上汉代"文景之治"、唐代"贞观之治""开元盛世"、清代"康雍乾盛世"等繁荣时期。因此，中国历史上虽然朝代更替，但民本思想可谓一以贯之，是中华文明的重要政治智慧。

但是，且不论"中国古代民本思想的根本目的是使统治阶级坐稳江山，维持君民关系"的观点是否正确，从最理想的情况来看，中国古代民本思想也有其阶级和历史的局限性。因为，一方面，受制于唯心主义的英雄史观，统治阶级不会主动启发民智，增强人民群众认识世界和改造世界的主体意识；另一方面，统治阶级也不可能赋予人民政治权利，让人民群众当家作主、参政议政，结果人民群众只有义务没有权利，缺乏参与和创造历史的主观能动性。

马克思的唯物辩证法的中国化使中国传统民本思想有了更加科学的理论解释框架。马克思主义的"群众史观"在中国传统民本思想这一积极的诠释学"前见"的支持下，更容易被理解和接受。中国共产党提出"群众路线"这一根本工作路线，成功地使中国传统民本思想实现了创造性转变。所谓"群众路线"就是"一切为了群众，一切依靠群众和从群众中来，到群众中去"。"群众史观"和"群众路线"是马克思的唯物辩证法中国化最值得肯定的成就。"群众路线"最重要的是"想群众之所想、急群众之所急、解群众之所困"，辩证分析和把握人民群众不断变化发展着的实际需要，再以群众需要的满足为着力点，调动人民群众认识世界和改造世界的积极性。新民主主义革命时期，毛泽东认为人民群众的根本需要是"外争独立，内争民主"，依靠对这一时代主题的准确把握，毛泽东充分调动人民群众参加革命的积极性，取得了"小米加步枪打败蒋介石的飞机和大炮"的革命成功。"文化大革命"结束后，邓小平与时俱进地指出，人民群众的需要是日益增长的物质文化需要。在这一科学认识的基础上，中国开启了改革开放和社会主义市场经济建设的伟大探索，通过社会主义市场经济机制的有效调动，亿万人民投身到建设中国特色社会主义的实践中。十九大再次明确新时代中国共产党人的奋斗目标就是人民对美好生活的向往。全心全意为人民服务、充分调动和依靠人民群众的实践智慧和实践力量，这是中国革命、建设和改革事业的成功密码。中国共产党始终坚持"人民，只有人民，才是创造世界历史的动力"，它绝不是西方政党为了竞选而制造出的空洞宣传口号。"为了人民、依靠人民、服务人民"是中国共产党胜出于世界上其他政党的地方。

六、中国文化的"经世致用"智慧使马克思的唯物辩证法获得检验和发展

　　马克思的唯物辩证法中国化的过程中存在着两种诠释学循环：一种是
"理论"与"实践"之间的"诠释学循环"。具体指，马克思的唯物辩证法通过
中国革命、建设和改革的实践，实现了理论到实践的飞跃，其真理性得到了
广泛的实践检验。这是中国人民对马克思的唯物辩证法思想做出的重要贡
献。另一种是"理解与前理解"之间的"诠释学循环"。具体指，在马克思的
唯物辩证法解决中国革命、建设和改革的具体问题中，中国共产党根据中国
历史发展不同阶段的现实需要，选择性和创造性地理解和诠释马克思的唯物
辩证法，使之与中国传统辩证法有机地结合起来发挥作用。因而，中国化的
马克思主义辩证法不是原生态的马克思主义辩证法，也不是中国传统辩证法
的简单复归，而是在中国特殊时空条件下，人类辩证法思想的实践创新。

　　**首先，中国文化"经世致用"的价值取向使马克思的唯物辩证法实现了
理论到实践的飞跃。**"没有思辨的传统"是中国传统文化区别于西方文化的
重要特征之一。中国传统文化强调认识活动的"经世致用"，李泽厚先生称
其为"实用理性"。"所谓实用理性，就是它关注于现实社会生活，不作纯粹
抽象的思辨，也不让非理性的情欲横行，事事强调实用、实际和实行，满足
于解决问题的经验论的思维水平，主张以理节情的行为模式，对人生世事
采取一种既乐观进取又清醒冷静的生活态度。"[1] 毛泽东和邓小平都强调学习
马克思主义要"精用"。毛泽东说："对于马克思主义的理论，要能够精通它、
应用它，精通的目的全在于应用。"[2] 邓小平说："学马列要精，要管用的。"[3]

　　"精通"和"应用"这两个关键词揭示了马克思主义中国化的诠释学性
质。"精通"和"应用"是诠释学的核心价值，诠释学本身有着一种强烈的实
践倾向。"按照伽达默尔的看法，应用并不是某种一成不变的原理或规则对
任何具体情况的所谓放之四海而皆准的运用，而是相反，对具体情况的应用
乃是对一般原理或规则的修正和补充。"[4] 中国人理解和接受马克思的唯物辩
证法的过程，就是使中国文化与马克思主义经过诠释学的"视域融合"，克

① 李泽厚：《中国现代思想史论》，天津社会科学院出版社 2003 年版，第317页。
② 《毛泽东选集》第3卷，人民出版社 1991 年版，第815页。
③ 《邓小平文选》第3卷，人民出版社 1993 年版，第382页。
④ 洪汉鼎：《诠释学——它的历史和当代发展》，人民出版社 2001 年版，第239页。

服彼此对世界、人生理解和认识上的片面性，在人类安身立命等终极问题上达成共识，这种共识意味着一种满足实践需要的更高普遍性的获得。

马克思的唯物辩证法正是以其对历史现象的科学把握和革命性价值，契合了近代中国人实现文化转型的理论需要而被中国人广为接受。一开始，人们对马克思主义的理解存在着教条主义的错误。经过血的教训，人们猛然发现社会规律不同于自然规律。一般来说，自然规律只要具备了同样的客观条件，就能够以完全相同的形式反复出现。社会规律中既存在着客观制约主观的规律，又存在着主观制约客观的规律。社会规律在不同的社会、国家、民族以及不同的历史阶段都有不同的表现形式。马克思、恩格斯在《共产党宣言》的第一版序言中就强调，历史唯物主义一般原理的实际运用，"随时随地都要以当时的历史条件为转移"[①]。毛泽东最早意识到马克思的文本并没有为我们提供一种解决中国革命和建设的现成药方，不能迷信于马克思得出的某些具体结论，而是要善于应用马克思主义的立场、观点和方法，理论联系实际，做出合乎中国需要的理论创新。

强调理论联系实际意味着马克思主义中国化具有实践诠释学的特征。学者李金辉认为，对马克思的理解必须坚持"实践的诠释学"方法。所谓"实践的诠释学"是指通过我们当下的具体的、历史的生存实践使文本或理论的现实意义"开显"出来。"实践的诠释学"不同于"文本的诠释学"，它建立了理论和实践之间的"诠释学循环"。这种"诠释学循环"的动力是实践，实践使"诠释学循环"成为一个动态的、开放的、生成的、历史性的循环。[②]正如陈培永教授所说："《宣言》所分析的历史时代，从本质上而言是人类社会从农业文明走向工业文明、从自然经济走向市场经济、从传统社会走向现代社会、从特权和等级逻辑走向资本和市场逻辑、从各民族国家相对封闭走向全球化、从人们生活相对稳定走向充满剧烈变革的历史时代。这个时代的关键词包括：工业文明、现代化、全球化、自由贸易、资本运作、市场经济、民

---

① 中共中央马克思恩格斯列宁斯大林著作编译局：《马克思恩格斯文集》第2卷，人民出版社2009年版，第5页。

② 李金辉：《理解马克思——在"实践的解释学"视域内》，黑龙江大学出版社2009年版，第22—23页。

主、社会转型等等"① 马克思与我们仍是同时代的人，中国革命、建设和改革过程中产生的问题都能激活马克思主义的理论，让理论回应现实，让实践检验和发展理论。

其次，中国传统辩证法的"权变"智慧使马克思的唯物辩证法得以有效实践和发展。在矛盾的普遍性和特殊性问题上，西方文化比较强调矛盾的普遍性，致力于把握矛盾的共性，如对世界本原和最高理念的孜孜不倦的探求；中国文化则比较强调矛盾的特殊性，主张具体问题具体分析，强调"权变""变通"的智慧。中国传统辩证法的这种"权变"智慧使马克思的唯物辩证法在中国获得了有效的实践和发展。例如，生产力和生产关系、经济基础和上层建筑，是马克思分析社会历史现象的基本范畴，马克思的这些概念既是西方理性文化的产物，又具有一定的模糊性，是"既不能用显微镜，也不能用化学试剂"来分析的。马克思提醒人们，他的历史哲学理论不是一把万能钥匙，不能把他的学说当作不变的模式套用于说明不同地域的历史发展，而是应该具体问题具体分析。然而，对于具有形而上学思维传统的西方人来说，马克思主义的这种理论范式并不容易被他们理解和运用，他们要么把马克思主义解读为历史决定论，要么把它解读为历史选择论。马克思在世时就看到自己的理论遭受误解的事实。他在 1877 年 11 月写的《给〈祖国纪事〉杂志编辑部的信》中批评俄国的民粹主义者尼·康·米海洛夫斯基，说："他一定要把我关于西欧资本主义起源的历史概述彻底变成一般发展道路的历史哲学理论，一切民族，不管它们所处的历史环境如何，都注定要走这条道路，——以便最后都达到在保证社会劳动生产力极高度发展的同时又保证每个生产者个人最全面的发展的这样一种经济形态。但是我要请他原谅。（他这样做，会给我过多的荣誉，同时也会给我过多的侮辱。）"② 但对尊重实际、具有宏观思维和"权变"智慧的中国人来说，却能比较好地理解马克思主义的精髓。毛泽东、邓小平把马克思主义的历史哲学解读为"实事求是"的世

---

① 陈培永：《〈共产党宣言〉的新时代阐释》，中国社会科学出版社 2018 年版，第 7 页。
② 中共中央马克思恩格斯列宁斯大林著作编译局：《马克思恩格斯文集》第 3 卷，人民出版社 2009 年版，第 466 页。

界观和方法论，而不是历史决定论或历史选择论，可谓深得其妙。

中国共产党之所以能够把马克思的唯物辩证法或历史唯物主义运用得很成功，一个重要的原因是中国传统辩证法中的"权变"和"变通"智慧发挥了重要作用。"权变"也称"经权"，是中国传统哲学中的重要范畴。所谓"执经达权"，"经"与"常"相匹，"权"与"变"相应。"经"指事物存在与发展中的根本原则或普遍规范，是带有普遍性、绝对性或统一性的客观规定，被设计为规章、规则、纲纪；"权"则针对异常状况而临时采取特殊策略应对的行为方式，是一种应时制宜、应情制宜的方法论。如孟子曰："男女授受不亲，礼也；嫂溺，援之以手，权也。"（《孟子·离娄上》）意思是礼的规定只能针对一般情况，而世事复杂，总有许多预料不到的情况发生，因而必须有变通，变通就是权变，它是中国传统文化的重要智慧之一。权变要求人们为人处世在遵守基本原则的前提下，也要顺应瞬息万变的内外情势，因势利导，当变则变，这样才能左右逢源，纵横捭阖，无往而不胜。在坚持原则的基础上做出适当的调节，显示的是承认和尊重矛盾特殊性的辩证法原则，这是一种源自实践的智慧，因为客观世界本就是千差万别、运动变化的。恩格斯说："世界不是既成事物的集合体，而是过程的集合体。"[1] 毛泽东在《矛盾论》一文中反复强调：不同事物以及同一事物不同的发展阶段，存在着不同的矛盾，矛盾群中的主要矛盾和矛盾的主要方面都是运动、变化、发展的。因此，一定要善于分析矛盾的特殊性，并且用与时俱进的态度分析矛盾运动发展的新状态。

"权变"智慧源自中国传统文化的"中庸"思想。中庸是一种更高的境界，它要求人们审时度势，根据所掌握的信息、时势的发展变化，找出矛盾的平衡点，做出合理、适中的判断。它包括了两个方面的思想：一是执两用中，执中有权；二是用中，过犹不及。"权变"智慧和"中庸"思想既反映了中华民族辩证法的世界观，即世界是普遍联系、相互作用而运动变化、生生不息的，不可能用确定的概念、范畴和定理去确定地把握，又反映了中华民

---

[1] 中共中央马克思恩格斯列宁斯大林著作编译局：《马克思恩格斯选集》第4卷，人民出版社2012年版，第250页。

族实事求是、灵活变通的生存智慧。缺少权变、变通的思想，人就容易走极端，西方文化的形而上学性使其没有一种变通的处世智慧，成为其文化发展的一大缺憾。

马克思在《关于费尔巴哈的提纲》中批判旧唯物主义的直观被动性，强调反映的创造性，同时批判历史唯心主义脱离具体现实而对世界所做的抽象理解。中国文化的"权变"智慧和"中庸"思想与马克思主义能动的认识论立场有非常强的契合性。毛泽东在 1938 年党的六届六中全会上所做的《论新阶段》的报告中说："没有抽象的马克思主义，只有具体的马克思主义。所谓具体的马克思主义，就是通过民族形式的马克思主义，就是把马克思主义应用到中国具体环境的具体斗争中去，而不是抽象地应用它。""离开中国特点来谈马克思主义，只是抽象的空洞的马克思主义。因此，马克思主义的中国化，使之在其每一表现中带着中国的特性，即是说，按照中国的特点去应用它，成为全党亟待了解并亟须解决的问题。"① 邓小平同志在推进马克思主义中国化的过程中更是把"权变"智慧和"中庸"思想发挥得得淋漓尽致。例如他运用矛盾的普遍性和特殊性相统一的原理和方法，提出"建设有中国特色的社会主义"；运用"两点论"和"重点论"相统一的方法，客观地分析和评价了毛泽东同志的历史功过；确立了党在社会主义初级阶段的"以经济建设为中心，坚持四项基本原则，坚持改革开放"的"一个中心，两个基本点"的基本路线；提出"物质文明和精神文明建设两手抓，两手都要硬"，以及"解放思想，也是既要反'左'，又要反'右'""一国两制""和平与发展""先富带动后富"等既体现了辩证法思想，又体现了中国文化的"权变"智慧和"中庸"思想的方针、路线和政策。

毛泽东用"实事求是"概括中国文化的权变智慧，并使之与马克思主义所要求的"现实性"和"能动性"原则实现了有效的对接。"实事求是"是毛泽东对马克思主义唯物辩证法的精彩诠释。"实事求是"原本是中国文化中的概念，毛泽东赋予这一概念以新的内涵："'实事'就是客观存在着的

---

① 中央档案馆：《中共中央文件选集》第 11 册，中共中央党校出版社 1989 年版，第 658—659 页。

一切事物，'是'就是客观事物的内部联系，即规律性，'求'就是我们去研究。"① "实事求是"把唯物论和辩证法相结合，是中国化辩证法的理论成果，成为中国共产党领导人民进行革命、建设和改革的思想路线。邓小平非常强调实事求是，他说："过去我们打仗靠这个，现在搞建设、搞改革也靠这个。"② 他甚至说"实事求是是马克思主义的精髓"③，而不是说"实践"是马克思主义的精髓。因为实践固然重要，但实践首先需要科学的理论做指导，科学的理论只能来自实事求是的方法论。邓小平认为坚持实事求是才是真正坚持了唯物主义。为了让人们更好地理解实事求是的思想路线，避免思想僵化，邓小平在"实事求是"前面添加了"解放思想"四个字，变成"解放思想，实事求是"。总之，中国共产党把"实事求是""具体问题具体分析"看作是马克思主义的精髓和活灵魂，已经成为中国共产党的执政经验和执政智慧。

再次，中国文化对矛盾同一性的侧重，使马克思晚年思想得到实践。 近代中国选择了跨越"卡夫丁峡谷"、避免资本主义人道灾难的新型社会主义道路，这与马克思早年提出的资本主义通过自我否定进入社会主义的发展路径很不一样，是对马克思晚年东方社会理论的大胆实践。马克思晚年以俄国为典型代表探讨东方社会发展道路，提出经济落后的东方国家基于其特殊的历史环境，有可能跨越资本主义的"卡夫丁峡谷"，直接享用资本主义的文明成果，走上社会主义道路的科学设想。应该说，中国人民选择和实践马克思晚年的东方社会理论与中国传统辩证法关于矛盾同一性的侧重，有一定的关系。

毛泽东在革命战争年代强调"斗争性哲学"的同时也不忘"同一性哲学"，表现在他在领导新民主主义革命实践中开展的国共两次合作，与其他党派建立的革命统一战线。新中国成立后建立的"人民代表大会制度"、"中国共产党领导的多党合作和政治协商制度"和"民族区域自治制度"等，都

① 《毛泽东选集》第3卷，人民出版社1991年版，第801页。
② 《邓小平文选》第3卷，人民出版社1993年版，第382页。
③ 《邓小平文选》第3卷，人民出版社1993年版，第382页。

是对辩证法同一性规律的灵活运用。邓小平彰显唯物辩证法的实践智慧，提出"和平与发展"是时代的主题，以及"社会主义初级阶段""一国两制""社会主义市场经济""允许一部分人先富起来，先富带动后富"等治国理政策略，把看似矛盾、冲突的对立面有机地结合在一起，最大限度地协调矛盾的对立面，使矛盾双方相互依存，相互促进。如把科学社会主义一般原则与中国具体实际相结合，把改革开放与四项基本原则相结合，把市场经济与社会主义制度相结合，把效率与公平、民主与集中、地方与中央、先富与后富、物质文明与精神文明、原则性和灵活性相结合，不仅激发经济发展的活力，而且促进了社会的和谐稳定，可谓创造性地运用矛盾同一性和斗争性的典范。

总之，从理论与实践的双向互动以及文化综合创新的角度来看，中国人民以自己将近一百年的革命、建设和改革经验确证了马克思的唯物辩证法的真理性，同时也以中国传统辩证法关于矛盾同一性规律的独到体悟，丰富和发展了马克思的唯物辩证法思想。更为重要的是，马克思的唯物辩证法作为"最好的工具和最锐利的思想武器"通过中国共产党的中国化和大众化，获得了广泛的理解、认同和接受，被中国亿万群众运用于改造世界的实践中，并将随着中国模式的成功而为更广泛的世界人民所理解和接受，极大地推动了人类的解放事业。

第五章　马克思的劳动幸福观对中国文化建设的启示

马克思把通过劳动实现人的本质力量的对象化看作是人生的幸福，并指出现代社会的"精神异化"问题根源于资本主义的"异化劳动"。通过"谋生"劳动与"乐生"劳动的对比，马克思把"乐生"劳动看作是精神文化发展的重要条件。马克思这种以实现人的普遍性本质为目的的文化解释系统，为新时代中国特色社会主义文化建设提供了理论指导，使我们能更加关注人们的"劳动需要"在中国特色社会主义文化建设中的重要意义，尽可能地创造条件使人们把"谋生"劳动与"乐生"劳动统一起来。

第一节　马克思主义的实践自由观

马克思主义自由观既秉承了西方文化重视自由的价值传统，又赋予自由以实践本体论的依据，揭示了自由与劳动、与人的幸福感之间的关系，指出"自由"就是通过本质力量对象化确证自我价值的状态。这一自由观规引着马克思主义的逻辑展开：批判资本主义异化劳动，畅想"谋生劳动"向"乐生劳动"转化、真正占有人的本质的历史可能性。学界对马克思主义实践自由观的内涵已有较多研究，但囿于中国传统文化的"前理解"和具体实践需要的影响，对其所秉承的西方文化重视自由的价值传统，对其所揭示的自由与劳动、实践自由与人的幸福感之间的关系的现实意义阐发不够。积极阐发马克思主义的实践自由观，可以把马克思主义与人们对自由、幸福的普遍追求结合起来，对于借鉴其所传承的西方文化精神，把握其理论宗旨，彰显马克思主义对日常生活的解释力和指导力等极具现实意义。

一、西方文化重视自由的价值传统

马克思主义是关于人类争取自由解放的科学理论体系，认为人类历史就是一部追求自由的历史，其理论宗旨承袭了西方文化重视自由的价值传统。那么自由的内涵究竟是什么？英国历史学家和政治思想家阿克顿认为："自由是个具有两百种定义的概念。"[1] 哈耶克认为："我们都宣称信奉自由，但用词虽同，所指迥异。"[2] 人们之所以对自由会有不同的理解，是因为自由作为人类最基本的价值追求，它体现在生活的方方面面，具有多维性和多层次性。一般的理解，自由就是解放，就是摆脱各种束缚。梁漱溟先生在《东西文化及其哲学》一书中概括了人类面临的主要束缚是自然、社会、自我心灵。他比较了西方文化、中国文化和印度佛教文化为人类摆脱束缚所提供的宝贵智慧，指出：西方文化是主动改变束缚；中国文化是顺从束缚；印度文化是看空束缚。其他人也有类似的观点，如有学者认为，真正的自由就是克服他物、他人和自我心智缺失的三重强制。[3] 这种把"自由"理解为"摆脱束缚"的看法固然不错，但未能揭示人类追求自由的更高目的，即：人的本质力量对象化。用美国人本主义哲学家弗洛姆的话来说，前者是消极自由，后者是积极自由。后者更具内在本源性，更能彰显人类追求自由的无限动力和历史意义。

有学者指出："'自由'可以看作包含了欧洲文化的——道德的、社会的、政治的——最重要的价值。"[4] 的确，西方文化比较重视自由的价值，而且主要是从"本质力量对象化"这个层面理解自由。西方文化对自由这一层面的理解主要缘于西方基督教文化的影响。基督教中上帝是自由的，这种自由不仅仅是摆脱各种束缚，而且是"全知全能"、自由地创造世界，上帝是第一个工程师和劳作者。法国哲学家亨利·柏格森指出，上帝就是不断地生命、活动、自由。德国哲学家马克思·舍勒在《道德意识中的怨恨与羞感》一

① ［英］阿克顿：《自由与权力》，侯健、范亚峰译，商务印书馆 2001 年版，第 14 页。
② ［德］哈耶克：《自由宪章》，杨玉生等译，中国社会科学出版社 1999 年版，第 27 页。
③ 谌林：《两种自由的定义》，载《哲学研究》2015 年第 4 期。
④ ［英］伯尔基：《马克思主义的起源》，伍庆、王文扬译，华东师范大学出版社 2007 年版，第 12 页。

书中驳斥了尼采关于"基督教是弱者的怨恨"的观点，指出恰恰相反，基督教里"找不到丝毫的怨恨，只有一种福乐的、发自力量和崇高之充溢的降身和能降身"[①]。基督教中的爱和牺牲是生命力强盛、满溢和自信的表现，类似尼采笔下的"超人"。伊甸园的故事就有这层寓意：人类的始祖是按照上帝的形象创造出来的独具潜力的生命形式，他们不满足于无忧无虑的伊甸园生活，偷吃了智慧树上的果子，可以像上帝一样挥洒生命的力量。所以，西方文化向往和追求的是上帝创造和改变世界的那种积极自由。英国哲学家约翰·斯图亚特·穆勒在其《功利主义》一书中也有"宁可做一个不满足的人，也不做一头满足的猪"[②]的观点。

漫长的中世纪中，人们对自由的理解是用自己的自由意志战胜肉体欲望的诱惑，劝诱皈依、传播信仰，从精神层面建立"上帝的王国"，这是在精神领域的否定和超越。新教改革时，马丁·路德的"天职观"和加尔文的"选民预定说"使人们对自由的理解升级为积极、主动地施展自己的天赋、才能，并通过职业劳动对象化为世俗财富，这是把精神自由与实践自由结合起来了。马克斯·韦伯的《新教伦理与资本主义精神》一书对新教改革如何把宗教虔诚转化为资本主义的事业精神有精妙的阐释。他认为，新教的"天职"观念使劳动者有一种以劳动为目的的精神态度和工作伦理。劳动是上帝所指定的人生目的本身，不喜劳动者必不为上帝所喜。人们不再视俗世内的劳动为低下卑贱之事，而将其视为荣耀上帝、证明自己获得神宠的手段。清教徒不只是正面赞美劳动，还要求有规律、有方法地从事劳动，要精打细算自己的每一分钟和每一分钱，要让所有的资源最有效率地应用到获取"恩宠的确证"上。新教信众除了得到好好尽义务的喜悦外，未享受到任何东西。这种把劳动看成是最高喜悦和享受的新教思想充分显露了西方文化关于本质力量对象化的、与劳动相联系的自由观。

这种自由思想在西方哲学中也是一脉相承的。亚里士多德就认为善是自我实现和自我本质力量的发展。莱布尼茨认为幸福是克服各种障碍，而非安

---

① ［德］马克思·舍勒：《道德意识中的怨恨和羞感》，北京师范大学出版社2014年版，第72页。

② ［英］约翰·斯图亚特·穆勒：《功利主义》，叶建新译，中国社会科学出版社2009年版，第16页。

逸和满足。黑格尔在其《精神现象学》中通过"主奴关系"的辩证法的精彩阐释，揭示了劳动之于人类"自为存在"的意义：主人把奴隶放在物与自己中间，主人与物的非独立性相结合，主人把对物的独立性一面让给奴隶，让奴隶对物予以加工。奴隶在恐惧中感觉到自为存在只是潜在的，在陶冶事物的劳动中则自为存在成为自己固有的。[①] 即奴隶在劳动过程中，"通过掌握对象、改造对象，使这个对象成为了他的一部分，成了他的意志、才华、能力的象征，成为他自己的个性的象征"[②]。他必须把自己外化在语言或劳动中，他的内在性才可以为他人所接受，他才能知道他是谁或在公共生活中具有怎样的价值。黑格尔第一次把劳动与自由联系起来，但黑格尔强调的劳动还主要是"抽象的精神的劳动"[③]。

总之，西方文化传统不把自由仅仅理解为知足常乐、无忧无虑，而是理解为积极有为、不断否定和超越现实，在各种超越中体验自我的力量、富裕和活力。相比较而言，中国传统文化在价值排序上并不把自由放在首位，对自由的理解主要停留在"无忧无虑"的层面，倾向于安于现状、顺应外在。或者把本质力量对象化局限在主观的道德修养领域，忽视了认识和改造客观世界的自由，结果落后挨打。近代中国被迫加入西方开启的现代化运动，理解现代化运动所隐含的西方文化的自由诉求及其历史意蕴，有利于把握时代精神，由被动到自觉地探索现代化的新型道路。

二、马克思赋予自由以实践本体论的依据

马克思承袭了西方文化追求自由的思想传统，但又突破了前人把自由局限在认识论领域的不足。马克思在其博士论文中，通过分析伊壁鸠鲁的原子偏斜说，赞赏伊壁鸠鲁的自由和能动原则，并提出自由不是抽象的，不应局限于批判世界，还应致力于改造世界。在《1844 年经济学哲学手稿》（以下简称《手稿》）和《关于费尔巴哈的提纲》中，马克思通过揭示人类实践的存

---

① 黑格尔：《精神现象学》（上），贺麟、王玖兴译，商务印书馆 1979 年版，第 145、148 页。
② 邓晓芒：《邓晓芒讲黑格尔》，北京大学出版社 2006 年版，第 104 页。
③ 中共中央马克思恩格斯列宁斯大林著作编译局：《马克思恩格斯文集》第 1 卷，人民出版社 2009 年版，第 205 页。

在方式对于人自身、自然界、人类社会生成和发展的独特价值，赋予人类自由以本体论依据。总之，自由是与不满、批判、能动、战斗、征服、革命、改变不合理的旧世界等行动相联系的，实践就是批判和否定现实，其实质就是人的本质力量对象化，体现了人的自由。自由不是先验的，而是在实践中生成的。马克思在《手稿》中指出："对象如何对他来说成为他的对象，这取决于对象的性质以及与之相适应的本质力量的性质。……我的对象只能是我的一种本质力量的确证。"① 实践创造丰富多彩的对象世界，对象提升主体的本质力量，在改造世界和改造自我的双重实践中，人成了未完成的"自由性的存在"，这一思想在一定程度上被海德格尔和萨特开创的存在主义哲学诠释和发扬了。

在中国传统文化中，自由并不是一个重要的价值观，至多是物质层面的衣食无忧，"要什么有什么"。受这种文化前理解的影响，人们主要从摆脱物质束缚层面去理解马克思的理想追求。如，过去对社会主义、共产主义广为流传的理解是：社会主义的奋斗目标是"楼上楼下，电灯电话"；共产主义的美好生活就是"土豆加牛肉"、物质财富极大丰富。一定程度上说，我们现在对社会主义本质的理解——"解放生产力，发展生产力，消灭剥削，消除两极分化，最终达到共同富裕"②，以及对小康社会的理解，较多地强调物质层面的自由，而对人的本质力量对象化的自由关注和意义阐发不足。实践中导致"自由"的话语权一直被西方垄断，并被西方披上"普适价值"的迷彩服。实际上，"普适价值"观语境中的自由、民主指向的是资产阶级的、个人主义的价值观，"其宣扬的所谓民主、自由、平等具有抽象性、虚幻性甚至殖民性、侵略性"③。而社会主义核心价值观指向的是社会主义、集体主义，两者有本质区别。在资本主义私有制下，"自由、民主、平等"只能在资产阶级内部实现，对于被迫出卖劳动力的广大工人阶级来说，自由是虚幻的，劳动是异化的，民主和平等是形式上的。与资本主义私有制相对应的利己主

---

① 中共中央马克思恩格斯列宁斯大林著作编译局：《马克思恩格斯文集》第1卷，人民出版社2009年版，第191页。

② 《邓小平文选》第3卷，人民出版社1993年版，第373页。

③ 马学轲：《2014年意识形态领域十个热点问题》，载《马克思主义研究》2015年第2期。

义的、个人主义的价值观会日益造成社会的分裂和个人的孤独。资本主义私有制愈是发展，社会愈是陷入对立，人与人的关系全面异化，最终导致经济危机和社会危机的反复爆发。

第二节　马克思把文化发展与劳动需要相结合

中国传统文化非常重视民众的思想道德修养，注重内心世界的改造，并通过各种形式的教化把中华民族塑造成了勤劳、温和、敦厚的民族，但是它没有把劳动与文化联系起来思考。这种脱离生产实践的修身养性，不免有主观唯心主义的弊端。马克思把文化发展与劳动需要相结合的思想对于社会主义先进文化建设具有重要指导意义。

一、马克思揭示了"劳动异化"与"文明异化"的关系

文化的终极目的是"使人作为人而成为人"，使人的存在状态从动物本能的、有限的存在状态中超越出来。在马克思主义诞生之前，各文化主体都是先预设真正的人性是什么，然后有目的地通过各种物质的、制度的和精神的手段去"化人"。中国传统文化比较强调人的道德属性，"人之所以异于禽兽者几希，庶民去之，君子存之"（《孟子·离娄下》），由此建构了以伦理道德秩序为重心的儒家传统文化。西方中世纪比较强调人的宗教性，要求人成为一个虔诚的信徒，进入近代后则强调人的理性，建构了以工具理性为准则的资本主义工商业文明。然而无论是"人之初，性本善"还是"人之初，性本恶"，或者"人之初，性本无"，中西文化对人性问题都采取了先验论式的回答，这将导致人们形而上学地谈论人性以及人所创造的文化世界。

黑格尔"把真正的人理解为他自己的劳动的结果"[1]。人通过劳动生成他自身，即劳动是人的本质力量的对象化，对象化的成果就是文化。马克思在《手稿》中指出："黑格尔把一般说来构成哲学的本质的那个东西，即知道

---

[1]　马克思：《1844年经济学哲学手稿》，人民出版社2000年版，第101页。

自身的人的外化或者思考自身的、外化的科学，看成劳动的本质。"① 这里的
"构成哲学的本质的那个东西"和"思考自身的、外化的科学"指的是"时代
精神的精华"，就是文化。黑格尔关于劳动、人的本质、文化三者辩证关系
的分析无疑是很精彩的。但遗憾的是，唯心主义的立场使"黑格尔惟一知道
并承认的劳动是抽象的精神的劳动"②。马克思借助费尔巴哈的唯物主义立场，
把黑格尔的"抽象的精神的劳动"现实化为具体的生产劳动。

　　马克思揭示了生产劳动的文化意蕴：劳动是人独有的存在方式；劳动是
人的本质力量的对象化；劳动把自然、社会、人生意义联系起来等。从劳动
出发的这种文化解释系统使整个世界、世界的一切，包括人自身，都可以得
到科学而合理的解释，它们都是劳动的对象化和劳动的现实化，其实质是人
的本质力量的对象化。这样就打破了前人把物质文明与精神文明、物质生产
与精神生产、自然科学与哲学等割裂开来研究的形而上学思维。从劳动出发
的这种文化解释系统使人与自然、人与社会、人与自我的应然状态——文化
努力的方向，也得到了澄清。如：（1）自然界作为人的生产资料和生活资料
的来源，是人的本质力量对象化的首要对象，"人化的自然"是人的"无机的
身体"，因此人与自然的关系通过实践被分化，但最终还要通过实践统一起
来，实现人与自然关系的和解；（2）人自身也是人的劳动对象和劳动的现实
化产物，人的本质是生成的，人生的意义在于实现自己的普遍性本质，即本
质力量最大化和对象化；（3）劳动是确证人的本质力量的主要活动，因此不
应仅仅从谋生需要，还应从乐生需要的高度把握劳动的意义；（4）社会是人
实现本质力量最大化和对象化的组织形式，因此个体与共同体的关系应该走
向和谐；（5）人是社会存在物，社会性（利他性）才是人的本质属性，自私
自利的人性不是先天的、永恒不变的；（6）工人阶级是本质力量对象化的主
体，所以应该实现每个人自由而全面的发展；（7）人类对本质力量的无限追
求，必将扬弃异化劳动实现全人类的解放。因为"工业的历史和工业的已经
生成的对象性的存在，是一本打开了的关于人的本质力量的书本，是感性地

---

①　马克思：《1844 年经济学哲学手稿》，人民出版社 2000 年版，第 101 页。
②　马克思：《1844 年经济学哲学手稿》，人民出版社 2000 年版，第 101 页。

摆在我们面前的人的心理学"①。

马克思还分析了"文明异化"现象，指出"文明"作为文化的创造物并不总是肯定人和确证人的，有时恰恰相反，它会反过来否定人、折磨人，这就是"文明的异化"。"文明异化"包括广义和狭义。广义的"文明异化"是指在一定条件下，主体为了实现自己的普遍性，通过本质力量对象化而生成的创造物，包括物质、制度和精神财富，没有肯定自己而是否定自己。狭义的"文明异化"仅指精神创造物对人的否定。在人类历史上有许多狭义层面的"文明异化"的例子，例如西方中世纪的宗教文化、被宋明理学极端化了的中国礼教文化以及西方商业文化与某些先锋艺术，与其说是人的本质力量的表现形式，不如说是对人的本质力量的抵制和瓦解。

马克思认为"文明异化"的根本原因是"异化劳动"。"异化劳动"表现为劳动产品异化、劳动活动异化、人的类本质异化、人与人关系异化，这些异化构成了资本主义整体的"文明困境"。这种"文明异化"在物质文明、制度文明和精神文明三个层面都有表现。物质层面的异化表现为人与自然关系的失衡；制度层面的异化表现为社会制度对人的自由而全面发展的束缚和压迫；精神层面的异化表现为人的需要退化，使人丧失人性。在资本主义私有制下，文明的成果并没有肯定人，相反，它使人不断丧失人的需要和人的社会属性，向动物无限倒退。

马克思认为，精神文化生产需要建立在一定的物质财富的基础上。只有物质财富极大丰富，人类才能从肉体需要的束缚中解放出来，劳动才能由"谋生"需要转变为"乐生"需要，人类才能享受自由自觉的本质力量对象化的精神快乐。资本主义文明的历史合理性在于它为生产力的发展扫除障碍，它所创造的巨大物质财富不仅为"五官感觉"的形成创造了必要的对象，也逐渐使物质占有失去意义。当生产力发展到一定阶段，就有可能把人的感觉从片面占有、拥有的快乐，提升为自我实现的快乐。马克思认为"共产主义是私有财产即人的自我异化的积极扬弃，因而是通过人并且为了人而对人的

---

① 马克思：《1844年经济学哲学手稿》，人民出版社2000年版，第88页。

本质的真正占有"①。在那里，社会关系高度和谐，人们精神境界极大提高，人们将改变对劳动的看法，劳动将成为生活的第一需要。人们不仅具有多方面的才能，而且具有高度的觉悟和高尚的道德品质，乐意为社会公共事业做出贡献已经成为人的本能。

二、马克思揭示了劳动需要与人的幸福感之间的关系

首先，马克思始终把人的幸福和人的自由联系在一起，认为人的幸福应该是本质力量对象化的自由，这种自由是属人的高级自由，它涉及物质和精神两个层面的自由。劳动促进了人的意识的发展，使人的生命活动成为"有意识的生命活动"，"有意识的生命活动"把人的生命活动与动物本能的生命活动区别开来，实现这种自由也就成为人的生命活动的价值导向。根据认识与实践的辩证统一关系，劳动过程中，人首先能够体验到精神方面的自由。即，人能够对客体进行能动的反映，表现在人们能够在观念中分解、加工和改造对象，进行创造性的思维活动；能够透过现象把握本质；能够结合自己的需要在头脑中创新出新客体的理想形态和功能。

人不仅能够在观念中积极地反映客体，而且能够现实地改变客体，这是物质层面的自由。马克思批判旧唯物主义把人的劳动简单地等同于一般动物的谋生活动，如费尔巴哈认为人的劳动只是"利己主义活动"。费尔巴哈没有看到人的谋生活动不是本能地适应自然，而是能动地改造自然，因而人的劳动不仅具有谋生意义，还具有改变世界的价值，从而具有乐生的价值。劳动过程是本质力量对象化的过程，劳动过程结束后，人的本质力量外化出来后以产品的形式存在，产品是人的本质力量的确证，能够给人带来存在感和成就感。

当人们不能在他所创造的世界中直观自身时，他只能通过物质消费、疯狂购物、炫富等活动感受自己的存在、尊严和价值，这是今天消费主义文化主导世界的重要原因之一。现代社会中，大部分人的存在状态还是"物的

①　马克思：《1844年经济学哲学手稿》，人民出版社2000年版，第81页。

依赖"的存在，不是自由、自觉、自为、自主的存在。这种"物的依赖"的存在状态是人类自由发展的必经阶段。因为对"物的依赖"能够刺激人们发展生产力，最终使整个人类摆脱"物的依赖"，实现自由自觉的发展。但是，"物的依赖"的存在状态给人带来了虚假的幸福观，遮蔽了劳动幸福论的真理，使人把幸福仅仅等同于物质财富的占有，忘记了财富的本真意义。真正的财富不是对物质和货币的占有，而是人的智慧、能力、天赋的绝对发挥，即人的本质力量的对象化。正如马克思所说："事实上，如果抛掉狭隘的资产阶级形式，那么财富岂不正是在普遍交换中造成的个人的需要、才能、享用、生产力等等的普遍性吗？财富岂不正是人对自然力——既是通常所谓的'自然'力，又是人本身的自然力——统治的充分发展吗？财富岂不正是人的创造天赋的绝对发挥吗？"①

其次，马克思认为劳动能够让人在否定和创新中彰显自我的个性，为人带来自我实现的快乐。马克思深刻地指出"我的劳动是自由的生命表现，因此是生活的乐趣"②，因为劳动过程是主观见之于客观的过程，充分体现了人的本质力量和个性特征。在《手稿》中，马克思论证了劳动与个性实现的关系，他说："我在我的生产中使我的个性和我的个性的特点对象化，因此我既在活动时享受了个人的生命表现，又在对产品的直观中由于认识到我的个性是对象性的、可以感性地直观的因而是毫无疑问的权力而感受到个人的乐趣。"③

美国心理学家马斯洛的需要层次理论和马克思主义的幸福观可谓不谋而合。马斯洛认为人的需要可以分为：生理需要、安全需要、归属和爱的需要、尊重的需要、自我实现的需要。由低到高，需要的满足方式和快乐体验是不一样的。低级需要（生理需要、安全需要）通过向外索取、占有物质资料才能满足，所获得的快乐是低层次的。爱因斯坦称之为猪的快乐："我从来不把安逸和快乐看作是生活目的本身——这种伦理基础，我叫它猪栏的理

① 中共中央马克思恩格斯列宁斯大林著作编译局：《马克思恩格斯全集》第46卷（上），人民出版社1979年版，第486页。
② 马克思：《1844年经济学哲学手稿》，人民出版社2000年版，第184页。
③ 马克思：《1844年经济学哲学手稿》，人民出版社2000年版，第184页。

想。"①马斯洛调查了一批成功人士，发现他们常常提到生命中曾有过的一种特殊经历：一种发自心灵深处的战栗、欣快、满足、超然的深刻情绪体验，犹如站在高山之巅，语言无法表达的"高峰体验"（peak experience）。这种快乐不是通过占有，而是通过付出，即本质力量对象化才能体验到。

人只有在劳动中才能感受到自己的存在、尊严和价值，这也是马克思安身立命的价值观。在其中学毕业论文《青年在选择职业时的考虑》中就显示了他对自由、劳动与幸福三者相联系的认识："如果我们选择了最能为人类福利而劳动的职业，那么，重担就不能把我们压倒，因为这是为大家而献身；那时我们所感到的就不是可怜的、有限的、自私的乐趣，我们的幸福将属于千百万人，我们的事业将默默地、但是永恒发挥作用地存在下去，而面对我们的骨灰，高尚的人们将洒下热泪。"②青年马克思在考虑幸福问题的时候，已经超越了资本主义社会占主导地位的个人主义和功利主义的价值观，把个人利益与社会利益、谋生劳动和乐生劳动统一起来。这与中国传统文化的"士大夫精神"比较相似。朱汉民教授认为"士大夫精神"在中国经历了四个阶段，即：秦汉时期的"士志于道"，坚守道德理想，追求高尚人格，承担社会责任；魏晋时期，率性自由，追求身体和心灵的愉悦；唐宋时期，"为天地立心、为生民立命、为往圣继绝学、为万世开太平"的"圣贤气象"；明清时期，圣贤兼豪杰的经世抱负和道德理想，即"士大夫精神"③。中国传统士大夫精神也是一种实践精神，即把理想和现实结合起来、把小我融入大我的人生追求，这与马克思不谋而合。

再次，马克思认为劳动能够扩展人与世界的普遍联系，使人实现普遍性的本质。马克思认为自由而全面的发展是对人的普遍性本质的确证。现代社会生活，特别是现代化的社会大生产，把劳动者变成复杂的社会联系中的人，这不仅对劳动者提出了多方面的能力要求，而且为劳动者全面发展自

① 张汝伦：《大学思想读本》，广西师范大学出版社 2004 年版，第 52 页。
② 中共中央马克思恩格斯列宁斯大林著作编译局：《马克思恩格斯全集》第 40 卷，人民出版社 1982 年版，第 7 页。
③ 《士大夫精神：一种重塑当代人心世界的力量》[EB/OL]. http://news.voc.com.cn/article/201505/201505181234213686.html。

身提供了物质的和精神的条件。虽然市场经济有激烈的竞争，导致人们形成零和博弈的思维，但总的来看，社会化的大生产是一种"我为人人，人人为我"的相互依赖、相互合作的运行模式，常常是一荣俱荣，一损俱损。所谓社会存在决定社会意识，生产的社会化程度越高，人们的命运共同体意识就越强。对社会化大生产的绝对依赖关系，能让劳动者意识到自己的社会性存在和社会属性，并在奉献与索取辩证统一的社会生活中验证自己的社会存在感，逐渐把自己的小我融入社会的大我之中，超越生命的有限性。

从文化的角度来看，马克思之所以批判资本主义，就是因为资本主义制度带来了巨大的人道主义灾难，它的异化劳动和私有制让人感受不到劳动中的自由和属人的高级快乐，让人无法在劳动中体验到人应有的存在方式和应有的幸福感，导致人向动物无限倒退。"如果说封建社会最要保证的是权力不可侵犯，资本主义社会最突出的是资本利益至上，社会主义和共产主义社会最应彰显的就是劳动的尊严和荣光。"[①] 让"劳动成为生活的第一需要"是马克思所设想的共产主义社会的最重要的特征，共产主义社会就是要基于劳动幸福观去再造整个社会的文化价值系统。因此，"劳动精神是社会主义的本质精神"[②]，劳动幸福观也应该是社会主义独特的精神追求和精神旗帜。

三、马克思的劳动幸福观对于社会主义先进文化建设的指导意义

首先，用马克思的实践自由思想引领社会思潮的发展。社会思潮是指经思想家倡导、在大众中持续流行的、与一定时代的社会重大问题相关的、较为系统和集中的思想观点。有学者统计当前中国有影响的七大社会思潮为："新自由主义、民主社会主义、新左派、复古主义、折衷马克思主义、传统马克思主义和创新马克思主义。"[③] 这些社会思潮是当代中国社会存在的重大

① 陈培永：《共产主义的原貌——马克思〈1844年经济学哲学手稿〉如是读》，广东人民出版社2016年版，第32页。
② 何云峰、周玉林：《基于劳动幸福构筑社会主义精神——上海师范大学知识与价值科学研究所所长何云峰教授访谈》，载《社会科学家》2018年第12期。
③ 程恩富、侯为民：《当前中国七大社会思潮评析》，载《陕西师范大学学报（哲学社会科学版）》2013年第2期。

问题和主要矛盾、不同利益群体观念和愿望在思想领域中的反映。不同的社会思潮基于不同的立场、思维方式、经验、理论视野和兴趣偏好，在面对共同的矛盾和问题时的诠释迥然有别，既有各自合理的利益诉求，也有其立场和思维的局限性。目前，一些观点似是而非，容易蛊惑人心、混淆视听；一些观点的对立和冲突已经上升到思想斗争的层面。

马克思在分析文化问题时所秉持的人道主义立场，以及把文化与劳动相联系的辩证唯物主义方法，有利于我们明辨是非，直指某些错误思潮的要害，如分清哪些是唯心主义或形而上学的思维方法，哪些是代表少数人利益的理论诉求，哪些是已经不符合社会发展现实的思想，哪些是已经被历史实践驳倒了的观点等。正如马克思所说："理论只要说服人，就能掌握群众；而理论只要彻底，就能说服人。所谓彻底就是抓住事物的根本。"①《手稿》揭示的"劳动"和"异化劳动"范畴是我们理解世界的钥匙。

但正如《手稿》所说的："理论的对立本身的解决，只有通过实践的方式，只有借助于人的实践的力量，才是可能的。"②马克思批判抽象的思辨，强调实践之于文化发展的推动力量。所以，用马克思主义文化观引领社会思潮的发展，首先要切切实实地提升人们的物质生活条件，在此基础上通过宣传与教育，使广大人民群众理解劳动之于自我价值实现的意义。否则"在极端贫困的情况下，必须重新开始争取必需品的斗争，全部陈腐污浊的东西又要死灰复燃"③。邓小平同志提出"两手抓，两手都要硬"的道理即在此。当年马克思主义在众多社会思潮中脱颖而出，靠的是实践，今天马克思主义依然要通过实践的力量继续引领社会思潮的发展。

随着人们物质生活水平的提高，越来越多的人开始意识到奉献、利他劳动所带来的自由和自我确证的快乐。在北欧的一些高福利国家，人们对劳动

---

① 中共中央马克思恩格斯列宁斯大林著作编译局：《马克思恩格斯文集》第1卷，人民出版社2009年版，第11页。
② 中共中央马克思恩格斯列宁斯大林著作编译局：《马克思恩格斯文集》第1卷，人民出版社2009年版，第192页。
③ 中共中央马克思恩格斯列宁斯大林著作编译局：《马克思恩格斯文集》第1卷，人民出版社2009年版，第538页。

的观念也正在由谋生手段向乐生手段转化。有消息称，2013 年 10 月 4 日瑞士"乌托邦"提案被正式提交，提案的内容是："每位成年瑞士公民不工作，每月也可以得到 2500 瑞士法郎（约合 1.7 万元人民币）的最低工资，不满 18 岁的未成年人每月将可获得 625 瑞郎（约合 4000 元人民币）。提案的支持者称，他们仍然会继续工作，只是他们希望在满足基本生活保障以后，可以令工作和生活变得更有创造性。"[①] 这一做法非常接近马克思主义的"按需分配，每个人自由而全面发展"的理想。社会主义制度更加应该弘扬劳动精神，在马克思主义中国化、大众化过程中，要重点阐释马克思主义基于实践自由的幸福观。令人欣喜的是，这些年中国的慈善事业也随着生产力的发展而发展起来，各种慈善基金等人们称之为"正能量"的力量正在发展壮大，这种自觉的本质力量对象化的活动满足了人们更高级的精神需要，带来更高级的快乐体验。

今天，人类已经开始进入信息社会，生产要素逐渐由"资本"主义进入"知本"主义，消费内容逐渐由物质消费进入精神消费，财富形式逐渐由无形的知识、信息取代有形的资本、物质。这种发展态势将给人类带来一种新的伦理价值观，即：合作、共享，利他就是利己。对有形的资本、物质的占有具有排他性性，相反，对无形的知识、信息的占有则具有共享性，它们丝毫不会因为过多的分享而减少价值。事实上，分享的人越多，越有可能通过不同主体的能动反映和创新理解而衍生出更多有价值的信息。有研究网络伦理的学者指出："自由、开放和共享是互联网的核心精神，互联网精神的生成与互联网技术架构的特征有着密切的关系，也与社会文化中的某些文化因子遇上适宜其生长的互联网环境而迅速生根、发芽、成长等因素有关。"[②] 目前，一群研发计算机程序的高级人才正以知识信息的开放、共享为荣，倡导工作的娱乐性和自由性。一些普通网民也在互联网上无私地贡献自己的信息、知识、技术和智慧，或传道授业，或提供咨询意见和建议，帮助他人排忧解

---

① 新华网：《800 万枚硬币被倾倒在国会大厦》[BE/OL]. http://news.xinhuanet.com/world/2013-10/06/c_125486688.htm,2013-10-06/2015-04-16。

② 李伦：《作为互联网精神的自由、开放和共享——兼谈技术文化价值的生成》，载《湖南文理学院学报（社会科学版）》2006 年第 3 期。

难，受助者甚至不知道赞助者的姓名，一般的人都能感受到网上到处都是活雷锋。信息社会的时代精神与马克思主义基于实践自由的幸福观不谋而合。总之，温饱问题的解决、信息社会的发展，为马克思主义基于"实践自由"的幸福观的认同与践行创造了客观的条件。

其次，结合新的时代条件解答"文明异化"问题，探索人类文明的新航道。今天，整个世界依然是资本主义占主导的世界，人类面临的生态危机、经济危机或金融危机、文化危机、社会危机等，依然可以归结为资本主义的"文明异化"，马克思的"异化劳动"理论依然是我们开展文化批判和自我反思的重要理论资源。我国在生产力相对落后的情况下建设社会主义，不得不把主要精力先放到"解放生产力和发展生产力"上，甚至不得不利用资本主义和市场竞争的作用。在利用资本、私有制、市场经济、工具理性等"资本主义"文化要素发展生产力、参与世界竞争的过程中，资本逻辑、拜物教、极端利己主义、个人主义、功利主义、工具理性等价值观也"随风潜入夜"，一些社会成员陷入了对物质和金钱的盲目崇拜中，看不清社会发展的方向，丧失了理想信念。虽然我国以公有制为主体的生产资料所有制以及人民当家作主的政治制度为防止和降低"文明异化"提供了制度上的保证，但是仍需在思想意识上做好宣传与教育。马克思对劳动、金钱、财富的本质揭示为我们践行社会主义核心价值观，建设社会主义先进文化奠定了理论基础。马克思认为，真正的财富不是对物质和货币的占有，而是人的智慧、能力、天赋的绝对发挥，即人的本质力量的对象化。金钱和财富并不神秘，作为一般等价物，它仅仅是人们因社会分工与交换而形成的一般等价物。

对金钱和财富的正确理解，将有利于我们进一步落实先富带动后富的改革目标。40多年的改革开放激发和释放了人们致富的欲望，极大地调动了人们劳动的积极性，使一部分人先富起来了。但社会收入差距扩大、基尼系数不断攀升的问题也越来越严重。社会主义改革的目标是"先富带动后富，最终实现共同富裕"。如果不帮助先富起来的这群人理解金钱、财富、劳动、自由与幸福快乐之间的内在关系，就会使一些人对幸福、快乐的理解仅仅停留在索取和占有上，不能实现需要层次的逐级提升。反观当今社会出现的各种唯利是图、自私自利、炫富、奢侈品消费、拖欠工资、巨额贪腐等现象，在某种程度上说明一些先富起来的人尚不理解金钱和财富的本质，不理解什么是真正的人的需要、什么是真正的自由快乐。在错误的价值观的支配下，先富起来的这群人有可能过分强调自己的既得利益，抵制当前我国正在进行的利益格局的重大改革和调整，不利于"先富带动后富"改革目标的落实。如果我们用马克思主义的劳动观、金钱观和财富观，结合马斯洛的需要层次理论，再结合一些先进人物的事例，教育和引导民众，揭示人类需要的层次由低级到高级、满足需要的财富形态由物质到精神、实现幸福的方式由索取到奉献的辩证发展规律，有可能让一些陷于物欲的人豁然开朗，自觉提升自己的价值追求。

社会主义文明的先进性体现在它能更加自觉、主动地扬弃"文明的异化"，它能更加注重社会发展的整体性原则，最大限度地实现和谐发展、共同富裕，它能更加自觉地提升人们对劳动意义的认识，更好地调动人们劳动的积极性。今天，中国进入新的历史时代，即将全面建成小康社会，中国人民不仅站起来了、富起来了，而且要强起来了。马克思所期望的扬弃文明异化的物质条件已经初步具备，劳动由谋生需要向乐生需要的转变有了可能。我们应该在此基础上自觉地加快思想文化建设的步伐，发挥社会主义先进文化对社会存在的反作用。

再次，以职业伦理建设为抓手推进社会主义核心价值观的建设。当前我国社会在培育和践行社会主义核心价值观的过程中，既面临着如何让广大人民群众理解和认同的问题，又面临着与"普适价值观"争夺话语权的问题。主张和宣扬"普适价值观"的人利用人们对自由、民主、平等、人权等理念的天然认同心理，抬高"普适价值观"的地位，混淆社会主义核心价值观与"普适价值观"的区别，使社会主义核心价值观看上去只是拾人牙慧，从而贬低社会主义核心价值观的先进意义，干扰广大民众对社会主义核心价值观的理解和认同。

真理总是在与谬误的比较和斗争中占领阵地的，我们可以以人们普遍认同的"自由"为抓手展开理论对比，揭露西方"普适价值"在解决自由、民主、平等等问题上的历史局限性，使人们真正理解社会主义核心价值观的先进内涵，以及其崇高而又切合当前社会历史现实的价值追求。最重要的是以"实践自由"思想为指导，提升人们对劳动、金钱、财富和幸福的认识。其中对劳动意义的阐发尤为关键，要把马克思主义的"实践自由"思想与人们所从事的平凡的职业劳动联系起来进行意识形态教育。因为人们的职业劳动最有可能让人感受到人的实践的存在方式，体验到实践过程中的高级自由、高级快乐，以及社会存在感，进而感受到马克思主义的真理性。

"'社会主义精神'主要是'劳动精神'。社会主义精神首先是一种用劳动创造作为价值判断标准的精神。追求劳动幸福，崇尚劳动，敬畏劳动，因劳获义，是这种精神的核心。社会主义精神在本质上是信奉劳动幸福的理念和信念系统。它的基础是劳动幸福理论。"[①] "幸福都是奋斗出来的" "奋斗本身就是一种幸福"以及"工匠精神"等已经成为人们耳熟能详的口号了。这些都是对马克思的劳动幸福观的诠释和运用。

社会主义核心价值观包括国家、社会、个人三个层面。涉及个人层面的社会主义核心价值观是：爱国、敬业、诚信、友善。它们之间的内在逻辑是：爱国不是抽象的，需要具体落实到每个人的工作岗位上，敬畏自己的职业活动，把职业劳动看作是实现自我本质力量、乐生的手段；诚信首先体现为遵守社会分工的契约，以诚实的态度对待自己的劳动对象，把劳动产品看成是自我本质力量的对象化和确证；友善首先体现在把消费自己劳动产品的他人看成是自我本质力量确证和补充的对象，而不是互为发财的手段。但是，一般的理解只看到"敬业"是社会对公民职业行为准则的外在要求，要求公民忠于职守、克己奉公等。若能把"敬业"与人的本质力量对象化、确证自我价值等意义结合起来理解，就能加强人们对这一价值观的认同和内化，使人们自觉地践行。另外，劳动创造幸福，但只有自由劳动才是幸福劳动。尊重劳动、热爱劳动才能使劳动幸福观深入人心，要旗帜鲜明地反对不劳而获、好逸恶劳、无功受禄的社会不公现象。社会主义公有制和按劳分配

[①]　何云峰、周玉林：《基于劳动幸福构筑社会主义精神——上海师范大学知识与价值科学研究所所长何云峰教授访谈》，《社会科学家》2018年第12期。

为主体的经济制度已经为"我为人人，人人为我"的职业伦理奠定了基础，我们应该进一步宣传"劳动光荣""劳动幸福"的价值观，促进人们对社会主义本质精神的自觉，坚定社会主义先进文化的自信。

在马克思主义大众化过程中，如果不把马克思主义的实践（劳动）与自由联系起来理解，不充分阐发劳动所蕴含的自我实现价值和高峰体验，就会使一般老百姓对马克思主义的信仰——共产主义社会的理解仅仅停留在物质财富极大丰富的想象空间中，继而以有限的资源和物质财富无法满足人们无限的欲望为论据，经验性地得出"共产主义渺茫论"的错误结论，在错误的见解下对马克思主义及其意识形态教育敬而远之。反之，如果我们以马克思主义的"实践自由"思想为抓手，生动诠释马克思主义的逻辑起点和理论旨归，就能彰显马克思主义对日常生活的解释力和指导力，获得大众的理解和认同，实现其引领社会思潮的目标。

第六章　超越"虚无主义"：马克思主义与中国传统文化的视域融合

　　人的解放分为精神解放、政治解放、经济解放三个向度，超越虚无主义是人的精神解放的重要课题之一。虚无主义肇始于西方的现代化运动，是现代性反思的重要话语。虚无主义既是一种观点，又是一种运动，主要是指现代化进程中生命意义和崇高价值虚无化而引发的人类精神危机。中国的现代性建构不可避免地遭遇虚无主义的困扰。为了破解虚无主义的文化难题，开辟一条新型现代化道路，既需要借鉴尼采和海德格尔等西方先进知识分子对虚无主义的文化批判，又需要运用历史唯物主义透视和超越虚无主义。中国传统文化蕴含着遏制虚无主义的文化基因，马克思主义中国化使之实现了否定之否定的发展，将为解决现代性难题贡献中国智慧。

第一节　虚无主义与现代性反思

一、虚无主义：现代性反思的重要范畴

　　人的生命活动是自由自觉的，人能在本质力量对象化的生命活动中感受生命的精彩，实现人生的崇高价值。然而，现代人却常常感觉"人间不值得"。尼采用"虚无主义"这一范畴概括了现代社会人们"无家可归"的文化现象，认为"虚无主义"意味着最高价值的自行贬黜[1]，形象地说就是"上帝

---

① ［德］尼采：《权力意志——重估一切价值的尝试》，商务印书馆 2007 年版，第 400 页。

死了"。"上帝死了"意味着人们不再关注自己的超越性本质,不再追求生命的神圣意义;意味着人们无须再受清规戒律的束缚,可以为所欲为,结果"本能取得了至高无上的统治地位"①。尼采敏感地意识到功利主义的世俗生活貌似实现了人的解放和自由,实际上给人带来一种"无家可归"的惶恐和焦虑。这里的"家"不是物理意义上的家,而是海德格尔所说的存在论意义上的"心灵家园"。尼采不仅清楚地看到虚无主义的到来,而且认为虚无主义是现代社会"最可怕的客人"。他说:"我要叙述的是往后两个世纪的历史,我要描述的是行将到来的唯一者,即虚无主义的兴起。"②事实证明尼采所言非虚,20世纪上半叶爆发了两次世界大战,虚无主义的文化危机暴露无遗。

虚无主义的主要危害表现如下。

首先,导致人道主义灾难。虚无主义过度肯定世俗生活的价值,导致人的理性片面发展。人的理性是人之为人的高贵所在,启蒙运动高扬人的理性,使之取代上帝的位置。当人们不再追求理想、崇高、超验、神圣、永恒的事物后,理性就被狭隘地理解为工具理性。马克斯·韦伯指出了理性沦落的逻辑:"寻求上帝的天国的狂热开始逐渐转变为冷静的经济德性;宗教的根慢慢死去,让位于世俗的功利主义。"③工具理性的片面发展使人成为精于算计的利己主义动物,人与人之间丰富的社会关系蜕变为赤裸裸的利害关系,为了协调人们之间的利益纷争,各种规章、制度、法律层出不穷,社会陷入马克斯·韦伯所说的"铁笼"。霍克海默和阿道尔诺在其合著的《启蒙辩证法》中也指出,启蒙运动的初衷是运用人的理性摆脱宗教观念、封建专制以及自然界对人的发展束缚,消灭神话、消灭不公正、消灭野蛮状态,实现人的自由自觉。然而悖谬的是,"随着支配自然的力量一步步地增长,制度支配人的权力也在同步增长。这种荒谬的处境彻底揭示出理性社会中的合理性已经不合时宜"④。最终,启蒙对自然的统治变成了对人的统治,使人们进入新的不公正和新的野蛮状态。

---

① [德]尼采:《权力意志——重估一切价值的尝试》,商务印书馆1991年版,第227页。
② [德]尼采:《权力意志——重估一切价值的尝试》,商务印书馆1991年版,第373页。
③ [德]马克斯·韦伯:《新教伦理与资本主义精神》,生活·读书·新知三联书店1987年版,第138页。
④ [德]霍克海默、阿道尔诺:《启蒙辩证法》,渠敬东、曹卫东译,上海人民出版社2006年版,第31页。

其次,引发一系列社会危机。霍布斯从旧唯物主义的立场出发,把人的本质理解为"自我保存",这时自私自利的个人本位主义、极端享乐主义就隆重登场。财富、强权、生存空间成为人们的无限追求,社会处于"人人相互为战""人对人像狼一样""他人就是地狱"的状态,人们相互敌视且目光短浅,集体的共同利益、长远利益等崇高价值被漠视,人与自然的关系也是如此。人们缺乏共同体意识,导致各种世界性的危机层出不穷,如当前愈演愈烈的生态危机、金融危机、社会危机等,它们相互勾连,相互影响。

面对虚无主义造成的这些危害,西方有识之士展开了深刻的反思,一些人主张区分"文明"与"文化",认为"文化"高于"文明",现代文明只是"文明"而没有"文化"高度①。马克思、尼采、海德格尔对虚无主义的批判深入西方文化本身。尼采梳理了西方文化走向虚无主义的三个历史阶段:

第一阶段,苏格拉底用客观理性、柏拉图用"理念世界"、基督教用"纯粹的天国"扼杀了古希腊文化的酒神精神,把人的生命本能和非理性活动的价值虚无化了。尼采认为形而上学是西方文化的本质特征,这种文化特征肇始于苏格拉底和柏拉图。苏格拉底对理性的抬高意味着开始贬抑人的非理性的、本能生命的价值。柏拉图建构了一个不同于"感官世界"的超验的"理念世界",并论证前者是"虚假的",后者是"真实的"。尼采指出,基督教把柏拉图的"理念世界"和"感官世界"换成"上帝之城"和"世俗之邦",幻想超验的"上帝之城"没有变化、痛苦、矛盾、迷惑,人们在其中能获得永久的安定和幸福;同时夸大"世俗之邦"的苦难、困惑和不确定性。尼采说,西方文化这种把世界二分化为"真实世界"和"虚假世界",并把两者对立起来,让人们追求虚幻的生活、厌弃现实的生活的行为,使人放弃了生命本能应有的冲动和创造力,这是将"自我欺骗"推向了极端。

第二阶段,启蒙运动通过杀死上帝恢复人的主体地位,使传统价值体系和意义世界坍塌,造成现代人的精神危机,是一种更为严重的虚无主义。启蒙运动高扬人的理性反对宗教、封建专制,主张用人的理性对以往认为正确

---

① 刘森林:《物与无:物化逻辑与虚无主义》,江苏人民出版社 2013 年版,第 2 页。

无误的东西进行普遍的怀疑，实际上就是对传统的基督教信仰宣战，代表人类主体意识的觉醒。尼采认为笛卡尔哲学是历史上第一次反虚无主义运动。但是，德勒兹说这种虚无主义"不再是借更高价值的名义来贬低生命，而是对更高价值本身的贬低。这种贬低不再指生命具有虚无的价值，而是指价值的虚无，指更高价值本身的虚无"①。

康德指出人的理性是有限的，人们无法认识现象背后的"物自体"，原本是想"为信仰留下一块地盘"，但实际效果是使人们陷入怀疑主义，人们越来越将研究范围局限在经验世界，把不能够实证的"物自体"问题视为"伪问题"，探讨崇高价值和意义世界的人文科学被边缘化了，日益把人的理性狭隘地理解成工具理性。霍克海默和阿道尔诺指出，启蒙理性试图祛除神话，却使自己成了神话，"诱使人们供奉现代科学的公式和规则，放弃对任何意义的探求，弃绝原因与动机等旧形而上学的理论偶像，表现为理性主义和经验主义的不同派别，他与压迫、控制、恐怖、焦虑相牵连，消解神秘性和超验性，必然导致虚无主义"②。

第三阶段，感性世界的价值也被虚无化，人类陷入彻底的虚无。超感性世界的真实性被揭穿后，感性世界是否也是虚无的？如果感性世界也是虚无的，人们的虚无感就会更加深重，甚至导向彻底的虚无。受东方佛教思想的影响，叔本华把康德的"物自体"换成非理性的生存意志，认为生存意志就是盲目的、不可遏制的冲动和欲求，世界上万事万物都只是生存意志的不同表现。人受生存意志的摆布，像钟摆一样在痛苦和无聊之间摆动，钟摆指向的两端是欲望得不到满足的痛苦和欲望得到满足后的无聊。叔本华的"生存意志"说如佛教一般对于广大被压迫的民众来说具有巨大的解释力。尼采认为叔本华是再度掀起虚无主义运动的哲学家，其悲观主义哲学把虚无主义推向了极端。

综上，尼采认为虚无主义的历史实际上是"真实世界""虚假世界"的二分法思维，以及身体、灵魂的二元构架历史，西方文化从否定自然生命的价

---

① ［法］吉尔·德勒兹：《尼采与哲学》，社会科学文献出版社 2001 年版，第 217 页。
② 张有奎：《资本逻辑与虚无主义》，中国社会科学出版社 2017 年版，第 39 页。

值到否定最高价值，再到否定世俗生活的价值，终于陷入彻底的虚无主义。尼采对虚无主义及西方文化的尖锐批判，为我们辩证地理解西方文化提供了理论支持。

尽管尼采对虚无主义的研究已经振聋发聩了，但在深受中国道家文化影响的海德格尔看来，尼采根本没有认识到虚无主义的本质。因为，尼采把上帝看作是人们形而上学地虚构出来的最高偶像，看作是虚假的最高价值的代表，通过对形而上学的一番批判，尼采把这种最高价值废黜了，貌似推翻了超验的形而上学，感性的生命本能获得了彻底的解放。殊不知，尼采只是把"生命本能"或"强力意志"视作最高价值，取代了"上帝"原来的位置。尼采这种价值替换仍然没有摆脱"主体—价值"的文化视域，尚未进入存在论的文化视域。海德格尔说："强力意志，成了一种新的价值设定的本源和尺度。其价值直接规定着人的表象，并同时激励着人的行为。人的存在被置入另一个发生维度之中。"① 这种重新设定价值的举动只是敞开了存在的一个新的维度——感性生命，但也遮蔽了存在的其他维度，因此是一种新的关于最高价值的形而上学。这种形而上学没有通过去蔽的方式思悟存在的自在本源，只是解放人的本能，使人满足、喜悦、迷醉于超人式的创造、生成万物价值的游戏，这只是将存在凝固为一种现实的价值规定性。"在海德格尔看来，如果只是把原来超感性的价值根据置换为感性根据，仍然是追求主体性的权力意志，那么，形而上学只是改变了一下形式而已，没有真正被克服。"② 因此，尼采也没有能够逃脱他所批判的形而上学思维。

在海德格尔看来，"虚无是一个存在概念，而不是一个价值概念"③，"虚无主义并不是尼采意义上超感性世界的不在场，而是存在的不在场。把存在变成价值，变成人设定出来的东西，是让存在不成其为存在，只成为存在者。尼采与其他人一样都把存在变成了存在者，而不思考存在的真理"④。海德格尔揭示了西方哲学对存在的遗忘，把存在当成存在者，以主体性的目光

---

① ［德］海德格尔：《林中路》，上海译文出版社 1997 年版，第 256 页。
② 刘森林：《物与无：物化逻辑与虚无主义》，江苏人民出版社 2013 年版，第 62 页。
③ ［德］海德格尔：《尼采》下卷，孙周兴译，商务印书馆 2002 年版，第 688 页。
④ 刘森林：《物与无：物化逻辑与虚无主义》，江苏人民出版社 2013 年版，第 63—64 页。

打量存在者的价值。海德格尔认为，这种按照价值大小来思考一切的思想就是虚无主义。虚无主义就是把存在归为价值，从至高无上的"上帝"到谋求保存和提升的"强力意志"，背后都隐匿着一个作为价值根据的"主体"。这个"主体"不假外求，依靠内在的自我所有就能成就自身，类似于"上帝"。这种主体性思维的存在，割裂了人与世界的一体性关系，使之成为冷冰冰的利用关系。其结果是"表象—计算性思维"取得统治地位，世界只剩下一种尺度——有用与否。主体性原则产生的技术在宰制自然的过程中也把人从地球上连根拔起。地球不再是人类的家园，人无家可归，海德格尔认为这是欧洲文明的命运。

在海德格尔看来，虚无主义是对存在的遗忘，即不关心人的本质和意义，把人生在世应有的丰富性压制下去了，这其实是不"思"。海德格尔指出，自罗马到现代成长起来的一切种类的人文主义，都把人的最一般的本质，即"理性"视为前提；然而，"渴望知识，贪求解释，决不会导向思的洞察。好奇心总是自我意识极易被蒙障的狂妄自大，它所依据的无非是一种自我杜撰的理智及其理性"①。那么人的本质和意义是什么？

海德格尔认为人的本质是唯一能够追问存在意义的存在者。他把人的这种特殊的存在称为"此在"。"此在"与世界的关系，首先是一体性的意义关系而不是对象性的价值关系。这种一体性的意义关系意味着人能够成为存在的看护者和诗意的发现者，人诗意地栖居于大地，用诗和思追问存在的意义。"传统存在论仍是从一种知识论的立场来看'存在'，把它归结为'物性'的。真正存在论的'存在'，是'意义'的'存在'，是'存在'的'意义'，而这种'意义'，只是对'人'这样一个特殊的'存在'（Dasein）才显现出来的。没有'人'，'物质世界'当然是存在的，但那种只对'人'才显现出来的'意义'却'不存在'。"②也就是说，人与世界的关系原本不是主客体的关系，而是诉说与倾听的一体性关系，"这种一体性关系优先于人与世界的认知关系，人在世中的目的不是占有和征服，不是充当其他存在者的主人，而是存在的

① ［德］海德格尔：《人，诗意地安居》，广西师范大学出版社 2000 年版，第 38 页。
② 叶秀山：《当代学者自选文库（叶秀山卷）》，安徽教育出版社 1999 年版，第 179—180 页。

看护者和邻居"①。

海德格尔之所以对虚无主义提出这样一种存在论的解释，与他所处的时代背景有关。

一方面，海德格尔所处的时代是科学技术和生产力突飞猛进的时代，人和自然的关系变成纯粹的技术征服关系，变成支配和被支配的对立关系，而不是一体化的相互依存关系。人、天空、大地、诸神四重奏般的和谐共存关系被打破，人反而被物质、科技、金钱等低级偶像所异化，物极必反，一定会产生一种拨乱反正的思想理论。

另一方面，海德格尔受到了东方文化的启发。东方文化不重视形而上学，却重视生命本身生动活泼的形式，注重人内在的心灵体验。冯友兰先生在《中国哲学简史》中说："根据中国哲学的传统，哲学的功能不是为了增进正面的知识（我所说的正面知识是指对客观事物的信息），而是为了提高人的心灵，超越现实世界，体验高于道德的价值。"②海德格尔曾经对东方哲学，尤其是中国道家哲学包括老子和庄子的思想，以及禅宗思想产生过浓厚的兴趣。海德格尔的"存在"理论与中国人的诗性文化、审美文化以及和合文化，特别是道家的"天人合一"文化有高度的契合。海德格尔在关于《尼采》的讲座中对"存在"有过这样的解释："存在是最空虚的东西，也是一种丰富性；……存在是最普遍的东西；它可以在一切存在者中见出，所以就是最普遍的东西；它丧失了任何一种特性，或者说，它从未拥有过任何一种特性。"③这与《道德经》里的"道可道，非常道"以及"道"是"无"的名称，"无"——无处不在、无处不通的思想很像。中国学者萧师毅回忆说，海德格尔特别重视中国哲学中"道"的概念，对这一概念有异乎寻常的热情，赋予"道"以极高的地位，认为"道"能够为一切开出道路。④

海德格尔在否定之否定的层面上激活了前现代文明的生存智慧，为中华优秀传统文化的创新性发展提供了理论支持。

① 张有奎：《资本逻辑与虚无主义》，中国社会科学出版社2017年版，第63页。
② 冯友兰：《中国哲学简史》，天津社会科学院出版社2005年版，第5页。
③ ［德］海德格尔：《尼采》下卷，孙周兴译，商务印书馆2002年版，第882页。
④ 崔唯航、张羽佳：《本真存在的路标》，河北大学出版社2005年版，第12页。

二、尼采提倡"积极的虚无主义"及其对中国文化反思的启示

对于虚无主义病因的诊断决定了它的"药方",可以分为遏制和克服两种方法。"遏制"法试图通过文化、传统、信仰、道德批判的方式超越虚无主义;"克服"法则要求破除虚无主义赖以产生的物质生产关系,通过彻底的精神解放化解虚无主义危机。尼采和海德格尔给出的药方是前者,马克思给出的药方是后者。社会存在与社会意识是辩证统一的关系,因此"遏制和克服不是对立或者不相关的两种并列的策略,而是相辅相成的关系"①,它们的目标一致,侧重点具有互补性,对中国文化的发展都具有借鉴意义。

尼采发现虚无主义既具有消极意义,又具有积极意义。因为虚无主义的形象表达就是"上帝死了","上帝死了"一方面意味着超感性的神圣世界不存在了,人们陷入无家可归的精神危机;另一方面意味着原来束缚生命本能的基督教道德衰落了,人们有机会重估一切价值,被压抑的生命能量——非理性生命活动的创造力有机会得以释放。

因此尼采不完全赞同叔本华的悲观主义,并认为只有"超人"的生存意志才能真正代表和说明生存意志的本质,并把叔本华的生存意志替换成"权力意志"。"权力意志不是求生存的意志,而是追求权力的意志。权力意志是生命的原动力。"②"权力意志"是一种"求强大"力量的意志,是一种创造、释放、扩张和超越自我的意志力量,是一种征服、掌控和支配的原始冲动和欲望,是创造新价值的欲望和能力。权力意志由低到高分为三种:它在被压迫者和奴隶那里表现为要自由的意志;它在强大的即将掌权的种类那里表现为强权意志或要正义的意志;它在最强者、最富有者、最勇敢者那里表现为爱、同情、自我牺牲、制胜、义务感、责任感等等。③"权力意志"源于生命、归于生命,是人自身行动的力量之源,不需要否定和放弃,相反,应该凭借它去拥抱生活,拥抱偶然性的命运。所以尼采认为,应该以权力意志为标尺去反思人生的价值观,激励人们勇敢地面对生命。

① 张有奎:《资本逻辑与虚无主义》,中国社会科学出版社 2017 年版,第 185 页。
② 张有奎:《资本逻辑与虚无主义》,中国社会科学出版社 2017 年版,第 61 页。
③ [德]尼采:《权力意志——重估一切价值的尝试》,商务印书馆 1991 年版,第 238 页。

尼采抨击苏格拉底之后的哲学都在压抑人的"权力意志"，使人无法享受创造新价值的快乐。在《悲剧的诞生》中，尼采通过对古希腊酒神精神的重新评价，认为人应当摆脱人云亦云、随波逐流、缺乏对生命意义认同的"末人"状态，勇于超越自己，超越人类，回归大地，回归肉体，怀着伟大的爱和蔑视，抛却一切世俗的道德和价值观。当所谓的"崇高价值"被根除以后，人除了生命没有别的任何东西，"真理"和"意义"再也不会构成生命本能释放的牵绊，生命因此得到极大的肯定，强大的权力意志和极其旺盛的生命力支持他和命运抗争，置身于道德之外为世界立法。人作为"权力意志"的载体，可以主动地去创造一切改变一切，生命的每一分钟都崇高而激扬，人生不再如叔本华所说的那样消极被动和痛苦不堪，而是充满了各种挑战和机遇，有着无限的可能。就这样，叔本华外在的、消极被动的"生存意志"被尼采改造成内在的、积极主动的"权力意志"。

尼采认为有两种虚无主义：否定了不该否定的生命意志而导致的"消极的虚无主义"；看破红尘依然能以积极的姿态享受生命的"积极的虚无主义"。尼采认为"积极的虚无主义"是人们对传统价值进行一次次否定后的最高阶段，是虚无主义的完成。尼采强调"积极的虚无主义"不是一种理论，而是一种实践，必须去冒险、去尝试，敢于冒险向无把握和不熟悉的方向前进。

"积极的虚无主义"依然是虚无主义，"虚无主义无论是积极的，还是消极的，都是'疾病'。所不同的是，消极的虚无主义只会加深这一病症，而积极的虚无主义则会克服这一病症，尼采将之称为'虚无主义的自我克服'"①。两者的区别"取决于精神是做出主动决定还是被动决定"②。"积极的虚无主义承认生命和世界的无意义，但它并不将此视为一大缺憾，而是看作一个可以而且必须欣然接受的事实。它能够以积极的姿态承受乃至享受这种本无意义的生活。"③它不会埋怨命运，而是用爱去拥抱命运，会带着英雄式的狂醉来践行永恒轮回的伟大使命。尼采说："一个哲学家所能达到的最高状

---

① 韩王韦：《尼采的"敌基督者"与"反自然"的虚无主义》，载《哲学分析》2018 年第 3 期。
② ［美］罗森：《诗与哲学之争》，华夏出版社 2004 年版，第 190 页。
③ 李超杰：《现代西方哲学的精神》，商务印书馆 2009 年版，第 67—68 页。

态，对生命抱狄俄尼索斯式的态度——我的公式就是热爱命运。"① 尼采说，永恒轮回会让奴隶产生恐惧与厌恶，进而逃离生命。"超人"则能在这轮回中超越，它积极揭穿、消解传统形而上学的价值观，积极揭穿流俗的、大众的价值观，勇于创造新价值。"勇敢、积极、健康、正确地对待现实，才有可能产生恰当、健康和高贵的价值与理想。"② "消极的虚无主义"产生的根本原因是不敢面对杂多、短暂、运动和不完满的现实世界，妄图追求唯一、永恒、不动的、完满的"存在者"，这叫"面向现实的无能"。现实是不断生成又不断消失和毁灭的，弱者无能应对，就给自己虚构了一个"纯粹的世界"，这是一种自我欺骗、自我麻醉。弱者对虚假世界的想象伴随着对现实世界的道德化改造，把孱弱的东西"高尚化"，把彰显生存意志的东西"虚无化"。"积极的虚无主义"是精神权力提高的象征，"消极的虚无主义"是精神权力下降和没落的象征。

尼采提出否定奴隶道德是遏制虚无主义的重要任务。尼采说，"上帝死了，上帝的位置还在"，还被一些人性的、太人性的"价值"占据着，这就是基督教遗留下来的，实际是弱者创立的、有助于减缓弱者痛苦的品质。如：同情、温和、乐于助人、宽厚、忍耐、勤劳、谦恭和友善。尼采说它们实际是一种"奴隶道德""畜群的道德"，因为它们的主要内容是要求同情、仁慈、谦卑、平等，本质上是弱者为了掩盖自己对强者的恐惧、嫉妒和自私，借助这种"奴隶道德"去限制强者本质力量的对象化。尼采把那种逆来顺受、谦卑、顺从的人称为"末人"或"庸众"。他说，弱者提倡禁欲，目的是掩盖自己的生理障碍或心理枯竭，他们还要借助禁欲的道德把真正健康的生命视为"邪恶"，把自己的衰败视为"德性"。尼采说，伴随着这种奴隶道德的盛行，人从活力四射的"金发猛兽"变成了温顺的、有教养的家畜，变成了驯服的人，变成了更加渺小和平均的人，变成了"虫人"。

总之，尼采认为奴隶道德产生的根本原因是弱者面向现实的无能，基督教道德就是典型的奴隶道德，它背后藏着三种权力：群畜反对强者和独立者

---

① 尼采：《权力意志》，商务印书馆 1991 年版，第 601 页。
② 刘森林：《面向现实的无能：尼采论虚无主义的根源》，载《学术月刊》2014 年第 12 期。

的本能；受难者和败类反对成功者的本能；平庸者反对杰出者的本能。据这种思想，尼采把中国人的传统道德也视作奴隶道德，他说：“我们担心的是，人还在继续走下坡路，还在变得更仔细、更温和、更狡黠、更舒适、更平庸、更冷漠、更中国式、更基督化。”①

在尼采这里，凡是符合强力意志的就被评为好的、有价值的，相反则被轻视、漠视，有社会达尔文主义、英雄史观和贵贱等级之嫌。尼采认为人类除少数智者，其余一概虚伪而又卑鄙，根本无可救药。虽然法西斯主义的罪恶不能归于尼采，但他的理论的确被希特勒奉为指导思想。第二次世界大战期间，德国士兵人手一本《查拉图斯特拉如是说》的小册子。尼采对普通民众的批评非常不公平，他忽视了生产资料所有权对个人才能施展的限制。尼采忽视了道德存在的社会合理性，道德是维系社会关系的重要手段。究其原因，尼采是把“孤独的人”作为自己的理论前提，忽视和否定了人的社会性。他站在少数精英的视角看问题，其理论不能代表绝大多数人的利益和意志，也就不具有普适性。但是他对西方文化和道德的批判着实令人震撼，扩展了中国人的文化视野。

首先，尼采关于“奴隶道德”的论述把道德教化所隐含的问题放大了给人看，对于反思以伦理道德为基础的中国传统文化有启发意义。中国传统文化以忍耐、驯从为美德，赞扬和肯定人的同情之心、怜悯之心、慈善之心。近代中国知识分子被封建文化压抑得太久，也太苦闷了，虚无主义内含价值“否定”功能，“对于专制体制的解体和解除传统思想的禁锢曾经有积极意义”②，正是在这种意义上，虚无主义曾经在 20 世纪初的中国流行过一段时间。鲁迅将尼采视为果敢无畏地向旧文化冲锋陷阵的战士，并写作《阿 Q 正传》批判中国人在失败与屈辱面前不敢正视现实，使用虚假的胜利达到精神上的自我安慰和麻醉。20 世纪西方出现反逻辑、反道德、反科学的后现代主义思潮，把非理性主义推向极端，它们也是在价值“否定”功能上肯定虚无主义的积极作用。但是由于这种虚无主义侧重于否定而没有新的肯定，也带

① 尼采：《论道德的谱系》，生活·读书·新知三联书店 1992 年版，第 27 页。
② 张有奎：《资本逻辑与虚无主义》，中国社会科学出版社 2017 年版，第 180 页。

来价值失范问题。

其次，与尼采"权力意志"观点相伴生的个人主义价值观，拓展了中国"群体本位"的文化视野。目前国内学者邓晓芒教授对中国人没有独立的人格、没有个体意识的文化批判比较有代表性。他说中国人的自由只有两种：儒家的和道家的，道家的自由简单说就是一种没有意志的自由，我放弃一切执着，跟自然界合而为一，独与天地精神相往来，逍遥于天地之间，没有责任也没有义务，也没有规范，想干什么就干什么。儒家的自由其实不能算一种自由，只能算一种意志。因为儒家的道德规范是圣人传下来的，不是个人自己建立的，他无可选择。所以这是一种无自由的意志①。这种分析值得商榷，但若结合尼采的道德批判，对我们反思传统文化的视域盲区有一定的启发价值。

尼采认为创造出一种新文化就能解决人类的一切问题的想法，属于"文化至上"的历史唯心主义，显然过于浪漫了。作家梁晓声在《生命，何以高贵》一书中说，尼采的"超人"哲学是反众生、反人类的哲学，是比任何一种反动宗教还反动的哲学。因为宗教只不过从德行上驯化世人，而"超人"哲学诅咒一切非"超人"的众生该下地狱。它直接剥夺了众生普遍又普通的生存权。此言非虚，而且与中国传统文化的民本思想、知识分子的悲天悯人情怀格格不入。所以当马克思主义传入中国后，中国先进知识分子果断地放弃了尼采哲学。但是，我们不能否定尼采思想促进近代中国知识分子的文化觉醒、树立大无畏的文化批判精神，以及最终使中国人民选择和接受了马克思主义的文化跳板作用。任何思想都需要经历不断的否定，通过相互比较、相互借鉴，实现自身的扬弃和发展。

三、海德格尔提倡"诗"与"思"及其对中国文化自觉自信的启示

海德格尔与尼采一样认为虚无主义产生的根源是西方文化的形而上学性。但比尼采更为彻底的是，海德格尔认为虚无主义的根本原因是西方文化

---

① 邓晓芒：《中西文化比较十一讲》，湖南教育出版社 2007 年版，第 65 页。

追求形而上学导致了对存在的遗忘。因此，他认为克服虚无主义的方法就是打破形而上学的"表象思维"或"实体思维"，即把存在者当作摆在面前的一种东西，一个现成的、有着固定的本质属性、可以被认识的形而上学思维。在这种思维方式下，一切都被当作"对象"来加以认识。作为主体的人与周围世界本真的一体性关系被割裂，难以形成感同身受的、全面的体验和共鸣关系，从而也就无法解蔽存在的意义。

事实上，存在并不是"现成"的实体，也不能作为任何对象被加以认识，因为一切现存都是"非现成化"的，或者说，一切现存并不是感觉的被动反映，而是人的意向性构造的结果，这里的人也不是"现成的"，而是"生成的"。1927 年，海德格尔的代表作《存在与时间》出版，它被称为 20 世纪最重要、最有影响力、最具开创性的哲学著作。该书的理论创新在于把时间看成"此在"存在的境域，"存在不是现成存在者的现成属性，而是'去存在'的种种可能性，它是此在在世界中的历史性、时间性的展开活动。因此，世界不是一种现成的空间或场所，而是此在本身的展开状态，它是此在通过现身、领会、言谈等生存机制组建、构成或开展出来的"①。把时间因素引入哲学，从而把一切事物看成是"生成的"而非"现成的"，进而使形而上学的理论基础坍塌，是海德格尔巨大的理论贡献。因为"时间是有限的，就意味着世界上的万事万物都是有限的，而非无限、永恒的。于是，以往哲学所强调的无限、永恒、抽象、概念……都被釜底抽薪，传统形而上学发生了一场根本性的变革"②。

由于人能意识到自己会死，他就会积极地去探索人生的可能性，并通过与世界的交往，包括与一般存在者打交道的"烦忙"和与他人打交道的"烦神"，把这种可能性实现出来。人的本真存在因而具有生成性或未完成性，萨特称之为"存在先于本质"。叶秀山先生说："海德格尔将时间（空间）观念引入形而上学，使'存在（Sein,Being）'观念也发生巨大变化，于是，海氏

① 赵奎英：《从"存在与时间"到"栖居与空间"——海德格尔后期哲学的空间化转向及其生态美学意义》，《厦门大学学报（哲学社会科学版）》2009 年第 2 期。
② 崔唯航、张羽佳：《本真存在的路标》，河北大学出版社 2005 年版，第 82 页。

似乎蛮有理由地宣告了传统形而上学的终结——它已经走完了自己的历程，陷于无事可做、寿终正寝的地步。"① 换句话说，海德格尔主张用"生成论"的思维方式突破西方形而上学的思维方式。形而上学思维的立论基础是："认为任何事物都有其先天的恒定本质，不论事物如何发展，它的本质都不会改变。而且事物的发展变化是由其本质决定，在发展之前，其路径和结果便已预定，就像种子的生长和发育一样。"② 而在生成论的思维方式中，一切都是生成的、未完成的存在，都需要在具体的生成活动中发生并成为自己。也就是说，事物不再作为结果而是作为过程而存在，也就不再存在任何固定不变的本质，事物的无限可能性被解放出来。形而上学常用的那种由果求因的还原法也失去了存在的依据。

海德格尔指出，18 世纪以来，世界成为图像与人成为主体是同一个过程，"在这一过程中，人成为名副其实的意志的主体，千方百计地将自己的意志贯彻到自然中去。他试图通过技术的制造使世界井然有序，然而，恰恰是这种井然有序把任何秩序都拉平为制造的千篇一律，从而堵塞了通往存在的种种可能性路径"③。随着技术对事物的统治越来越快且无所顾忌地推行于全球，"人该如何去生存"这一关乎人类自身的问题却被忽视。因此，克服虚无主义必须要颠覆现代人对技术的崇拜。

"思"与"诗"是海德格尔破解虚无主义的药方。这里的"思"不是形而上学的那种表象思维的"思"，不是物我两分、主客二分的思维方式，后者对应的是"计算与被计算""改造与被改造""控制与被控制"的关系，最终走向科学的运思。海德格尔认为真正的"思"是科学的"思"的反面，它不是认知、改造与控制的关系，而是对潜隐的生命激情和存在真理的召唤和守护。这种"思"就是诗人的"思"。海德格尔曾经举例说明两者的区别："一切科学的运思都只是哲学运思衍生出来的和凝固化了的形态。哲学决不由也决不通过科学产生……在诗人的赋诗思想家的运思中，总是留有广大的世界空

---

① 叶秀山：《叶秀山文集》（哲学卷下），重庆出版社 2000 年版，第 758 页。
② 崔唯航、张羽佳：《本真存在的路标》，河北大学出版社 2005 年版，第 49 页。
③ 崔唯航、张羽佳：《本真存在的路标》，河北大学出版社 2005 年版，第 40 页。

间，在这里，每一事物：一棵树，一所房子，一座山，一声鸟鸣都显现出千姿百态，不同凡响。"① 在海德格尔看来，诗的本质在于诗在吟诵与歌唱中呼唤真理，它在实质上是一种"讲述"，它追逐着神明的足迹，将歌声栖留在贫困的大地上；它守护着真理，使存在的争议从隐蔽不显中走出来。

　　海德格尔通过对"此在""存在"真理的解蔽，破除了西方近代文化形成的"人类中心主义"，以及与之相对应的科技意识形态，"诗意地栖居"成为海德格尔超越虚无主义、安身立命的美好生活状态。从这种角度来理解，中国传统文化追求的就是这种境界。其历史依据是，中华民族创立的诗文化源远流长，如《诗经》是中国古代诗歌的开端，收集了西周初年至春秋中叶（前 11 世纪至前 6 世纪）的诗歌 300 多篇，其后唐诗、宋词更是把中国诗文化推向高峰。如海德格尔所说，关于存在的真理在诗词艺术中"奔涌而出"，中国历代知识分子竞相用诗词艺术昭示处于隐匿状态的"大地"和"世界"的存在。如苏轼描写西湖："水光潋滟晴方好，山色空蒙雨亦奇。欲把西湖比西子，淡妆浓抹总相宜。"（《饮湖上初晴后雨二首·其二》）以及杨万里的诗："毕竟西湖六月中，风光不与四时同。"（《晓出净慈寺送林子方》）还有李商隐的诗："此情可待成追忆，只是当时已惘然。"（《锦瑟》）诸如此类的诗不胜枚举。中国传统诗词文化体现的就是"生成论"的思维模式和存在论的哲学意蕴，这样一种独特的文化价值无意中被海德格尔揭示出来了，足以令我们对中国文化的高远境界产生无比的敬仰之情。

　　中华民族世世代代分享着文化精英们创造的这些存在论意义上的精神财富，形成了和谐、和平、仁爱的民族文化精神。中国文化因其本身并不崇尚理性的形而上学分析，没有对自身文化的合理性进行条分缕析的剖析和论证，但并不妨碍这种文化被周边国家和民族心悦诚服地认同和接受。现在看来，中国文化一直是东方文明的辐射中心，有其内在的历史必然性。近代中国被西方的坚船利炮打败，人们一度认为是中国文化落后于西方，实际只是当时中国的生产方式不同于西方罢了。人们只是责怪中华民族为什么几千年

---

① ［德］海德格尔：《形而上学导论》，熊伟主编：《存在主义哲学资料选辑》上卷，商务印书馆 1997 年版，第 305—306 页。

一直固守农业的生产方式，而没有从"存在"真理观的角度去理解农业文明对于守护这一真理的意义。用哲学诠释学的话来说，这是受到了工业文明时代所形成的"历史前见"的束缚。海德格尔通过对近代科技理性的前提批判，才打开了文化视野，看到了东方文化的合理之处，并试图利用东方文化的智慧帮助西方文化走出形而上学的局限。

值得注意的是，在文化发展的路径上，海德格尔还是坚持黑格尔的辩证法，即认为，文化或理性、精神等的发展应该是一种自否定，他者文化只能起到扩展视域的启发作用，不能完全靠他者文化解决自己的文化问题。他说："我深信，现代技术世界是在世界上什么地方出现的，一种转变也只能从这个地方准备出来。我深信，这个转变不能通过接受禅宗佛教或其他东方世界观来发生。思想的转变需要求助于欧洲传统及其革新。思想只有通过具有同一渊源和使命的思想来改变。"① 中国文化创新何尝不是如此，文化创新只有不忘本来、吸收外来、面向未来，不断创新，才能充满生机和活力。

综上所述，虚无主义是现代世界的精神实质，由于它首先诞生于西方国家并与西方现代化运动相互强化，引发了西方学者对西方文明的反思。尼采、海德格尔把虚无主义归结为西方文化的形而上学传统，并进行了鞭辟入里的分析，对于缺乏批判思维的中国人来说很有启发价值，对于突破专制体制和传统思想的禁锢具有积极意义。他们提出的解决方案，拓展了我们应对虚无主义的理论视野，但他们始终停留在精神文化领域，常常表现为一种极端化思维，只看到理性与生命本能、真理与解释的矛盾对立关系，看不到两者的辩证统一关系，不可能根本性地克服虚无主义。克服虚无主义离不开马克思主义的理论指导，由虚无主义展开的马、中、西的文明对话和视域融合是一场非常有意义的文化创新活动。

---

① 孙周兴选编：《海德格尔选集》（下），上海三联书店 1996 年版，第 1313 页。

第二节 马克思关于虚无主义的剖析与超越

与尼采、海德格尔片面的文化视角不同，马克思通过架构社会意识与社会存在辩证统一的分析框架，把虚无主义问题放入现代社会的有机整体中去把握，以历史的、辩证的思维方法揭示了虚无主义与私有制、资本逻辑、生产力水平等的内在纠缠。认为虚无主义根源于生产资料私有制，与资本逻辑导致的"异化劳动"和"拜物教"有直接关系。超越虚无主义的现实道路是：立足于实现"人类社会"和"社会的人类"，在摆脱物质资料束缚的历史运动中逐步消解人的异化劳动状态，使劳动本身成为生活的第一需要。

一、马克思关于虚无主义问题的理论关切

（一）虚无主义是马克思主义诞生的社会思想文化背景

马克思与小他 26 岁的尼采都是德国人，两人所处的时代背景相差无几：一方面，资本主义社会矛盾充分发展，以各种社会危机的形式不断爆发；另一方面，"上帝死了"，人们的一切活动失去了崇高的价值，资本逻辑统治下的人的生活没有意义，生命没有价值，虚无主义如影相随。马克思的故乡，当时的德意志相比于英国、法国的迅速现代化，还处于封建割据的落后状态，资本主义制度尚未建立。强烈的民族自尊心驱使他们特别重视自己在文化传统方面的优势，德意志民族乐此不疲地致力于精神、文化层面的追求，康德的三大批判、黑格尔的绝对精神都希望把世界解释清楚，并在精神领域建构一个合乎价值理性的神圣王国。

作为资本主义的旁观者，德国知识分子们敏锐地发现了资本主义制度的弊端，并对现代文明过于重视物质文明而逐渐消解、虚无化崇高道德价值的社会生活表现出深深的忧虑。"虚无主义"这个词也是德国人德里希·H．雅各比在 1799 年致费希特的信中第一次使用的，它突出地反映了德国人对启蒙运动所隐含的工具理性主义的担忧和怀疑。德国知识分子对现代文明的批判尤为尖锐，从雅各比到马克思，从尼采到海德格尔，从存在主义到法兰克

福学派，他们都在深刻反思和揭示现代文明以及现代文明的母胎——启蒙理念的视域盲区。德国知识分子觉得只有德意志民族才继承了罗马文明，并以复兴西方人文精神为历史使命。他们还把"文化"和"文明"这两个人们一般不太区分的概念区分开来，认为文明只是与政治、经济、技术相关，而"文化"则指向思想、艺术和宗教，因此，"文化"高于"文明"。德国人自负地认为只有他们拥有"文化"，而其他人只是穷于应付"文明"而已。有学者认为德国人的这种民族文化心理是德国爆发纳粹主义运动的重要文化原因①。德国思想界对文化世界极端重视的思想文化背景规引着马克思的研究旨趣。

马克思就读的波恩大学有一位批判虚无主义的代表人物 A. 施莱格尔，他的《启蒙运动批判》与霍克海默、阿道尔诺合著的《启蒙辩证法》有很多相似的观点。也就是说，A. 施莱格尔很早就发现启蒙运动会导致功利主义，造成崇高价值式微，他说："在这里，使真正的善（真仅是其中的一部分，一个方面）臣服于功利的这种本末倒置的思维方式昭然若揭。所谓功利，是指以促进身体的幸福为目的，我们已经给这种追求排定了很高的座次。谁竟把功利奉为圭臬，必将看到功利由此的结果是感官的享受，说得再清楚、再前后一贯些，他必然是极端享乐主义的信徒，崇尚感官享乐的神话。"②他总结道："左右启蒙运动者的乃是经济的原则"，如此一来，效益成为首要的选择，不具效益的德行则被边缘化或遗忘。"凡不愿屈就尘世事务的有用性的德行，启蒙运动按照它经济的倾向一律斥为过度紧张和空想。甚至连特殊的奇才也不例外，启蒙运动要把所有人都同样地套进一定的市民义务的牛轭中。"③

（二）马克思的求学经历使其有机会综合浪漫主义和启蒙主义的两大理论优势

马克思曾选修过 A. 施莱格尔的两门课，他继承和发展了老师的观点，

---

① ［德］沃尔夫·勒佩尼斯：《德国历史中的文化诱惑》，译林出版社 2010 年版，导言第 7 页。
② ［德］A. 施莱格尔：《启蒙运动批判》，孙凤城编：《德国浪漫主义作品选》，人民文学出版社 1997 年版，第 376 页。
③ ［德］A. 施莱格尔：《启蒙运动批判》，孙凤城编：《德国浪漫主义作品选》，人民文学出版社 1997 年版，第 381 页。

认为应该继承古希腊文明对人的自由本性的设定。马克思说："古代的观点和现代世界相比，就显得崇高得多，根据古代的观点，人，……始终表现为生产的目的，在现代世界，生产表现为人的目的，而财富则表现为生产的目的。"① 马克思向往古希腊文化对人的幸福生活的定义，即实现人的潜能而不是获取更多货币财富；社会生活注重人的社会性，而不是把人设定为原子式的利己主义的个人，并任由这种个人主义泛滥，使社会成为利益厮杀的战场。但是，如果只是一味地批判启蒙精神和资本主义的现代化运动，就会陷入另一个极端——空谈和玄想。

幸运的是，马克思后来转学到柏林大学。在这里他遇到了试图用辩证法综合启蒙精神和浪漫主义思想的黑格尔思想及其弟子们。黑格尔把启蒙主义和质疑它的浪漫主义两个相反的面用否定之否定统一起来。黑格尔认为矛盾是事物发展的内在动因，它们通过否定之否定运动不断克服对立，从肯定阶段到否定阶段，再到否定之否定阶段，对立面实现了统一。也就是说，在每一个否定之否定阶段，作为结果的绝对精神扬弃了矛盾双方的不足，吸纳了各自有利的因素，形成了更符合理性的绝对精神。绝对精神经历了几个阶段，最后外化为人类的历史，外化为人类社会各种合乎理性的社会组织、机构等物质性的存在。黑格尔所说的这种辩证法以及他所揭示的事物由低级向高级呈现螺旋式上升的发展轨迹，为进步论的历史观提供了理论依据。就这样，理想与现实的矛盾被黑格尔的逻辑运动化解了，马克思很是兴奋。他在《黑格尔》这首短诗中表达了自己思想上豁然开朗的感觉，他说："发现了最崇高的智谋，领会它深邃的奥秘，我就像神那样了不起。"② 总之，德国是探讨虚无主义的重镇，波恩大学和柏林大学的求学经历使马克思有机会继承了浪漫主义的人文关怀和启蒙运动的理性精神两大传统，使他能以宏观的视野、辩证的思维把握虚无主义问题。

---

① 中共中央马克思恩格斯列宁斯大林著作编译局：《马克思恩格斯全集》第 46 卷（上），人民出版社 1979 年版，第 486 页。

② 王德胜：《画说马克思》，北京师范大学出版社 2007 年版，第 42 页。

（三）马克思在《莱茵报》的工作阅历和在巴黎的思想研究使他有机会突破唯心主义的错误立场

马克思在《莱茵报》工作期间的主要批判对象是普鲁士的封建专制制度，在此期间他遇到"林木盗窃法""书报检查令"两个涉及物质利益问题的事件，发现黑格尔的理论不能解释现实的物质利益关系。这时，费尔巴哈关于"存在决定思维"的唯物主义登场。马克思又因为《莱茵报》被查封而来到巴黎并与恩格斯相遇，有机会近距离地接触无产阶级的真实苦难。真可谓"时势造英雄"，"天时、地利、人和"诸多有利的条件促使马克思把研究视角转向国民经济学，发现了劳动异化问题。

马克思虽然没有大量使用"虚无主义"一词，但他用"劳动异化""物化""拜物教"等范畴深刻地揭示了 19 世纪人类社会不正常的精神状态，这些概念成为西方学者批判资本主义文明的重要理论武器。从产品异化到劳动异化，从劳动异化到人的本质异化，再到人与人关系的异化，马克思深刻地揭示了人丧失自由自觉的类意识，向动物世界无限倒退的人道主义灾难。"物化"和"拜物教"意味着人被物驱使，丧失精神的独立性和崇高性，与虚无主义的"崇高价值的式微"是一样的意思。

今天人们读到《共产党宣言》中的这段话都会拍案叫绝："它使人和人之间除了赤裸裸的利害关系，除了冷酷无情的'现金交易'，就再也没有任何别的联系了。它把宗教虔诚、骑士热忱、小市民伤感这些情感的神圣发作，淹没在利己主义打算的冰水之中。它把人的尊严变成了交换价值，……资产阶级抹去了一切向来受人尊崇和令人敬畏的职业的神圣光环。……一切等级的和固定的东西都烟消云散了，一切神圣的东西都被亵渎了。"[①] 马克思一直强调人的社会性存在，这种社会性存在决定了：社会是人的社会，人是社会的人。因此，"虚无主义"不是一个简单的公民价值观的自由选择问题，而是关系到共同体的健康和持续发展的问题。共同体按其本质来说是要实现"我为人人，人人为我"的合作共赢智慧，而虚无主义拆解了引导人们共同

---

① 中共中央马克思恩格斯列宁斯大林著作编译局:《马克思恩格斯文集》第 2 卷，人民出版社 2009 年版，第 34—35 页。

生活的高尚价值、理想和目标，也就消解了共同体的凝聚力。

反过来，当人失去集体主义的、利他主义的价值追求，也就弱化了人之为人的另一个特性——"社会性"。马克思认为："人的本质是人的真正的社会联系，所以人在积极实现自己本质的过程中创造、生产人的社会联系、社会本质，而社会本质不是一种同单个人相对立的抽象的一般的力量，而是每一个单个人的本质，是他自己的活动，他自己的生活，他自己的享受，他自己的财富。"① "社会性"被遮蔽导致社会大多数人一直停留在功利的人生境界，追逐物的需要的满足，意识不到社会的活动和社会的享受，这样的人生体验就会陷入叔本华所说的"在痛苦与无聊之间的摆动"。所以虚无主义是共同体建设必须要克服的精神癌症。马克思所设想的共产主义社会是人民精神境界极大提高，社会关系高度和谐的社会，是"真正的人性"和"人的总体的个性"都实现的社会。

从宗教批判到封建专制制度批判，再到资产阶级意识形态批判，马克思一生极为关注人的精神异化问题，克服虚无主义、实现人的自由自觉的本性是马克思重要的理论关切。只不过马克思认为精神问题有其产生的社会经济根源，所以他后来把研究的重点集中到经济学，从"社会存在"出发揭示私有制、异化劳动、资本逻辑、拜物教等是虚无主义产生的根本原因。

二、历史唯物主义：马克思剖析虚无主义的科学方法

尼采、海德格尔等西方主流思想家对虚无主义这一时代问题进行了深入的解析，把矛头指向西方文化的形而上学传统，其理论成果引发了近现代西方哲学观念的一次又一次的变革。但是总的来看，这种批判停留在思辨和观念层面，本质上属于马克思已经批判和超越了的历史唯心主义的分析方法。马克思创立的历史唯物主义是洞察"虚无主义"更为彻底的思维方法。

历史唯物主义是马克思和恩格斯在 1845 年合著的《德意志意识形态》中创立的，他们创作的目的是批判青年黑格尔派的主观唯心主义。青年黑格尔

---

① 马克思：《詹姆斯·穆勒〈政治经济学原理〉一书摘要》，见中共中央马克思恩格斯列宁斯大林著作编译局编译：《1844 年经济学哲学手稿》，人民出版社 2000 年版，第 170—171 页。

派认为是意识形态的层层迷障统治和左右了人的存在，因此人的精神解放应该致力于把人从意识形态构造的各种错误"词句"的统治下解放出来。他们把自己看作是掌握正确意识形态的精神领袖，他们傲慢地蔑视群众，妄称只有少数天才才能创造历史，污蔑普通民众不过是"没有教养""目光短浅"的"乌合之众"。马克思和恩格斯指出，青年黑格尔派满口讲的都是所谓"震撼世界的"词句，却只是一种"用词句来反对词句"的斗争，"没有一个想到要提出关于德国哲学和德国现实之间的联系问题，关于他们所作的批判和他们自身的物质环境之间的联系问题"①，因而是最大的保守派。针对青年黑格尔派膨胀的"自我意识"，《德意志意识形态》指出人的思想观念根源于现实，具有社会性、历史性和阶级性。恩格斯在《共产党宣言》的各版序言中反复强调这一思维方法的创新性和革命性，他说贯穿《共产党宣言》核心的基本思想是："每一历史时代主要的经济生产方式和交换方式以及必然由此产生的社会结构，是该时代政治的和精神的历史所赖以确立的基础，并且只有从这一基础出发，这一历史才能得到说明。"②《共产党宣言》明确指出："人们的观念、观点和概念，一句话，人们的意识，随着人们的生活条件、人们的社会关系、人们的社会存在的改变而改变，这难道需要经过深思才能了解吗？"③正是基于这样一种新的世界观，马克思没有把"虚无主义"或"拜物教"看成是纯粹的、独立的精神文化问题，而是深入探究"虚无主义"产生的世俗经济根源，终于发现一切社会矛盾包括人们的精神危机都源于资本主义社会的生产方式。马克思认为商品经济就已经隐含着"拜物教"的可能，作为发达的商品经济，资本主义使"异化劳动"和"拜物教"相互勾连，使"虚无主义"成为现代社会的精神癌症。

　　首先，商品经济建立在社会分工的基础上，通过优势互补极大地提高了

---

① 中共中央马克思恩格斯列宁斯大林著作编译局：《马克思恩格斯文集》第1卷，人民出版社2009年版，第516页。

② 中共中央马克思恩格斯列宁斯大林著作编译局：《马克思恩格斯文集》第2卷，人民出版社2009年版，第14页。

③ 中共中央马克思恩格斯列宁斯大林著作编译局：《马克思恩格斯文集》第2卷，人民出版社2009年版，第50—51页。

社会生产力，也加强了社会成员之间的相互依赖，人们以劳动为基础相互合作，货币作为交换的媒介，承担了一般等价物的功能。货币因其价值形式而具有了神奇的效应，如莎士比亚在《雅典的泰门》中所说："金子？黄黄的、发光的、宝贵的金子？……这东西，只这一点点儿，就可以使黑的变成白的，丑的变成美的；错的变成对的，卑贱变成尊贵，老人变成少年，懦夫变成勇士。"① 货币的神奇功能遮蔽了货币作为交换手段的本质，一些人把不择手段拥有货币当成直接目的，这就具有了产生"货币拜物教"的可能。

同时，私有制造成了私人劳动向社会劳动顺利转化的困难。因为私有制基础上的社会生产具有自发性和盲目性，生产什么，生产多少，如何生产，完全由生产者自己判断和决定，结果生产者把自己的商品卖出去就比较难，马克思把商品转化成货币这一环节称为"惊险的跳跃"，他说："这个跳跃如果不成功，摔坏的不是商品，但一定是商品占有者。"② 在生产力水平比较低的小商品经济时代，"商品的惊险的跳跃"并不成为问题。资本主义是发达的商品经济，它把商品经济的基本矛盾——私人劳动和社会劳动之间的矛盾，扩展为生产社会化和生产资料资本主义私人占有之间的矛盾，正是这一矛盾的不断运动，挟持了人们的喜怒哀乐。

为了实现"商品惊险的跳跃"，商家要不遗余力、费尽心机地诱惑人们购买商品，激起人们病态的购买欲。正如鲍德里亚所指出的，消费是一场骗局，消费需求是被建构起来的"虚假需要"。这种虚假的需要引导人们陷入"商品拜物教"。马克思说："劳动产品一旦作为商品来生产，就带上拜物教性质，因此拜物教是同商品生产分不开的。"③ 随着生产力的持续发展，生产过剩问题迫使社会进一步营造消费主义文化，人们在不知不觉中被攀比和欲望裹挟着走。马克思说："我们的一切发现和进步，似乎结果是使物质力量

---

① 中共中央马克思恩格斯列宁斯大林著作编译局：《马克思恩格斯文集》第1卷，人民出版社2009年版，第243页。

② 中共中央马克思恩格斯列宁斯大林著作编译局：《马克思恩格斯文集》第5卷，人民出版社2009年版，第127页。

③ 中共中央马克思恩格斯列宁斯大林著作编译局：《马克思恩格斯文集》第5卷，人民出版社2009年版，第90页。

成为有智慧的生命，而人的生命则化为愚钝的物质力量。"① 关于私有制商品经济基本矛盾和"拜物教"关系的揭示，使马克思的理论具有巨大的解释力。英国学者特里·伊格尔顿说："人类不断异化，社会生活愈发'商品化'，我们的文化鼓吹贪婪、攻击性、不加思考的享乐主义和日益严重的虚无主义，我们正逐渐失去自身存在的意义和价值：要对上述问题进行富有成果的讨论，离不开马克思主义传统的积淀。"② 马克思认为"拜物教"造成的"异化"将成为一种"不堪忍受的"力量，成为革命所要反对的力量。

其次，马克思揭示资本家追求剩余价值和进行资本积累导致人的异化。资本的使命在于增殖，资本是死劳动，只能通过吮吸活劳动的血汗实现自身的增殖。因而资本增殖的前提条件是"劳动力成为商品"，而"劳动力成为商品"的秘密在于生产资料私有制。没有生产资料，工人只有出卖劳动力、接受资本家雇佣的"自由"。雇佣劳动决定了不平等的生产关系，工人只能在资本家需要他活着的时候苟延残喘地活着，工人只有"作为肉体的主体，才能够生存。这种奴隶状态的顶点就是：他只有作为工人才能维持自己作为肉体的主体，并且只有作为肉体的主体才能是工人"③。关于这一事实，国民经济学家已经公开承认，在资本家眼里工人只是"劳动的动物"，其存在价值仅仅是使资本增殖。在这样的生产关系下，工人作为人的全部丰富性被无视，仅仅被抽象为劳动的能力，是资本家以尽可能少的花费带来尽可能多的收入的生产工具。"在李嘉图看来，人是微不足道的，而产品则是一切。"④实际上，在资本逻辑的支配下，资本家也被非人化，他是"人格化的资本"，他执行使资本增殖的使命，马克思在批判资本的食利本性时引用英国工会活动家和政论家托·约·邓宁的话："一旦有适当的利润，资本就胆大起来。如

① 中共中央马克思恩格斯列宁斯大林著作编译局：《马克思恩格斯选集》第1卷，人民出版社1995年版，第775页。
② ［英］特里·伊格尔顿：《马克思为什么是对的》，李杨、任文科、郑义译，新星出版社2011年版，第4页。
③ 中共中央马克思恩格斯列宁斯大林著作编译局：《马克思恩格斯文集》第1卷，人民出版社2009年版，第158页。
④ 中共中央马克思恩格斯列宁斯大林著作编译局：《马克思恩格斯文集》第1卷，人民出版社2009年版，第139页。

果有 10% 的利润，它就保证到处被使用；有 20% 的利润，它就活跃起来；有 50% 的利润，它就铤而走险；为了 100% 的利润，它就敢践踏一切人间法律；有 300% 的利润，它就敢犯任何罪行，甚至冒绞首的危险。如果动乱和纷争能带来利润，它就会鼓励动乱和纷争。走私和贩卖奴隶就是证明。"①资本积累理论再次揭示资本主义生产方式的残酷性，内在的动力和外在的压力驱使资本家要快速进行资本积累，而资本积累的源泉只能是剩余价值，这就导致工人不断地自我牺牲和自我折磨。马克思在《手稿》中已然揭示：相对于动物无意识的生命活动，人类的生产活动具有巨大的优越性，不仅能主动改变世界以满足人的物质需要，还能够实现人的自由自觉的普遍性本质，即"懂得处处把固有的尺度运用于对象；因此，人也按照美的规律来构造"②。现在，"异化劳动把这种关系颠倒过来，以致人正因为是有意识的存在物，才把自己的生命活动，自己的本质变成仅仅维持自己生存的手段"③。

　　既然人们在劳动中不能体验到快乐，人对劳动的本真需要也就被遮蔽了，马克思在《手稿》里对异化劳动有非常精彩的描写："劳动对工人来说是外在的东西，也就是说，不属于他的本质；因此，他在自己的劳动中不是肯定自己，而是否定自己，不是感到幸福，而是感到不幸，不是自由地发挥自己的体力和智力，而是使自己的肉体受折磨、精神遭摧残。因此，工人只有在劳动之外才感到自在，而在劳动中则感到不自在，他在不劳动时觉得舒畅，而在劳动时就觉得不舒畅。因此，他的劳动不是自愿的劳动，而是被迫的强制劳动。因此，这种劳动不是满足一种需要，而只是满足劳动以外的那些需要的一种手段。"④劳动是人区别于动物的本质属性，当人对这种本质属性的需要丧失后，人就非"人"了，结果吃、喝、生殖等成为最后的和唯一

----

① 中共中央马克思恩格斯列宁斯大林著作编译局：《马克思恩格斯文集》第5卷，人民出版社2009年版，第871页。
② 中共中央马克思恩格斯列宁斯大林著作编译局：《马克思恩格斯文集》第1卷，人民出版社2009年版，第163页。
③ 中共中央马克思恩格斯列宁斯大林著作编译局：《马克思恩格斯文集》第1卷，人民出版社2009年版，第162页。
④ 中共中央马克思恩格斯列宁斯大林著作编译局：《马克思恩格斯文集》第1卷，人民出版社2009年版，第159页。

的终极目的，人向动物无限倒退。于是，人的一切感觉和特性异化为拥有的感觉，只有在使用自己的动物机能时，才能感觉到自己的存在。马克思说："私有制使我们变得如此愚蠢而片面，以致一个对象，只有当它为我们所拥有的时候，就是说，当它对我们来说作为资本而存在，或者它被我们直接占有，被我们吃、喝、穿、住等等的时候，简言之，在它被我们使用的时候，才是我们的。"①

这种排他性的占有关系必然损害共同体的凝聚力和对崇高价值的追求。美国学者丹尼尔·贝尔在其《资本主义文化矛盾》一书中说："资本主义社会的本质特征不是需求，而是欲求。欲望是心理上而不是生理上的，且其本性就是无所限制。社会也不再被看作受一个共同目的统领的人的自然集合——城邦或家庭——而是独立个人的组合，这些个人都只追求他们自己的满足。"② 在经济领域是猖獗的个人主义，在文化领域是绝对的自私自利。"文化领域中的根本变化是个人的含义从'存在'变成了'自我'。……存在有其本质，因而也就有一个同质。……但是在现代意识中，没有一个共同的存在，只有一个自我，而对这自我的关注是关心它的个人真实性，它那独特的、不可削减的、不受设计和传统约束的性格，以及社会给自我戴上的伪善面具和对自我的扭曲。对真实自我的关注使得动机，而不是行动——对自我的冲击，而不是它对社会的道德影响——成为伦理和审美判断的源泉。"③

总之，资本主义的生产方式使得人与人的关系通过物与物的关系来标志和实现，结果就使物与物的关系支配了人与人的关系，这是虚无主义产生的直接原因。

---

① 中共中央马克思恩格斯列宁斯大林著作编译局：《马克思恩格斯文集》第1卷，人民出版社2009年版，第189页。

② ［美］丹尼尔·贝尔：《资本主义文化矛盾》，江苏人民出版社2007年版，第20页。

③ ［美］丹尼尔·贝尔：《资本主义文化矛盾》，江苏人民出版社2007年版，第17页。

三、马克思对尼采虚无主义批判的超越

（一）马克思揭示了"社会性存在"是人的真正的自然存在

尼采肯定人的自然属性、自然需要以及满足自然需要的生命活动在历史发展中的作用。马克思、恩格斯也主张把"有生命的个人的存在"作为全部历史的第一个前提。但与尼采把人的本质力量理解为自然的、本能的、非理性的生存意志不同，马克思把人看成是自然存在与社会存在的统一，指出社会存在是人的本质存在，因为"生命的生产，无论是通过劳动而生产自己的生命，还是通过生育而生产他人的生命，就立即表现为双重关系：一方面是自然关系，另一方面是社会关系"①。与他人合作完成生命的生产不是人类的本能，而是人类的智慧。合作生产形成的社会生产力远远大于单独个人的生产力，因此社会生产力才是实现个人生命自由和生命创新的基础。

尼采把人局限在第一自然，看不到人的第二自然——"社会性存在"，因此只能把超越虚无主义的希望寄托在"超人"身上，走向"英雄史观"。尼采无视社会生产力的制约条件，抽象地谈论个人的生命意志、自由创造，必然走向主观唯心主义，不仅会在现实中碰壁，而且无法突破个体生命的有限性，只能体验永恒轮回的虚无，看不到人类活动的历史意义。正如马克思批判费尔巴哈时所说的："他没有看到，他周围的感性世界决不是某种开天辟地以来就直接存在的、始终如一的东西，而是工业和社会状况的产物，是历史的产物，是世世代代活动的结果，其中每一代都立足于前一代所奠定的基础上，继续发展前一代的工业和交往，并随着需要的改变而改变他们的社会制度。甚至连最简单的'感性确定性'的对象也只是由于社会发展、由于工业和商业交往才提供给他的。"②社会性存在与历史性存在是理解人的本质存在和本质力量的源泉。

"社会性存在"是马克思主义理论的核心概念，对于超越西方文化的形

---

① 中共中央马克思恩格斯列宁斯大林著作编译局：《马克思恩格斯文集》第1卷，人民出版社2009年版，第532页。

② 中共中央马克思恩格斯列宁斯大林著作编译局：《马克思恩格斯文集》第1卷，人民出版社2009年版，第528页。

而上学性和个人主义价值观，具有重大理论意义。西方文化有强调先验理性的传统，这种"先验理性观"必然把社会分为两部分：一部分是掌握理性的高贵精英，另一部分则是无知无识的"群氓"。精英意味着孤独、孤傲、孤芳自赏，这就隐含着一种个人主义的文化取向。启蒙运动的领袖笛卡尔提出"我思故我在"，意味着"我思主体是一个与一切他性存在都切断联系的孤独个体，一个只能从自己的内在性中用力把自己做大做强的主体"①。理性主体除了相信自己，除了相信经过自己理性思考的东西，别的什么也不相信。当启蒙运动把人设定为自足的理性存在后，再次强化了西方文化个人本位的价值取向，西方思想家总喜欢把个人与社会对立起来，把社会看作是僵化、凝固、阻碍个人能力发挥的障碍，甚至说成是"牢笼"。一些思想家们不自觉地贬低或忽视社会存在的意义。如有学者指出："在马克思看来，黑格尔的逻辑学的存在论以及费尔巴哈的感性理论均不能形成社会存在的自觉。……西方马克思主义实际上都是将社会存在看成是人的生存的对立物。存在主义的马克思主义则直接强调个体生存而排斥社会存在。"②

作为社会性存在，人的属性、人的需要，以及满足需要的本质力量都具有双重属性，是自然性与社会性的统一，其中社会性是其本质属性。人的需要不仅包括第一自然赋予人的需要，而且包括人作为社会性的存在物，具有一般动物所没有的"人"的需要；人的本质力量不仅包括第一自然即原生态的自然本能力量，而且包括作为社会存在的第二自然赋予人的"社会性的"力量。这种"人"的需要和满足这种需要的"人"的力量，与一定历史阶段的社会发展状况相一致，既具有社会性又具有历史性，是一种"现实的"需要和力量。源于第二自然的社会的力量是无数个人力量的总和，是一种合力，它不是完全非理性的，而是合目的性与合规律性的统一。

正是基于这样的思考，马克思紧紧抓住人的"社会性存在"，从社会存在这一基石出发把握人的本质力量的来龙去脉。马克思重点研究资本主义社会人们的存在方式，发现资本主义社会中个人的需要以及满足需要的本质力

① 刘森林：《历史唯物主义：现代性的多层反思》，中山大学出版社 2016 年版，第 14 页。
② 邹诗鹏：《马克思的社会存在概念及其基础性意义》，载《中国社会科学》2019 年第 7 期。

量貌似具有独立性、个性，实际上人们是通过市场这只看不见的手，通过社会分工而广泛深刻地联系在一起，日益结成休戚相关的命运共同体。马克思揭示，资本主义社会中人的真实存在状态是"以物的依赖性为基础的人的独立性"①。从而，"人的本质不是单个人所固有的抽象物，在其现实性上，它是一切社会关系的总和"②。这就打破了启蒙运动对人的理性自足性的设定，也打破了尼采对人的绝对自由意志的设定。

综上，马克思与尼采一样，都认为西方文化的形而上学传统导致人们忽视了人的自然存在和自然力量的应有价值。马克思比尼采深刻的地方是他更重视人的第二自然，即人类在满足生命生产过程中产生的"社会性存在"，认为人类对"社会性存在"和由此产生的社会性力量的不自觉是虚无主义产生的重要原因。有学者说"马克思对西方现代性的批评一直还没有推进到对整个西方传统的批判"③，这一观点值得商榷，因为马克思用实践哲学实现了对西方理论哲学的超越，历史唯物主义的思维方法对整个西方文化的世界观、价值观和方法论都是一种革命性超越。

（二）马克思把对虚无主义的分析推进到政治经济学层面

尼采挖掘虚无主义的现实根源，把它归结于"弱者面向现实的无能"的观点，与马克思的唯物主义立场不谋而合。马克思说："宗教是被压迫生灵的叹息，是无情世界的情感，正像它是无精神活力的制度的精神一样。宗教是人民的鸦片。"④ 但是唯物主义在尼采这里只是昙花一现，尼采触摸到了"现实"，却没有进一步分析现实是如何产生的，又是如何决定人的存在及其意识的。因为他把弱者软弱的生存意志看作根本原因，只是责怪人们不该压制非理性和生命本能，不该弘扬奴隶道德，不该自甘堕落成为"末人"，又回到了主观唯心主义。马克思的理论贡献在于运用历史唯物主义的分析方

---

① 中共中央马克思恩格斯列宁斯大林著作编译局：《马克思恩格斯全集》第 46 卷（上），人民出版社 1979 年版，第 104 页。
② 中共中央马克思恩格斯列宁斯大林著作编译局：《马克思恩格斯文集》第 1 卷，人民出版社 2009 年版，第 501 页。
③ 刘森林：《物与无：物化逻辑与虚无主义》，江苏人民出版社 2013 年版，第 3 页。
④ 中共中央马克思恩格斯列宁斯大林著作编译局：《马克思恩格斯文集》第 1 卷，人民出版社 2009 年版，第 4 页。

法，发现了虚无主义与社会生产力的内在关联，指出：生产力有所发展而又发展不足是人的物化、异化的根本原因。

因为生产力有所发展而又发展不足，意味着并非全部社会成员自由发展所需的物质条件都能够得到满足。这种情况下，一些人就通过占有生产资料的方式无偿占有他人的劳动果实，以便率先实现自身的发展。私有制形式随着生产力的发展而发展，一方面推动了社会分工，一方面加剧了劳动异化。社会分工和劳动异化意味着人类不得不首先经历片面发展，以个体的片面发展为代价为整体的自由发展积累物质条件。在私有制条件下，个体的片面发展不是自愿的而是被迫的，这就导致人的压抑，进而产生虚无感。到了资本主义阶段，资本为了追求利润的最大化，进一步加剧了人的片面的、被迫的发展，人的自由自觉的本质进一步异化，悲观主义和虚无主义就会油然而生。如有学者说："资本逻辑的物质关系每天会源源不断地激发和产生虚无主义，或者印证虚无主义的真理。"[1] 所以，虚无主义的根源绝不仅仅是形而上学，而是有其深层的现代社会物质结构。马克思揭示，资本逻辑是整个现代社会经济活动的支配性力量，因而资本逻辑是虚无主义的物质根源。

（三）马克思指出"虚幻的共同体"是虚无主义思想产生的阶级根源

人的"社会性存在"意味着人的自我实现离不开共同体，"只有在共同体中，个人才能获得全面发展其才能的手段，也就是说，只有在共同体中才可能有个人自由"[2]。共同体从字面上理解应该是：人们为了实现某种"共同利益"而建构的社会组织形式。在一个真实的共同体中，人与人之间的关系是"我为人人，人人为我"，共同体所提倡的"共同的利益"尽管与个人特殊的利益会有一定的冲突，例如共同利益着眼于共同体整体的、长远的利益，个人利益着眼于自我的、短期的利益，但由于根本利益的一致性，这两种利益还是能够达成共识的，比较容易被共同体成员认同和接受，成为个人安身立命的精神家园和精神支柱。

---

① 张有奎：《资本逻辑与虚无主义》，中国社会科学出版社 2017 年版，第 196 页。
② 中共中央马克思恩格斯列宁斯大林著作编译局：《马克思恩格斯文集》第 1 卷，人民出版社 2009 年版，第 571 页。

根据人们结成共同体的主要方式可以分为: 血缘共同体、地缘共同体和业缘共同体等。无论哪种共同体都是个人生存与发展的空间场域,决定了个人不同的现实本质。在个人与共同体的关系中,除了早期生产力落后的原始社会,个人对共同体本身的需要大于共同体对个人的需要,因为"特定的个体不过是一个特定的类存在物,而作为这样的存在物是迟早要死的"①。因此,个人与共同体的关系存在着不对等性,这就有可能使共同体沦为少数人剥削、压迫他人的工具,成为"虚幻的共同体"。马克思指出,建立在生产资料私有制基础上的共同体就是这种"虚幻的共同体",这种共同体独立于个人并作为异己的统治力量与个人相对立。在《德意志意识形态》中,马克思、恩格斯指出:"在过去的种种冒充的共同体中,如在国家等等中,个人自由只是对那些在统治阶级范围内发展的个人来说是存在的,他们之所以有个人自由,只是因为他们是这一阶级的个人。从前各个人联合而成的虚假的共同体,总是相对于各个人而独立的;由于这种共同体是一个阶级反对另一个阶级的联合,因此对于被统治的阶级来说,它不仅是完全虚幻的共同体,而且是新的桎梏。"② 马克思、恩格斯同时揭露:"统治阶级的思想在每一时代都是占统治地位的思想。……占统治地位的思想不过是占统治地位的物质关系在观念上的表现,不过是以思想的形式表现出来的占统治地位的物质关系。"③因此,所谓的"最高价值"代表和维护的只是统治阶级的利益,难以获得社会的广泛认同,这是虚无主义产生的阶级根源。马克思也解释了作为动词性质的虚无主义,即推翻传统基督教信仰,是资本主义生产方式登上历史舞台的意识形态需求。换句话说,资本主义想用赤裸裸的剥削代替过去那种被掩盖的剥削。虚无主义的诸多面相,如功利主义、个人主义、消费主义、物欲主义、利己主义等只不过是私有制社会原子式个人的利益冲突在观念层面的

---

① 中共中央马克思恩格斯列宁斯大林著作编译局:《马克思恩格斯文集》第1卷,人民出版社2009年版,第189页。

② 中共中央马克思恩格斯列宁斯大林著作编译局:《马克思恩格斯文集》第1卷,人民出版社2009年版,第571页。

③ 中共中央马克思恩格斯列宁斯大林著作编译局:《马克思恩格斯文集》第1卷,人民出版社2009年版,第550—551页。

表现而已。

对意识形态虚假性的批判和揭露，马克思与尼采可谓不谋而合，但两人的论证却不一样。尼采认为，意识形态的虚假性根源于西方文化传统的形而上学性，或根源于弱者对强者的心理嫉妒，弱者欲抑制强者的发展而编织出一套"道德谎言"。马克思则指出意识形态的虚假性根源于"虚幻的共同体"并不能代表所有成员的利益，统治阶级把自己的特殊利益说成是普遍利益，对被统治阶级来说不具有现实可行性。相反，个人主义、功利主义、物化价值反倒具有现实合理性。相比较而言，马克思的分析更加有说服力，因为马克思运用的是历史唯物主义的分析方法，他的论据是："一个阶级是社会上占统治地位的物质力量，同时也是社会上占统治地位的精神力量。支配着物质生产资料的阶级，同时也支配着精神生产资料。"①"任何一个时代的统治思想始终都不过是统治阶级的思想。"② 所以，尼采关于"道德是由弱者的怨恨与报复心决定的""是为了维护弱者的利益"的观点并不正确，道德不是弱者对强者的要求，而是统治阶级对被统治阶级的思想麻痹，是其进行统治的软实力。

（四）马克思根据人的超越性本质揭示了"虚假的个人"是虚无主义产生的人学根源

个人既然生存于特定的共同体中，共同体的性质就决定了个人的现实本质。由此推论，在"虚幻的共同体"中生成的是"虚假的个人"。马克思说，在这种虚幻的共同体中，"他们不是作为个人而是作为阶级的成员处于这种共同关系中的"③。个人究竟属于哪个阶级则具有偶然性。在奴隶社会或封建社会，这种偶然性是由个人的出身（血缘关系）决定的；在商品社会，个人的命运主要由市场的偶然性，由商品、货币、资本的运行规律摆布。在马克

---

① 中共中央马克思恩格斯列宁斯大林著作编译局：《马克思恩格斯文集》第1卷，人民出版社2009年版，第550页。

② 中共中央马克思恩格斯列宁斯大林著作编译局：《马克思恩格斯文集》第2卷，人民出版社2009年版，第51页。

③ 中共中央马克思恩格斯列宁斯大林著作编译局：《马克思恩格斯文集》第1卷，人民出版社2009年版，第573页。

思看来，资本主义和发达的商品经济相结合，激烈的市场竞争发展了这种偶然性。如，资本逻辑导致社会两极分化不断加剧，社会大多数成员都会或迟或早地降落到无产阶级的队伍里来。个人被外在的偶然性裹挟，不能完全主宰自己的命运，就会产生严重的虚无感。

另外，在"虚幻的共同体"中，人与人之间的利益是对立的，无论是激烈的市场竞争还是尖锐的阶级斗争，都是以物的占有为目的，人成为被物奴役的、只会算计得失的经济动物，资本家也是"人格化的资本"。在这种"虚幻的共同体"中，金钱或对物的占有是评价人的价值的主要尺度，因此极少有人关心自己和他人的社会性本质，即使有也很难被社会大多数人理解和认同，这就导致"最高价值自行贬黜"。同时，在"虚幻的共同体"中，劳动仅仅是满足人的谋生需要，无法实现其乐生价值，也是虚无主义产生的重要原因。人的生命活动是有意识的，因而具有超越性，如孙正聿先生所说："动物和世界是一种肯定性的统一关系，而人对世界是一种否定性的统一关系。"[1] 这种超越性表现在不满足于现状，"人无法忍受单一的颜色，人无法忍受凝固的时空，人无法忍受存在的空虚，人无法忍受自我的失落，人无法忍受彻底的空白"[2]。海德格尔从存在论的角度阐释了人是能够意识到死亡的存在的，"向死而生"的人终究会去追问存在的意义，实现生命更多的可能性。总之，作为有意识的生命活动，人具有追求自由、追求超越的本性。这种自由的本性决定了人不会永远满足于功利境界的人生。异化劳动造成理想与现实的巨大差距，使人陷入虚无主义。

人的社会性本质决定人具有马斯洛所说的群体归属需要、爱的需要和自我价值实现的需要。马克思指出，资本主义社会物与物的对立关系掩盖了人与人的真实依赖关系。人以原子式个人的方式存在，人与人是隔膜的、孤独的，人的社会性需要得不到满足，也是产生虚无主义思想的原因。对此，马克思在《1844 年经济学哲学手稿》中通过对产品异化、劳动异化、人的本质异化以及人与人关系异化等的深刻的分析，论证了资本主义社会人与人关系

---

① 孙正聿：《孙正聿讲演录》，长春出版社 2011 年版，第 161 页。
② 孙正聿：《孙正聿讲演录》，长春出版社 2011 年版，第 161 页。

的异化:"在异化劳动的条件下,每个人都按照他自己作为工人所具有的那种尺度和关系来观察他人。"① 总之,虚幻的共同体产生虚假的个人,异化劳动加剧了人的异化,这是虚无主义的人学根源。

四、马克思关于虚无主义的超越方案

(一)价值重估:对人的现实生命活动的价值澄清

马克思和尼采从不同的角度揭示了现代世界"正被一个虚幻的力量包围和左右,揭穿这种虚幻,还原世界的真实,甚至进一步打破虚幻的笼罩和统治,呈现一个真实的意义世界,都是他们的共同追求。马克思的'无产阶级'和尼采的'超人'究其本来意涵来说都是超越虚无主义的"②。那么,马克思超越虚无主义的具体方案是什么呢?

马克思之前,包括青年黑格尔派、费尔巴哈等人都是从意识出发规定人的本质,把人等同于"理性、意志、心"。马克思则是从人的生命活动性质出发揭示人的本质、肯定人的现实生命意义。自然人及其需求的满足是马克思历史唯物主义的逻辑起点。他和恩格斯指出:"我们首先应当确定一切人类生存的第一个前提,也就是一切历史的第一个前提,这个前提是:人们为了能够'创造历史',必须能够生活。但是为了生活,首先就需要吃喝住穿以及其他一些东西。因此第一个历史活动就是生产满足这些需要的资料,即生产物质生活本身。"③ 源于肉体需要(物质利益)的这股力量推动着人们以某种生产方式、生活方式、思维方式去感知和改造世界,于是"整个所谓世界历史不外是人通过人的劳动而诞生的过程,是自然界对人来说的生成过程"④。马克思不仅揭示人的生命活动具有创造世界历史的伟大意义,而且揭

① 中共中央马克思恩格斯列宁斯大林著作编译局:《马克思恩格斯文集》第1卷,人民出版社2009年版,第164页。
② 刘森林:《物与无:物化逻辑与虚无主义》,江苏人民出版社2013年版,第42页。
③ 中共中央马克思恩格斯列宁斯大林著作编译局:《马克思恩格斯文集》第1卷,人民出版社2009年版,第531页。
④ 中共中央马克思恩格斯列宁斯大林著作编译局:《马克思恩格斯文集》第1卷,人民出版社2009年版,第196页。

示这一历史运动把人变成一种"社会的存在物"①，即不同于尼采语境中的第一自然的第二自然。现代化既意味着自然界的人化，又意味着个体的社会化，因为社会分工与合作把人们现实地联结在一起，人的生存体验与社会的发展状态密切相关。

尼采和马克思都认为人生的目的在于实现自己的本质力量，人的本质力量具有非理性的一面。尼采认为权力意志是支配世界的根本力量，它无名无相，是一种冲动、激情，是神秘的怪物。马克思认为社会生产力是社会发展的根本推动力。在共产主义社会实现之前，"因为共同活动本身不是自愿地而是自然形成的，所以这种社会力量在这些个人看来就不是他们自身的联合力量，而是某种异己的、在他们之外的强制力量。关于这种力量的起源和发展趋向，他们一点儿也不了解；因而他们不再能驾驭这种力量，相反，这种力量现在却经历着一系列独特的、不仅不依赖于人们的意志和行为反而支配着人们的意志和行为的发展阶段"②。

综上，马克思和尼采都通过批判理性主义而肯定了人的现实生命活动的价值，并且都指出人的现实生命活动具有非理性的特点。两者的区别在于：

首先，对这股自然力是否具有内在的合理性要求的看法不同。尼采把非理性的生存意志与人的存在一体化，认为人的意识、意欲都受盲目的权力意志的操纵，因而"没有目的"③。马克思通过人与动物生产特点的对比分析，揭示了：人是"普遍的因而是自由的存在物"④；人的活动是有意识的；人"懂得按照任何一个种的尺度来进行生产，并且懂得处处都把固有的尺度运用于对象；因此，人也按照美的规律来构造"⑤。人的本质力量在劳动过程中对象化，对象化的结果是否合目的、能否确证自己的本质力量和生命价值，成为

---

① 中共中央马克思恩格斯列宁斯大林著作编译局：《马克思恩格斯文集》第1卷，人民出版社2009年版，第190页。
② 中共中央马克思恩格斯列宁斯大林著作编译局：《马克思恩格斯文集》第1卷，人民出版社2009年版，第538页。
③ 尼采：《尼采遗稿选》，虞龙发译，上海译文出版社2005年版，第117页。
④ 中共中央马克思恩格斯列宁斯大林著作编译局：《马克思恩格斯文集》第1卷，人民出版社2009年版，第161页。
⑤ 中共中央马克思恩格斯列宁斯大林著作编译局：《马克思恩格斯文集》第1卷，人民出版社2009年版，第163页。

人的活动必须考虑的问题。因此，马克思不像尼采那样对人的理性全盘否定。尼采因矫枉过正全盘否定理性的价值，最终迷失于虚无主义。马克思认为人的活动是合规律性与合目的性的统一，无论是工具理性还是价值理性都会随着人的实践活动的发展而发展。这是一种立足于现实的理性乐观主义，为超越虚无主义提供了历史的、辩证的思维方法。

其次，两者对这股自然力是否具有社会性的看法不同。尼采和马克思都讴歌自然力本身的强大意志和创造能力。不同的是，尼采认为这股力来自第一自然，是天赋的、原始的、盲目的。马克思则认为这股力主要来自第二自然，即人类分工合作创造的社会。因为"生命的生产，无论是通过劳动而生产自己的生命，还是通过生育而生产他人的生命，就立即表现为双重关系：一方面是自然关系，另一方面是社会关系"[①]。人们通过社会分工进行满足肉体需要的生产，形成社会的生产力。社会生产力不断集聚，具有无限的威力。虽然目前它"统治我们、不受我们控制、使我们的愿望不能实现并使我们的打算落空"[②]，但由于人的活动是有意识的，是合规律与合目的的统一，这股力量终将被联合起来的个人重新驾驭。马克思还指出，即使是言说个人力量，它也不是自然原始的，而是立足于前一代人创造的生产力的基础上，"以社会的形式形成社会的器官"[③]，如有音乐感的耳朵、能感受形式美的眼睛。每一种社会器官对应于一种独特的本质力量。每一种本质力量的生成都依赖于作为对象的"人化的自然界"的存在，每一种本质力量的实现都意味着个人对自己的社会性存在、社会性生命的占有。

由此可见，第二自然的提出是马克思对尼采原生态自然观的理论超越。马克思在《〈黑格尔法哲学批判〉导言》一文中曾经批判当时空想的德国思想家们："那些好心的狂热者，那些具有德意志狂的血统并有自由思想的人，

[①] 中共中央马克思恩格斯列宁斯大林著作编译局：《马克思恩格斯文集》第1卷，人民出版社2009年版，第532页。

[②] 中共中央马克思恩格斯列宁斯大林著作编译局：《马克思恩格斯文集》第1卷，人民出版社2009年版，第537页。

[③] 中共中央马克思恩格斯列宁斯大林著作编译局：《马克思恩格斯文集》第1卷，人民出版社2009年版，第190页。

却到我们史前的条顿原始森林去寻找我们的自由历史。但是，如果我们的自由历史只能到森林中去找，那么我们的自由历史和野猪的自由历史又有什么区别呢？"①现在看来，这个批判同样适用于对尼采的批判，尼采追求的就是这种原始的自由。

尼采和马克思眼中的自然都是"一个力的世界"，前者是原始的"强力意志"，后者是"生产力"，两者都追求更强、更大。但是，正像刘森林教授所说：由于关注个人，尼采看到的自然进程就是轮回：只有种群才能摆脱生死轮回走向生生不息的永恒的继续、延续，成就一种生生不息的进程。因而尼采的"力"是不断积聚和耗散着，处在不断的变动之中，是不断的循环轮回，不是马克思所说的那样处在不断的积聚之中，处在积聚到一定程度就会呈现一种永恒的定态，这种定态虽然不是僵化或静止，但却是一种接近完美的状况。②

（二）直面现实：揭示人的现实活动蕴含的革命因素

在尼采哲学中，虚无主义分为消极的虚无主义和积极的虚无主义。前者意味着旧价值统治或旧价值崩溃时期，现实生命的衰落和人的价值的遮蔽；后者意味着直面旧价值已经崩溃，新价值尚未建立时期的无价值、无意义状态，积极有为，创造一个更高、更富有活力的新世界。尼采批判消极的虚无主义，自认为是积极的虚无主义，他号召人们成为创造新价值的"超人"，积极绽放生命的活力。

那么如何创造新价值呢？尼采认为，既然传统价值的建立是通过回避、拒斥现实来虚构一个彼岸世界，那么新价值就应反其道而行之，要直面现实，把握现实，从现实中生发出积极、高贵的价值和理想。尼采的现实是第一自然，马克思的现实是第二自然。无论第一自然还是第二自然，它们都是不断生成着的、富有生命活力的有机整体，都蕴含着希望和未来。例如尼采指出，价值虚无的时代恰恰提供了创造新价值的契机。马克思在《〈黑格尔

---

① 中共中央马克思恩格斯列宁斯大林著作编译局：《马克思恩格斯文集》第1卷，人民出版社2009年版，第5页。
② 刘森林：《回归自然：马克思与尼采的共同旨趣》，载《学术月刊》2017年第10期。

法哲学批判〉导言》中指出："真理的彼岸世界消逝以后，历史的任务就是确立此岸世界的真理。人的自我异化的神圣形象被揭穿以后，揭露具有非神圣形象的自我异化，就成了为历史服务的哲学的迫切任务。于是，对天国的批判变成对尘世的批判，对宗教的批判变成对法的批判，对神学的批判变成对政治的批判。"①

但是"现实取决于看待者的层次、高度和视角"②，并不是所有的人都能看清现实并理解其所蕴含的辩证法。尼采认为只有少数人能做到，他在《敌基督者》一书的开篇中明确指出："这本书属于极少数人。"马克思也认为受意识形态和思维方法的遮蔽，并不是所有的人都能把握现实。例如从前的一切唯物主义（包括费尔巴哈的唯物主义）和德国的玄想家们不从实践出发理解世界就不能正确把握现实；未接受教育的工人阶级同样不能正确把握现实，他们是"经济范畴的人格化"，仅仅维持着"肉体的存在"，处在"自在"而非"自觉自为"状态。

马克思和尼采都认为人的自然存在及其生命力是最客观的现实，人只有通过本质力量对象化确证自己的本质力量才能克服存在的虚无。尼采认为只有生命力强大的人才具有创造精神，他把这种人称为"超人"。只有"超人"才能体验和享受生命创造的快乐，消解存在的虚无。因此，尼采只承认少数个人的生命价值。马克思也重视个人，提出共产主义社会"每个人的自由发展是一切人的自由发展的条件"③。但是，马克思认为："人的本质不是单个人所固有的抽象物，在其现实性上，它是一切社会关系的总和。"④也就是说，没有谁能够独自发展、实现和确证自己的本质力量。

上文已述，人的自由与人的本质力量成正比，人的本质力量又与"社会的器官"的丰富程度，以及感觉能力的大小成正比。马克思指出，个人只有

---

① 中共中央马克思恩格斯列宁斯大林著作编译局：《马克思恩格斯文集》第1卷，人民出版社2009年版，第4页。
② 刘森林：《面向现实的无能：尼采论虚无主义的根源》，载《学术月刊》2014年第12期。
③ 中共中央马克思恩格斯列宁斯大林著作编译局：《马克思恩格斯文集》第2卷，人民出版社2009年版，第53页。
④ 中共中央马克思恩格斯列宁斯大林著作编译局：《马克思恩格斯文集》第1卷，人民出版社2009年版，第501页。

在社会化大生产建立的联系中，"才形成普遍的社会物质交换，全面的关系，多方面的需求以及全面的能力的体系"①。总之，个人本质力量的发展和确证，都依赖于社会，依赖于他人创造的人化世界，依赖于与他人开展的交往活动。马克思在《手稿》中深刻地描述了这种依赖关系："我们已经看到，在被积极扬弃的私有财产的前提下，人如何生产人——他自己和别人；直接体现他的个性的对象如何是他自己为别人的存在，同时是这个别人的存在，而且也是这个别人为他的存在。"② 为什么个人一定要为他人的存在生产呢？一方面，个人的生产总是有限的，而他的需要则是丰富多样的，只有通过合作生产，即"为他人的生产"才能消解二者之间的张力。另一方面，如果每个人只为自己生产，他人和社会对他也就不感兴趣。这样，他既无法获得他人和社会的认可，他自身能力、品质的发展也会由于丧失了社会价值而丧失了发展的动力。

与尼采的"英雄史观"不同，马克思借助亚当·斯密、大卫·李嘉图的劳动价值论为弱者（工人阶级）正名，阐明他们不是自甘堕落的。他们是因为私有制的剥夺而沦为一无所有者，因为产品异化而无法确证自己的本质力量。实际上，作为本质力量对象化的主体，他们是社会物质财富、精神财富以及社会变革的主体力量。马克思为超越虚无主义指明了道路，即"自我异化的扬弃同自我异化走的是同一条道路"③。马克思认为，当社会生产力高度发展并且异化为一种"不堪忍受的"力量后，工人阶级（弱者）将"产生出必须实行彻底革命的意识"④。"因此人类的全部历史（从土地公有的原始氏族社会解体以来）都是阶级斗争的历史，即剥削阶级和被剥削阶级之间、统治阶级和被压迫阶级之间斗争的历史；这个阶级斗争的历史包括有一系列发展阶

---

① 中共中央马克思恩格斯列宁斯大林著作编译局：《马克思恩格斯全集》第46卷上，人民出版社1979年版，第104页。
② 中共中央马克思恩格斯列宁斯大林著作编译局：《马克思恩格斯文集》第1卷，人民出版社2009年版，第187页。
③ 中共中央马克思恩格斯列宁斯大林著作编译局：《马克思恩格斯文集》第1卷，人民出版社2009年版，第182页。
④ 中共中央马克思恩格斯列宁斯大林著作编译局：《马克思恩格斯文集》第1卷，人民出版社2009年版，第542页。

段，现在已经达到这样一个阶段，即被剥削被压迫的阶级（无产阶级），如果不同时使整个社会一劳永逸地摆脱一切剥削、压迫以及阶级差别和阶级斗争，就不能使自己从进行剥削和统治的那个阶级（资产阶级）的奴役下解放出来。"①

同时，如果物质财富极大丰富，凭借生产资料私有制剥削他人劳动的社会机制就变得毫无意义，私有制将退出历史舞台。马克思和恩格斯展望未来共产主义社会的基本状况是："随着基础即随着私有制的消灭，随着对生产实行共产主义的调节以及这种调节所带来的人们对于自己产品的异己关系的消灭，供求关系的威力也将消失，人们将使交换、生产及他们发生相互关系的方式重新受自己的支配。"② 那时候，人的一切感觉和特性不再囿于利益对立而获得了彻底的解放，"别人的感觉和精神也为我自己所占有"③。这时，劳动将由谋生的手段变成乐生的需要，劳动产品是"我"的本质力量的对象化，他人享用"我"的产品是对"我"的本质力量的确证。这时，"人的社会"与"社会的人"真正完成，每个人都可以实现自由自觉的发展，在利他劳动中确证自我的存在、自我的力量和自我的价值。这就是马克思为人类整体走出虚无主义所指出的曲折道路和光明前景。

总之，尼采和马克思立论于人的自然存在，高度肯定自然生命力的创新价值，认为通过对象化占有人的自由创新本质是克服虚无主义的出路。尼采由于把人局限在第一自然，看不到人的第二自然"社会的存在"，也就无法揭示人的本质力量源于何处，去向何处。马克思、恩格斯在《形态》中对青年黑格尔派的批判——"关于这种力量的起源和发展趋向，他们一点儿也不了解"④——同样适用于尼采。尼采看不到人的社会存在也就找不到人类克

---

① 中共中央马克思恩格斯列宁斯大林著作编译局：《马克思恩格斯文集》第2卷，人民出版社2009年版，第14页。
② 中共中央马克思恩格斯列宁斯大林著作编译局：《马克思恩格斯文集》第1卷，人民出版社2009年版，第539页。
③ 中共中央马克思恩格斯列宁斯大林著作编译局：《马克思恩格斯文集》第1卷，人民出版社2009年版，第190页。
④ 中共中央马克思恩格斯列宁斯大林著作编译局：《马克思恩格斯文集》第1卷，人民出版社2009年版，第538页。

服虚无主义的现实道路和依靠主体。难怪施密特认为尼采的理论"缺乏系统性"，尼采寄希望于未来"超人"带来的"积极的虚无主义"终究流于唯心主义。马克思发现了第二自然：人的"社会的存在"及人的实践的存在方式这一真正的现实。在综合人的自然的存在、社会的存在、文化的存在、世界历史性的存在的基础上，从"四位一体"的整体性视角揭示了人的本质力量的社会性和历史性的生成机制，阐明了人的本质力量在于"社会的器官"的历史形成和发展，建立在"社会的器官"基础上的人的本质力量具有无限的发展空间。马克思同时指出，以社会形式表现出来的自然力是合目的与合规律的统一，从而拯救了被尼采全盘否定的理性价值，也为人类超越虚无主义、实现精神解放提供了科学的理论指导。

第三节　中国特色社会主义文化超越虚无主义的可能性

与西方文化的否定性不同，中国文化对世界人生持肯定性的态度，主张知足常乐、宽以待人、文明以止，争取人与世界、人与自我达成和谐共处的状态。经过几千年的文化经营，中华民族已经形成了一套"修齐治平"的人生模式，它让人勤劳勇敢、崇贤向善、爱家合群、人生有境界、生命有寄托，有效地超越了人生虚无的困境。但是鸦片战争打破了中国人的岁月静好，把中国人硬生生地拖入西方文化开启的忙忙碌碌、惶惶不可终日的现代工商业文明。中国人在利用资本文明的过程中也将随着资本逻辑的展开而遭遇虚无主义的挑战。精通唯物辩证法的中国人善于化危机为转机，在否定之否定的意义上为人类文化发展贡献东方智慧。

一、克服虚无主义：中国现代性建构必然遭遇的历史课题

中国在实现现代化的历史征程中也会遭遇虚无主义的困扰。一方面，在一个生产力相对落后的国家建设社会主义，中国需要积极利用资本逻辑和市场经济促进"物的世界的增殖"，人与人的交往关系不得不通过物与物的关系中介，人们的行为一定程度上会被金钱法则左右。资本的逻辑太强大了，

人们稍不留心就会被反噬。国门开放,资本主义的腐朽文化,如拜物教、享乐主义、利己主义、个人主义等价值观会趁机侵袭人们的精神世界,遮蔽了人的生存意义。另一方面,中国在尚未彻底完成现代化目标的时候已经和西方发达国家共同面临现代性的风险和灾难了。随着世界性的人口问题、粮食问题、生态环境问题、资源能源问题等问题的出现,一些有识之士开始质疑现代化运动的文化意义,这给中国文化发展带来更多的挑战,即"不仅要像内生型现代化国家那样克服前现代因素的阻挠,而且还要应对后现代的挑战"①。

中华民族理性早启、文化早熟,具有重视价值理性的文化基因,以儒家文化为代表的中国文化为中国人提供了"修身、齐家、治国、平天下"等多种生活可能,创造了一套不是宗教但能取代宗教的安身立命之道,其中,血缘伦理关系和家国情怀使中国人超越了个体生命的孤独和有限,是克服虚无主义的法宝。虽然中国传统文化对应的是农业文明的生产方式,具有一定的历史局限性,但是借助马克思的历史唯物主义,中华民族已经找到了文化复兴的正确道路,一定能够在新的文明平台上再次为人类提供安身立命的智慧。

中国的现代性建构从一开始就希望综合古、今、中、西的优秀文明成果,超越虚无主义的文化桎梏,在一个以工业为基底的现代社会重建中国文化的辉煌。金耀基先生说:"中国现代化的目的,简单的说有两个:一是使中国能跻身于世界之林,使古典的中国能够成功地参与到现代世界社会中去;二是使中国古典文化彻底更新,使中国古典文化能在未来的世界文化中扮演一重要的角色。"② 正是基于这样的初心,中国人民选择了社会主义制度,中国人民在中国共产党的领导下扬长避短,试图跨越资本主义的"卡夫丁峡谷",实现人类文明的否定之否定,开辟出一条"以人为本"的新型现代化道路。而且,客观上受世界资源和能源的限制,中国也不可能再复制西方现代化的模式,必须构建具有中国特色的新型现代化道路。

---

① 张有奎:《资本逻辑与虚无主义》,中国社会科学出版社 2017 年版,第 217 页。
② 金耀基:《中国现代化的终极愿景》,上海人民出版社 2013 年版,第 24 页。

　　100多年来，中国人民始终是以学习借鉴、实践创新等原则不断推进古、今、中、西的文明互鉴。在中华大地上以价值理性为取向的和谐敦厚的中华文化，与以工具理性为取向的积极进取的西方文化，以及追求合目的与合规律相统一的马克思主义机缘巧合地相遇了，为人类超越虚无主义文化危机提供了广阔的文化视野。中华优秀传统文化的基因，如以德为本、以人为本、以群体为本等价值观蕴含着遏制虚无主义的丰厚思想资源。更为重要的是，社会主义制度能把个人与集体、人们的近期利益和长远利益、物质需要与精神需要、先富和后富等矛盾有机地统一起来，社会主义团结协作、共同富裕的发展理念使人们的格局比较大，为克服虚无主义的文化危机提供了制度保证。实现中华民族伟大复兴的中国梦，需要平衡和协调物的世界与意义世界的关系，使前者支撑而不是消解后者，以人民精神境界极大提高为目的推动物质文明和精神文明协调发展。党的十九大提出中国特色社会主义已经进入了新时代，人们对美好生活的向往为我们发展社会主义先进文化，从而克服虚无主义创造了历史条件。

　　马克思对虚无主义以及资本逻辑的理论透视对于中国新型现代化建设具有重要的指导意义。中国特色社会主义的实质是在生产力不发达的情况下既利用资本的积极作用，又尽可能地规避资本逻辑的反噬，建设新型现代文明。党的十九大提出要进一步发挥市场在资源配置中的决定性作用，无疑将进一步发挥资本逻辑的作用，虚无主义也将如影随形。我们可以通过批判"虚无主义"，对比分析建设中国特色社会主义先进文化的意义，激活对中华民族关于安身立命之道的思考，继承中华优秀传统文化的价值观，如对人的社会性、伦理性、责任性的肯定，对心性修养、内在超越、人生境界的追求，对合作共赢理念的认同等，使之有效融入社会主义先进文化的建设。

二、中国儒家"情本体"文化的实践智慧

　　前文已述，中西文化对人类意识——知、情、意三方面能力的侧重点是不同的。西方文化侧重于人的知性能力，致力于实现人的普遍性本质。中国

儒家文化侧重于人的情感能力，致力于提升人的幸福体验。李泽厚先生认为中国思想的特点就是讲情感，他用"情本体"概括中国传统文化，所谓"情本体"是以"情"为人生的最终实在、根本。儒家的"情本体"文化原本具有深刻的实践智慧，它不同于西方悲苦的"罪感文化"，是一种积极乐观的"乐感文化"。所谓"君子务本，本立而道生"（《论语·学而篇》），中国文化善于抓主要矛盾和矛盾的主要方面，把人的主观能动性主要用于修身养性，借助动物的亲子本能扩展人的情感，提升人的快乐体验能力，有助于安身立命。近代以来，西方文化的强势发展导致单向度的文化视野，不利于人类安身立命之道的相互启迪。根据事物发展的否定之否定规律，西方文化要破解虚无主义危机，最好的途径是从与其差异性最大的儒家文化中寻找思想资源。儒家"情本体"文化的实践智慧如下：

第一，儒家文化道法自然，借助动物的亲子本能扩展人的高级情感，由情而理，形成一种"同情的智能"。在中国文化看来，人的喜怒哀乐等情欲的东西是存在的本源，所以它侧重于扩展和提升人的道德情感需要，把提升人的情感体验能力作为第一要务。儒家文化注重发展人的道德情感，培养人们"感恩""感动""感觉共享"等快乐体验的能力。所谓"知足常乐"，有了这种能力，尘世即为幸福的天堂。因此，与西方人向往天堂的生活不一样，中国的神话故事是仙女下凡，神仙羡慕凡间的生活。经典黄梅戏《天仙配》里有老百姓耳熟能详的歌词："你耕田来我织布，我挑水来你浇园，寒窑虽破能避风雨，夫妻恩爱苦也甜。"林语堂说："人生幸福，无非四件事：一是睡在自家床上；二是吃父母做的饭菜；三是听爱人讲情话；四是跟孩子做游戏。"心灵体验能力的高低与人的情感的丰富细腻与否有关，"心"主"情"，大脑主逻辑。于是不难理解，为什么中国传统文化把"心"作为宇宙本体，所谓"人者，天地之心"（《礼运》）。辜鸿铭先生在《东方智慧》一书中指出，人类有两种智能：一种是推理而来的思想型的智能，主要对应于西方文化；一种是同情而来的智能，主要对应于中国文化。他认为"正是这种同情的智能造就了中国式的人之类型，从而形成了真正的中国人那难以言表的温良和文雅"。这种"领欲入情，化欲为情，既不是以理控欲甚至灭欲，也不是纵情排理”，体现了中国文化唯物辩证的思维特征和中庸之道的处世法则，以及绵柔的生存韧劲。从孔孟的“仁心”到陆九渊的“吾心即是宇宙”，再到王阳明的“心学”，儒家文化始终强调人心内蕴着巨大的情感力量，可以生化出整个意义世界，因而注重情感的教化以期提升人们感受快乐的能力，儒家文化又被称为“乐感文化”。

中国文化的奥妙之处在于借助家庭血缘关系形成的天然亲情以及家庭生活的相依为命，涵养人的情爱能力。儒家看到动物界存在“乌鸦反哺”“羊羔跪乳”等代与代之间无私的爱心和依恋之情，就效法自然，对人提出以“父慈子孝、兄友弟恭”为核心的伦理要求。由于有生物学基础，中国文化对人的情感能力的提升并不生硬，而是自然而然，人人都可践行。同时，以情感为纽带的人际关系能够形成良性互动效应，往往是投桃报李，进一步涵养人的社会归属性需要。这种借助人的本能的情感能力提升方法有其科学依据，例如亚当·斯密在其《道德情操论》这部堪称西方世界的《论语》中指出：“无论一个人在别人看来有多么自私，但他的天性中显然总还是存在一些本能，因为这些本能，他会关心别人的命运，会对别人的幸福感同身受，尽管他从他人的幸福中除了感到高兴以外，一无所得。这种本能就是慈悲或怜悯。”① 以“仁”为核心的儒家文化实际是要强调“爱”的感情的培育，所谓“仁者爱人”。儒家文化又称儒教，这里的“教”不是宗教的教，而是教化的意思，中国传统教育非常重视涵养人的“仁爱之心”，中国传统文化又被称作“孝的文化”。

所谓“吃饭是为了活着，活着不是为了吃饭”，人的生理结构决定了人的正常的物质需要，又称“绝对需要”，是有限的。为商品经济服务的消费主义文化拼命刺激人的“相对需要”——“满足让我们感到高高在上，感到自己比同伴优越的欲望”②，使人沉陷在对物的贪得无厌的追逐中，结果人被物奴役。科技的进步也给人带来新的异化，人逐渐成为机器（包括社会机器）的附庸，一面极端紧张、乏味地工作，一面通过放纵动物欲望获得补偿。这

① ［英］亚当·斯密：《道德情操论》，上海三联书店 2008 年版，第 3 页。
② 冯友兰：《新原人》，北京大学出版社 2014 年版，第 3 页。

样，人实际上一半是机器，一半是动物，过着一种可怜的钟摆式生活，不是真正有意义的存在，这是虚无主义产生的经济根源。与西方形而上学文化传统导致的极端化倾向相反，儒家文化在处理内、外束缚时奉行中庸之道，不走极端。如在处理人的生理需要和精神需要的矛盾时，孔子侧重于欲望的"教化"和调节。孔子夸赞颜回："一箪食，一瓢饮，在陋巷，人不堪其忧，回也不改其乐。贤哉，回也！"（《论语·雍也》）"孔颜乐处"并不是要人们安于贫穷，而是希望人们提升心灵体验快乐的能力。《论语》中揭示最多的是不离人世、不离感性而又超越动物本能的"悦"和"乐"。"孔颜乐处"所乐乃是圣贤之乐。现代社会"空心人"的不快乐再次反证中国文化以人的情感体验能力为抓手建构"乐感文化"的实践智慧。丰子恺先生曾经用自己的诗《豁然开朗》诠释中国乐感文化的实践理性，他说："你若爱，生活哪里都可爱。你若恨，生活哪里都可恨。你若感恩，处处可感恩。你若成长，事事可成长。不是世界选择了你，是你选择了这个世界。既然无处可躲，不如傻乐。既然无处可逃，不如喜悦。既然没有净土，不如静心。既然没有如愿，不如释然。"

第二，儒家文化通过道德情感特有的融合功能超越了生命有限的苦恼。中国文化注重现实、现世，没有宗教彼岸世界的幻想和寄托，没有永生的许诺，这就面临人生有限的苦恼。中国先哲们发现，有限与无限是辩证统一的，虽然人的自然生命有限，但是可以通过人生境界的提升超越这一烦恼。冯友兰先生认为人生有四种境界：从自然境界到功利境界，再到道德境界，直至天地境界，人生所获得的快乐体验是不一样的。在天地境界，人将获得万物之灵——心的知觉灵明，觉解到"他不但是社会的分子，而又是宇宙的分子"[1]，达到天人相通的自由状态，这时他对于他所行的事的意义的理解就不是平淡无奇、乏味无聊的，而是"可以赞天地之化育，则可以与天地参矣"（《中庸》）。当个体生命融入宇宙的大化流行之中，就超越了自然生命的有限性，实现安身立命之举。

---

[1] 冯友兰：《新原人》，北京大学出版社 2014 年版，第 65 页。

通过儒家文化的教化，中国人的情感能力普遍提升，"己所不欲，勿施于人""己欲立而立人，己欲达而达人""老吾老，以及人之老。幼吾幼，以及人之幼"等"同情的智能"就逐渐生成，这意味着人们的情感半径不断扩大，推己及人、泛爱众、仁者爱物等，人与世界的关系就有可能达致北宋大哲学家张载所说的"民吾同胞，物吾与也"的情感共鸣境界，从而使人超越自私的、有限的乐趣。现代心理学研究发现，"关系和谐"所带来的幸福体验远远超过物质满足带来的心理体验。李泽厚先生指出："人活着，唯一真实的就是积淀下来的你的心理和情感。"[①] 作为社会动物的人的幸福和快乐是一种高级的情感体验，需要在人与人的关系中得到满足。中国文化早就揭示"独乐乐不若与众乐乐""少乐乐不若与众乐乐"（《孟子·梁惠王下》）的道理，个人的感觉要与他人共享才能实现更高的快乐体验。孔子的"不患寡而患不均"也应从追求人与人关系和谐的层面来理解。德国哲学家马克思·舍勒说："'爱与亲密无间'、心心相印与携手共进，才是人生在世的最深沉的基础结构。"[②] 另外，个人的价值实现需要通过与他人的社会合作才能实现，个人的价值认可也需要他人的认同。美国心理学家马斯洛关于人的需要层次理论也揭示了人的需要的满足与他人的关联性：生理和安全需要的满足依赖于他人的劳动，归属需要、爱的需要，以及自我实现的需要依赖于他人的承认。儒家文化倡导在"父慈子孝""兄友弟恭""夫义妻贤""中外和乐"的生活实践中，达成"弟子入则孝，出则悌，谨而信，泛爱众，而亲仁"的人格教化，实现人际关系的良性互动。实际上，儒家文化早于马克思就认识到：人的本质生命是他的社会生命。儒家文化提出"修身、齐家、治国、平天下"的人生价值实现路径，认为人可以通过"立德、立功、立言"达成人的社会生命的三不朽。

从文化的双重功能来看，我们不能说西方文化仅仅侧重于处理人与自然的关系。实际上，西方的法律、政治甚至伦理文化很发达，西方文化对人与人关系的研究成果也很丰富。但是，西方文化研究的人是个人主义的人，是

---

① 李泽厚：《李泽厚对话集·中国哲学登场》，中华书局 2014 年版，第 255 页。
② ［德］吕迪格尔·萨弗兰斯基：《海德格尔传》，靳希平译，商务印书馆 1999 年版，第 578 页。

原子式的独立的人，彰显的是"个人理性"。这种人际关系是基于权利、利益的竞争与合作而产生出来的，是陌生人之间的契约关系，"个人理性"有余而"关系理性"不足，缺少情感关切。传统西方社会形式是集团生活和宗教文化下等待上帝审判的"孤立的个人"。进入资本主义私有制社会后，人的独立和人与人之间的界限因财产私有制而愈加分明："它使人和人之间除了赤裸裸的利害关系，除了冷酷无情的'现金交易'，就再也没有任何别的联系了。"① 而中国文化研究的人是粘连着各种血缘、伦理关系的人，研究的人际关系是基于共同的日常亲情生活而结成的熟人关系，是温情脉脉的关系。费孝通先生在《乡土中国》一书中对此有过比较，指出中国社会中人与人的关系类似一个个同心圆的波纹，离圆心越近，关系越亲。无数个同心圆构成了中国传统社会的关系网络，每个人都是网上的一个节点，是角色关系中的人。所以中国人对马克思关于人的本质的界定——"人的本质不是单个人所固有的抽象物，在其现实性上，它是一切社会关系的总和"② ，颇有共鸣。人的情感需要必须通过他人的认可得到满足，所以中国传统文化把重心放在了人与人关系的处理上。儒家文化以"仁"为核心，"仁"从字面上理解就是处理两人之间的关系。用什么东西能处理好人与人之间的关系呢？显然不能是暴力，因为暴力只能引起"冤冤相报何时了"的恶性互动，中国上古时代至春秋战国，经历了无数次的战乱，实践经验告诉人们采用暴力处理人与人之间或国与国之间的问题只会两败俱伤，或口服心不服。相反，只有爱能产生"投我以木桃，报之以琼瑶"的良性人际互动。

中国儒家"情本体"的文化建构是中华民族千百年来的实践智慧。近代以来，囿于西方"启蒙理性"和"个人主义"的强势话语，人们对中国"情本体"文化的实践智慧理解不足。有人以为，肯定情感主义就是要恢复人际关系的黏黏糊糊，从而扼杀个人的独立与自由；就是要恢复"三纲五常""三从四德"的吃人礼教；就是要反启蒙、反理性；就是要走向保守与反动。事实

① 中共中央马克思恩格斯列宁斯大林著作编译局：《马克思恩格斯文集》第2卷，人民出版社2009年版，第34页。
② 中共中央马克思恩格斯列宁斯大林著作编译局：《马克思恩格斯文集》第1卷，人民出版社2009年版，第501页。

上，中国文化务实辩证，道法自然，体现了丰富的实践理性和关系理性。

还有人认为，这种情感、伦理、道德本位的文化不利于生产力的发展，因而相对于西方文化是落后的文化，这种观点似是而非。首先，中国是四大文明古国之一，至清末之前，中国文化曾经一直是东亚文化的中心。其次，17、18世纪，通过西方耶稣会士的介绍，以儒家为代表的中国文化引起西方思想界的极大兴趣，一定程度上影响了西方的启蒙运动。朱谦之在《中国思想对于欧洲文化之影响》一书中指出：欧洲的文艺复兴有赖于中国的若干物质发明（如造纸和印刷术），启蒙运动有赖于中国儒家思想的启发。再次，英国著名经济史学家和经济统计学家安格斯·麦迪森在《中国经济的长期表现》一书中指出：唐宋以后到18世纪约900年之久，中国经济体的实力一直稳居全世界的榜首。中国文化所谓的"落后"只是近代西方坚船利炮侵入中华大地、中国被迫割地赔款之后的事。最后，中国文化不是以物质文明程度而是以人性是否美好、人与周围世界的和谐与否，作为区分进步与落后的文化标准，所以中国文化走向崇"德"不崇"力"的文化发展道路。当这种"德"文化被"力"文化打败，不足以证明这种文化的落后。

三、"感觉共享"：中国传统文化超越虚无主义的可能性

"感觉共享"是马克思在《1844年经济学哲学手稿》中基于人的普遍性本质提出的重要文化概念，旨在批判资本主义的私有制、拜物教、原子式的个人等，达成人类社会"感觉共享"的自觉状态，更好地实现人的"普遍的因而也是自由的"本质。以"和合"取向为特征的中国传统文化蕴含着丰富的"感觉共享"的文化因子，为超越虚无主义的文化危机提供了可能。

（一）马克思的"感觉共享"思想及其内涵

1. 马克思从实现人的普遍性本质需要出发揭示"感觉共享"对人的本质占有的重要意义。马克思在《手稿》中立足于人的实践的存在方式指出："普遍的因而也是自由的"[①]是人的本质特征。所谓"普遍的"，一是指对象的普

[①] 中共中央马克思恩格斯列宁斯大林著作编译局：《马克思恩格斯文集》第1卷，人民出版社2009年版，第161页。

遍，即人可以把一切事物纳入认识和实践的范围；二是指能力的普遍，即与普遍性对象形成对象性关系的普遍性能力，其载体就是作为"迄今为止全部世界历史的产物"的五官感觉。马克思指出："人不仅通过思维，而且以全部感觉在对象世界中肯定自己。"①马克思认为，人生的幸福就是人的普遍性力量的增长和对象化。因为人只有在本质力量对象化的过程中才能现实地肯定自己的存在、确证自己的价值，全面感受生命的意义。人的普遍性力量对应于人的感觉的丰富，它们均生成于实践，依托于社会。社会性的个人通过"感觉共享"把"别人的感觉或精神"看作是"我自己的占有"，看作是"以社会的形式形成社会的器官"而相互补充，突破自己生命和能力的有限性。

《手稿》中，马克思揭示了"私有制的占有"与"共产主义的占有"的本质区别。前者以物的占有为目的，是"直接的、片面的"，后者以人的本质占有为目的。资本主义社会的拜物教使人的感觉局限在物的占有上，物的占有的排他性导致人们的感觉不能共享，以至于"私有制使我们变得如此愚蠢而片面"②，人们处在因利己而导致的孤立状态中。这一状态意味着人的社会性的丧失，意味着人不能"以一种全面的方式，就是说，作为一个完整的人，占有自己的全面的本质"③。

2.马克思、恩格斯从驾驭"社会力量"的需要出发揭示"感觉共享"意识的必要性。 马克思、恩格斯在《德意志意识形态》中提出分工、交往和世界历史理论，认为分工和交往不仅是个人，也是整个人类社会本质力量生成和实现的有效形式。他们指出，随着分工和交往的深化，过去那种"闭关自守"和"自给自足"的存在状态将被联系日益密切的各民族的共同活动所取代，这就是世界历史阶段。这时候"人们在肉体上和精神上互相创造着"④，

---

① 中共中央马克思恩格斯列宁斯大林著作编译局：《马克思恩格斯文集》第1卷，人民出版社2009年版，第191页。
② 中共中央马克思恩格斯列宁斯大林著作编译局：《马克思恩格斯文集》第1卷，人民出版社2009年版，第189页。
③ 中共中央马克思恩格斯列宁斯大林著作编译局：《马克思恩格斯文集》第1卷，人民出版社2009年版，第189页。
④ 中共中央马克思恩格斯列宁斯大林著作编译局：《马克思恩格斯文集》第1卷，人民出版社2009年版，第542页。

客观上形成了"感觉共享"的社会融通机制。如果能自觉地意识到这一机制，就能较好地驾驭人类共同活动产生的社会力量，即扩大了的生产力。否则，这种力量就会因其盲目性而给人类带来灾难。马克思在《论犹太人问题》中也表达过相似的观点："只有当人认识到自身'固有的力量'是社会力量，并把这种力量组织起来因而不再把社会力量以政治力量的形式同自身分离的时候，只有到了那个时候，人的解放才能完成。"①

3. 马克思认为实现"感觉共享"离不开私有财产的积极扬弃。《手稿》认为，"感觉共享"既是理想社会人们的存在状态，又是一项与扬弃私有制同时进行的思想解放运动。资本主义之于人的发展的矛盾是：一方面资本逻辑的展开为"五官感觉"的形成创造了感觉的对象和感觉的能力，促进了人类整体力量的提升，为人类解放提供了可能；另一方面，资本主义私有制束缚了人们对"感觉全面发展"和"感觉共享"的自觉。异化劳动遮蔽了人们应有的本质力量对象化的幸福体验，仅仅把物的占有当成终极目的。同时，"每个人都按照他自己作为工人所具有的那种尺度和关系来观察他人"②，结果是"市民社会……扯断人的一切类联系，代之以利己主义和自私自利的需要，使人的世界分解为原子式的相互敌对的个人的世界"③，无法结成"感觉共享"的"积极的共同体"。所以必须扬弃私有制，实现"人向自身、也就是向社会的即合乎人性的人的复归"④，社会才能成为真正的人的社会，人与人、人与社会才能达成和谐互动的理想状态。

马克思认为异化劳动是私有制产生的原因，而异化劳动根源于人们还不能彻底摆脱物的依赖。只有当物质财富极大丰富，私有制以及对财富的占有才会成为无意义的事，感觉共享才能真正实现。当然，在这之前，思想上的

---

① 中共中央马克思恩格斯列宁斯大林著作编译局：《马克思恩格斯文集》第1卷，人民出版社2009年版，第46页。
② 中共中央马克思恩格斯列宁斯大林著作编译局：《马克思恩格斯文集》第1卷，人民出版社2009年版，第164页。
③ 中共中央马克思恩格斯列宁斯大林著作编译局：《马克思恩格斯文集》第1卷，人民出版社2009年版，第54页。
④ 中共中央马克思恩格斯列宁斯大林著作编译局：《马克思恩格斯文集》第1卷，人民出版社2009年版，第185页。

解放会引领和推动感觉共享的实现。

（二）中国传统文化蕴含着丰富的"感觉共享"的文化理念

第一，中华民族"天人合一""万物一体"的宇宙观蕴含着"感觉共享"的价值观。中国传统文化具有典型的农业文明特征，中华民族在与自然界打交道的过程中就意识到人与自然、人与他人的物质能量交换存在着互动和循环的规律。儒家不仅看到人的社会生命和社会价值，追求"老者安之，朋友信之，少者怀之"的人生境界，而且发现人与人关系的互动性，所谓"君仁臣忠，父慈子孝，兄友弟恭"。据此要求个人经常设身处地，从他人的立场、感觉出发评判自己的言行，如"己所不欲，勿施于人"，"吾日三省吾身"，孟子的"四端之心"——"恻隐之心，仁之端也；羞恶之心，义之端也；辞让之心，礼之端也；是非之心，智之端也"，孝道的"感恩之心"等，都是感觉共享的能力。道家看到人与自然的相通性，所谓"死去何所道，托体同山阿"，把感觉共享的对象扩展到无生命的自然物上，经常托物言志、借景抒情。佛教的万物轮回说也为感觉共享提供了理论支持。董仲舒的"天人感应"、张载的"民胞物与"思想深刻阐明了中国人"万物齐一""天人一体"的世界观，决定了中华民族以"和合"——天人合一、人我合一、身心合一——为特征的价值追求。"和合"意味着不分彼此，《吕氏春秋》记载了一段很有哲理的讨论："荆人有遗弓者，而不肯索，曰：'荆人遗之，荆人得之，又何索焉？'孔子闻之曰：'去其"荆"而可矣。'老聃闻之曰：'去其"人"而可矣。'故老聃则至公矣。"（《吕氏春秋·孟春纪·贵公》）中国传统社会的"家庭本位"和"家国同构"的制度设计进一步强化了人们的"和合"意识。基于这种"和合"意识，同一群体中的人比较崇尚"感觉共享"。所谓"有福同享，有难同当"，感觉共享成为个体融入群体、实现社会生命和社会价值、提升人生境界的重要途径。

第二，中国文化的肯定性思维蕴含着合作共赢的生存智慧，内含着"感觉共享"理念。与西方文化否定现世，以至于在很多方面表现出否定性的思维特征不同，中国文化肯定现世，在很多问题上表现出肯定性的思维特征。

也就是说在把握矛盾的同一性和斗争性规律时，更倾向于关注矛盾的同一性规律，即矛盾相互成就、相互协调的一面，认为"万物并育而不相害"（《礼记·中庸》），事物之间没有绝对的矛盾，只有相对的矛盾。李泽厚先生也指出："从哲学看，中国古代的辩证思想由于强调社会的稳定、人际的和谐，它们又是互补的辩证法，而不是否定的辩证法。它的重点在揭示对立项双方的补充、渗透和运动推移以取得事物或系统的动态平衡和相对稳定。"[①]

这种肯定性思维决定了中国人比较能够尊重差异、包容差异，并生发出中华民族合作共赢的生存智慧。早在西周末年，著名思想家史伯就提出"和实生物，同则不继，以它平它谓之和，故能丰长而物归之"（《国语·郑语》）的哲学思想。这种合作共赢的生存智慧充分反映在中国的饮食和中医药文化中，反映在中国没有排斥异端的宗教现象，并且儒、释、道三种文化长期和平共处、相互借鉴。费孝通先生 1990 年提出：为了人类能够生活在一个"和而不同"的世界上，处理不同文化关系时必须提倡"各美其美、美人之美、美美与共、天下大同"[②] 的交往原则，是中国传统合作共赢思想的现代表达。中国现在倡导"人类命运共同体"理念，一定程度上也是中国文化"合作共赢"的智慧使然。这种"合作共赢"的生存智慧与马克思基于生产社会化以及人的社会性本质而提出的"感觉共享"理念是高度契合的。

第三，"情本体"的传统文化为"感觉共享"提供了心理基础。"感觉共享"作为一种价值理性，需要一定的情感支持，中国传统文化对情感的重视和培育为"感觉共享"提供了心理基础。《郭店楚墓竹简·性自命出》中说"道始于情"，意思是人世间的道理是由情感开始的，李泽厚先生称之为"有情宇宙观"。儒家文化特别强调人的情感体验和仁爱之心的培育，孔子的忠恕之道，孟子的"四端之心"，均以情感体验作为是非判断标准。儒家强调"推己及人"的处世法则，孟子提出"老吾老以及人之老，幼吾幼以及人之幼"（《孟子·梁惠王上》）的社会理想，希望情感体验超越血缘关系，最终实现天下一家、天下大同的美好社会。总之，在中国"情本体"的文化视域中，

---

① 李泽厚：《中国古代思想史论》，生活·读书·新知 三联书店 2008 年版，第 321 页。
② 费孝通：《文化的生与死》，上海人民出版社 2009 年版，第 407 页。

人与周围世界的关系不是征服和对抗，而是爱的情感扩展，这就为"感觉共享"提供了心理基础。

中国文化强调情感的原因还在于它把处理人与人的关系问题作为中心任务。一般来说，解决人与自然（物）的关系问题不必考虑对象的主观反映，不必设身处地、感同身受，而解决人与人的关系问题必须考虑"人"这一对象的主观反映，学会换位思考才有可能赢得他人的认同与合作。如梁漱溟先生所说："中国文化的特色就是重视人与人的关系，……它总是把家庭那种彼此亲密的味道，应用到社会上去，……跟'个人本位，自我中心'相反，……它是互以对方为重。"① 的确，西方文化立足于协调个人或团体的利益冲突，无论是社会契约、市场契约还是法律手段，都是为了平衡相互之间的利益关系。殊不知"求利相分、求情相合"，一般来说，人与人之间追逐利益会产生排他性思维，追求情感的融合则会产生合作、共享、共赢的思维。

第四，中国传统文化"群体本位"的价值理念孕育了"感觉共享"意识。马克思把共同体看作个人生存发展的基础，把人的社会性（即利他性）看作人的真正属性，这与中国"群体本位"的生存智慧有某种程度的契合。"感觉共享"意味着个人要摆脱以自我为中心的自私自利的狭隘意识，中国传统文化"群体本位"的价值理念恰好具有这种教化作用。马克思所追求的集体主义、"感觉共享"的共同体生活，在一定意义上是人类原始共同体生活的否定之否定阶段，因此，中国人对马克思的"感觉共享"思想更易理解和认同。相反，西方由于深受"个人本位"文化传统和宗教排斥异己思维的束缚，在理解、接受和实践"感觉共享"理念方面存在着一定的困难。

中国原始社会的历史比较长久，原始共同体的生活经验塑造了中华民族"群体本位"的集体意识。进入阶级社会后，中华民族经历了数百年"各自为政、弱肉强食"的惨痛教训。胡适先生在《中国哲学史大纲》中把孔子之前的三百年当作中国哲学的怀胎期。他说，那个时候长期的战争，不知灭了多

---

① 梁漱溟：《这个世界会好吗》，天津教育出版社 2011 年版，第 24 页。

少国，破了多少家，杀了多少人，流了多少血。经历了原始社会的合作共赢和阶级社会的弱肉强食，正反两方面的经验教训使中华民族选择了"群体本位"的价值理念，它最符合人类社会生活的客观要求。中国几千年家庭、家族生活的实践经验再次强化了"利出于群"，"小我"与"大我"利益并不对立，"利他"即是"利己"的实践理性，这种实践理性超越了个人主义，培育了"感觉共享"意识。

第五，中国传统文化的重义轻利、知足常乐思想有利于消解拜物教对"感觉共享"的抑制作用。马克斯·韦伯在《新教伦理与资本主义精神》一书中提出一个疑问：为什么资本主义文明没有诞生在东方社会，而是诞生于西方世界？答案也许是中国人早就意识到对物的占有具有排他性，不仅会使人"愚蠢而片面"，而且会带来社会的纷争和人与人关系的对立。马克斯·韦伯曾经评价中国人是"极端功利主义""极端物质主义"，实际情况是，近代中国落后挨打、穷怕了才开始拼命追求财富，难免有些矫枉过正。1924年泰戈尔在清华大学演讲时指出："我不能相信在地面上任何的民族同时可以伟大而是物质主义的。……物质主义的倾向是独占的，所以偏重物的人们往往不让步他们私人独享的利权，攒聚与占有的习惯。你们中国人不是个人主义的，……你们不是不承认人们相互的关系与义务。……你们并不看重军国主义的暴力，你们是好施与的，……你们如其只是贪图物利，你们就不会有那样可爱的作品。"① 泰戈尔可谓中国文化的知音，中国传统文化重义轻利、强调知足常乐，对物质并没有过度的占有欲，儒家的"中庸之道"、道家的"不为物役"和佛教的"破除我执，超然物外"等思想均给人以摆脱物役的睿智。

一般来说，中国人在"小富即安"以后，会进一步追求与大自然融为一体的审美体验，中国的诗词曲赋无不印证着"中国哲学所追求的人生最高境界，是审美的而非宗教的"②。今天，有效诠释传统文化"重义轻利"、"知足常乐"、追求审美的人生境界等，将有利于消解人的物化、物役问题，消解人与人之间的矛盾冲突。

---

① 韩石山：《徐志摩全集》第7卷，天津人民出版社2005年版，第36页。
② 李泽厚：《中国古代思想史论》，生活·读书·新知 三联书店2008年版，第226页。

（三）中国文化的"感觉共享"与马克思主义的"感觉共享"在内涵上的区别

中国的先哲们和马克思都看到了人的社会性本质，即人的生存与发展离不开共同体成员的相互支持和良性互动，合作才能共赢。因此两者均认为"感觉共享"是人类社会生活的客观要求。但是仔细比较，两者在内涵上还是有一些区别。

首先，两者的认识基础和认识性质不同。中国文化的"感觉共享"产生于农业社会的生产方式，此时人的主体力量尚不发达，人们的社会联系主要是以性别分工为基础、以血缘关系为纽带，是简单的、熟人式的社会关系。人们关于"天人合一""万物一体""感觉共享"等意识的生成，直观、淳朴而自然。邓晓芒教授认为中国人的道德意识没有经过现代文明或自由理性的考验，还不算真正成熟的道德意识。马克思的"感觉共享"思想针对的是现代文明基础上形成的社会关系。此时，人类的分工与合作突破了性别分工的局限性，进入社会化大生产阶段。人的主体力量已极大提升，人与自然的关系由"物我不分"走向"主客二分"阶段，人与人的关系由"人我不分"走向利益核算、锱铢必较阶段。在这种工具理性发达的陌生人的社会关系中，一方面物质生产的社会化要求人们树立真正的共同体意识，另一方面私有制造成的利益对立使人们"愚蠢而片面"。马克思把这种非自觉的合作形式叫做"市民社会"，"市民社会"成员受拜物教的影响目光短浅，只看到人与自然、人与人对立的一面，因而形成个人主义和利己主义的价值观。马克思提出的"感觉共享"思想是对现代社会这种社会存在的能动反映，具有否定性和超越性。

其次，两者的具体目的和实现路径不同。中国文化崇"德"不崇"力"，中国文化倡导"感觉共享"，一方面是为了提升个体的道德能力，另一方面是为了协调人际关系，维护社会伦理秩序。它把道德理性看作人的本质，"感觉共享"主要是指人与人情感上的共鸣和认同。马克思则把普遍性看作人的应然本质，其"感觉共享"侧重于人的本质力量的共享，"感觉共享"的主要目的是解决私有制和旧式分工导致的人的本质力量的异化问题，使人们共同活动形成的社会力量，即扩大了的社会生产力，不再作为"某种异己的、在他们之外的"强制力量奴役人，而是成为实现人类自由解放的力量。

马克思认为实践是人类"感觉"生成的客观基础。感觉的对象、感觉的器官、感觉的能力、感觉共享的需要等都将随着实践的发展而发展。随着分工与交往的深化，"感觉共享"的需要必将伴随着生产社会化的历史运动，不断突破民族的、地域的以及阶级的限制。中国传统文化则认为道德修养是"感觉共享"的基础。"感觉共享"的需要会随着人的思想认识的提升而提升，如冯友兰先生把人生境界分为自然境界、功利境界、道德境界和天地境界，后两种境界的人已经超越自我，分别迈向"大我"和"无我"，与他人、与天地融为一体。所以中国文化特别强调思想教化和道德修养，中国文化弘扬"孝道"的目的是培养人的"感觉共享"能力。因为"孝心"来自对父母的感恩、理解和体贴，这种"感觉共享"能力推而广之就会"泛爱众"。基于这样的理解，中国文化为"感觉共享"设计了由家而国、由国而天下的实现路径。

实际上，感觉共享的实现既需要一定的物质基础，又需要一定的思想教化。马克思基于现代社会"感觉共享"的理解，拓展了中国传统文化的理论视野，为中国文化的"感觉共享"理念实现创新性发展提供了重要启示。即，在重视情感心理共享的基础上还要关注人的主体力量的共享，积极创造条件促进人的普遍交往，坚持生产资料公有制以保证人与人关系的良性互动。否则，没有人的本质力量对象化的物质保障，没有分工与交往的推进，没有社会的公平与正义，"感觉共享"的价值目标要么蹈于虚空而沦为粗陋的共产主义，要么因其封闭性而沦为地域性的共产主义。

再次，两者的评价标准有区别。在马克思的语境中，"感觉共享"的判断标准是劳动的性质和生产资料所有制的性质，两者是相互关联的。生产资料私有制与"利己劳动"相关联，生产资料公有制与"利他劳动"相关联。马克思认为只有消灭劳动的雇佣性质和谋生性质，使劳动具有利他性质和乐生性质，"感觉共享"才能真正实现。在中国文化的语境中，"感觉共享"的判断标准是人的道德理性的自觉程度。如冯友兰先生在《新原人》中提出的"觉解"说，他认为人生的主要任务是通过"觉解"提升自己的人生境界，

"在功利境界中，人的行为都是以占有为目的。在道德境界中，人的行为都是以贡献为目的。在天地境界的人的行为是事天的"[①]。这里的功利境界类似于谋生劳动阶段，道德境界类似于利他劳动阶段。前者不能感觉共享，后者才是感觉共享。

（四）"感觉共享"理念对于解决虚无主义危机的文化意义

中国传统文化肯定人的内在力量，充分发挥情感力量在构建人与世界和谐关系中的重要作用，通过"感觉共享"意识超越"个人本位"形成"社会本位"的伦理观念。"感觉共享"作为一种积极的文化"前理解"，促成中国人民选择马克思主义和接受社会主义制度。马克思主义中国化使中华民族走出农业文明的文化视野，根据历史唯物主义的世界观，突破崇"德"不崇"力"的文化局限，积极吸收西方"力"文明的优秀成果，夯实了"感觉共享"的物质基础，中华民族从站起来到富起来，实现了人类历史上绝无仅有的"共同富裕"与"和平崛起"，最大限度地化解了社会转型过程中的矛盾和冲突，消解了虚无主义危机产生的矛盾根源。

"感觉共享"思想为我们进一步践行"共同富裕"的社会主义根本原则，满足人民日益增长的美好生活需要提供了思想保障。"社会主义"（socialism）这一概念本身意味着社会本位和成果共享的价值取向。改革开放以来，我们通过"允许一部分人先富起来"的政策促进了生产力的发展，但是社会收入差距比较大，人民内部矛盾呈上升态势。只有不忘初心，以"感觉共享"的社会主义先进文化凝聚共识，才能继续推进"先富带动后富，最终实现共同富裕"的改革目标。党的十九大提出我国社会的主要矛盾已经转化为人民日益增长的美好生活需要和不平衡不充分的发展之间的矛盾。这里的"美好生活"显然不仅是指物质生活，还应包括人们之间的情感认同和自我实现等精神生活。以马克思主义为指导，激活中华民族关于"感觉共享"的集体记忆，有利于充分发挥生产资料公有制、按劳分配、集体主义价值观等社会主义的制度优势。

[①] 冯友兰：《新原人》，北京大学出版社 2014 年版，第 64—65 页。

　　满足精神需要的精神产品具有共享性的特征，因此"感觉共享"可以借助互联网技术的发展而实现。信息技术使人类精神产品数字化以后，几乎可以无限地供给，这为人的本质力量对象化提供了无限的空间，也为共享经济的蓬勃展开提供了无限可能，共享住房、共享汽车甚至共享衣物不再是奇谈怪论。随着生产力的发展和共享经济的发展，那种源于物质资料（生活资料和生产资料）不足的自私自利、排他性的占有会渐渐成为无意义的事。总之，信息技术正在通过全面改造人们的生产方式而改变人们的生活方式和思维模式。"合作、共享、共赢"正在成为互联网时代的主流价值观。中国已经迈入信息社会，借助日益形成的互联网的价值观阐发"感觉共享"思想，将有利于人们坚定共产主义的理想信念，激发人们建设社会主义先进文化的积极性。

　　为了解决当今世界和平与发展问题，党的十八大以来，习近平总书记在国际社会反复倡导"人类命运共同体"理念，这是基于马克思的"感觉共享"思想和中国传统文化智慧给出的，能够扬弃国家个体主义的"中国方案"。它是人类进入世界历史状态，世界生产力发展的客观要求，也是中国特色社会主义实践发展的理论自觉和文化自信。人类命运共同体的理念，对比美国奉行的"美国优先"主义，极端个人主义文化的弊端昭然若揭，背后是资本逻辑使然。因此，实现国际社会的"感觉共享"任重道远，它不仅需要理念上的倡导，还需要创新利益共享机制。正如马克思所说，这一切都是以"生产力的巨大增长和高度发展为前提"的，因此最重要的是继续推动世界人民的普遍交往，只有通过普遍交往才能突破民族的和地域的狭隘视野。总之，在物质生产基础上的社会分工与交往已经使全人类结成了你中有我、我中有你的"命运共同体"，面对世界经济的复杂形势和日益加剧的全球性问题，任何人、任何民族、任何国家都不可能独善其身，"合作、共赢""感觉共享"是生产社会化的客观需要，要理解和认同这种需要，既需要马克思主义的理论分析，也需要中国文化和中国实践的具体支持。

四、马克思"人类社会"思想引领下的中国"和谐"文化的创新发展

马克思在《关于费尔巴哈的提纲》中旗帜鲜明地阐明："旧唯物主义的立脚点是'市民'社会，新唯物主义的立脚点是人类社会或社会的人类。"① 因为作为社会的存在物，人们分工合作相互依赖，个人只能在社会中、在共同体中获得生存和发展的条件，个人因此承担着"公人"的角色伦理要求，需要"利他"精神以维护共同体的利益。但是在资本主义私有制的生产关系下，个人首先是作为"利己"的存在物参与社会生活，不得不强调自己的"私人"利益，导致"个人主义"至上，人类的"有情世界"被分解成无数原子式个人组成的、"一切人反对一切人"的"市民社会"。人们把自然界、他人仅仅当成牟利的工具或手段，自己也沦为一种工具性存在，遭受货币、资本、商品、市场等"物"和"物的关系"的支配。在马克思之前，无论是宗教倡导的博爱，还是黑格尔论证的绝对精神，抑或青年黑格尔派鼓吹的"自我意识""理性、意志、爱"等，都无法根本性地解释和改变人类社会生活的"囚徒困境"。

马克思、恩格斯从人的实践的存在方式出发畅想人类社会的应然状态，认为生产的社会化、分工和交往等活动必将使人们建立起全方位的相互依赖关系，和谐一体的"人类社会"是解决生产的社会化与私有制矛盾的必然选择，人类必将扬弃资本主义世界的异化和对立状态，进入感觉共享的"人类社会"。不同于"市民社会"人们的利己主义而导致的感觉对立和孤立状态，"人类社会"是由那种实现了"人向自身、也就是向社会的即合乎人性的人的复归"② 的、具有"利他性"精神的自由人组成的"联合体"，这时自然界成为人的无机的身体、他人成为我的社会器官。马克思在《论犹太人问题》中指出："只有当人认识到自身'固有的力量'是社会力量，并把这种力量组织起来因而不再把社会力量以政治力量的形式同自身分离的时候，只有到了那个

---

① 中共中央马克思恩格斯列宁斯大林著作编译局：《马克思恩格斯文集》第1卷，人民出版社2009年版，第506页。

② 中共中央马克思恩格斯列宁斯大林著作编译局：《马克思恩格斯文集》第1卷，人民出版社2009年版，第185页。

时候,人的解放才能完成。"①在真正的"人类社会"里,每个人通过"感觉共享"自由自觉地发展人的普遍性本质,在"利他劳动"中肯定自身,实现谋生与乐生的统一,在与周围世界的积极互动中获得"安身立命"的终极关怀。

马克思的"人类社会"思想提供给了古老的中华文明一种异中有同、同中有异的世界观和价值观。两者都认为"天、地、人"处在相互关联、协同发展的"关系"机制中,都具有一体化、整体性的思维格局,都对人与世界的关系有"和合""和谐"的价值期盼。但由于两者依托的社会生产方式不一样,对影响社会和谐的文明要素,例如"对立""冲突""人的本质力量"等的评价也就不一样。马克思认为现实世界不是观念世界的产物,而是生产力与生产关系、经济基础与上层建筑矛盾运动的产物。生产力是人的一种本质力量,与人类解放直接相关,无论是挣脱自然束缚还是摆脱社会束缚或观念(拜物教)束缚,"人类本质力量的发展",其对象化表现为"物质财富极大丰富",都是历史进步的物质基础。马克思继承了近代西方文化"外在超越"和"人类中心主义"的价值取向,充分肯定了近代西方文化开启的工商业文明及其所造成的社会对立和冲突的历史意义,把人道主义批判与历史主义批判有机地统一了起来,把"人类社会"的实现理解成否定之否定的矛盾运动。

相对而言,中国传统文化与西方的"人类中心主义"很不一样,它是一种循环论的、朴素的"天人一体"思想。它认为"万物并育而不相害,道并行而不相悖"(《礼记·中庸》),人的使命只是佐育万物生生不息,而不是要成为万物的主宰。在面临主客观矛盾时,中华民族创造出一种"屈己安人",即通过调节主观欲望、依靠"内在超越"而不是"外在超越"消解主客观矛盾的文化智慧。梁漱溟先生认为"内在超越"与"外在超越"分别对应"王道"文化与"霸道"文化。"王道"文化是以德服人,"霸道"文化是以力服人。"霸道"文化不仅表现为武力征服其他民族与国家,也表现在强力征服自然界,为中国传统文化所不喜。正因如此,中国历史上长期重农抑商,使分工、交往、本质力量对象化等一系列具有历史进步意义的文化要素得不

———

① 中共中央马克思恩格斯列宁斯大林著作编译局:《马克思恩格斯文集》第1卷,人民出版社2009年版,第46页。

到应有的重视，以致中国自 10 世纪就跨入"近代社会"的门槛，却始终徘徊不前。梁漱溟先生比较中西文化差异时说："我可以断言，假使西洋文化不同我们接触，中国是完全闭关与外间不通风的，就是再走三百年、五百年、一千年也断不会有这些轮船火车、飞行艇、科学方法和'德谟克拉西'精神产生出来。"①

实际上，离开了"富强"，"王道"文化往往难以抵制"霸道"文化的欺凌，中国历史上已有数次惨痛的教训，所幸中国文化总能以其高度的合理性获得霸道民族的认同，保持了中华文脉的延续。近代西方国家以其坚船利炮打开中国的大门后，迫使中国人审视"富强"之于"王道"维系的价值关系。正如韩毓海教授所言："今天看来，无论求富强还是求王道，我们都离不开'西方圣人'马克思，因为仅靠我们祖宗的遗产，确实解决不了富强与王道之间的矛盾。"② 历史唯物主义纠正了中国传统文化对于"力"文明的消极态度，如果生产力不够发达，剩余产品不够丰富，社会的脑体分工就会演变为阶级对立和压迫，人们在"公人"与"私人"利益的撕扯中难免会戴上伪善的面具。另外，不注重工商业的发展，分工与交往也得不到相应的发展，大多数人的本质发展必将受到历史条件的限制。

马克思尽管提出了科学的"人类社会"理论，但他提供的不是教义，而只是世界观、方法论和行动的指南。理论对实践的依赖关系决定了"没有抽象的马克思主义，只有具体的马克思主义"③。马克思主义中国化只能是一个文化视野的融合与创新过程。"合作共赢"的文化理念可以说是马克思主义中国化的重要文化创新。李泽厚先生认为"和"是中国辩证法的灵魂，"和"的前提是承认、赞成、允许彼此有差异、有区别、有分歧，然后使这些差异、区别、分歧调整、处理到某种适当的地位、情况、结构中，各得其所，而后整体便有和谐或发展④。"从对立中看出统一"，这是一种非常高超的辩证理性或关系理性。正是基于这种文化基础，中国人民在新的历史条件下创造

① 梁漱溟：《东西文化及其哲学》，商务印书馆 2012 年版，第 72 页。
② 韩毓海：《一篇读罢头飞雪，重读马克思》，中信出版社 2014 年版，前言第 14—15 页。
③ 中央档案馆：《中共中央文件选集》第 11 册，中共中央党校出版社 1991 年版，第 658 页。
④ 李泽厚：《论语今读》，中华书局 2016 年版，第 256 页。

性地提出"合作共赢"的文化理念。合作才能发展，合作才能共赢。"合作共赢"扬弃了中国传统"和谐"文化的消极被动，消解了社会分工与合作中的矛盾与冲突，是对生产社会化客观需要的自觉，是中国"和谐"文化的创新性发展。

"合作共赢"开辟了一条新型现代化道路。这条道路形神兼备，如金耀基先生所说："中国的现代化旨在建立一个中国的现代性，……中国现代性之建构，讲到底，是在求建立一个中国的现代文明秩序。"[①]"合作共赢"的文化理念也为解决经济全球化时代人类面临的新问题提供中国的智慧和中国的方案。全球化时代，各个国家和民族应该求同存异、聚同化异，将世界多样性和各国差异性、复杂性转化为共同发展的活力和动力。"一带一路"建设和"人类命运共同体"的构建都是"合作共赢"理念在新时期的实践推进。"合作共赢"符合广大人民群众的根本利益，中国的"和平崛起"已经证明"合作共赢"的中国特色社会主义道路是行得通的。

信息技术的发展为"合作共赢"理念的落实提供了强大的物质基础。一般人总是从生产力的角度理解信息技术改变世界的意义，实际上，在协调生产关系方面，信息技术可以大有作为。信息技术不仅可以解决按需生产、按需分配所需的技术支持问题，而且信息技术内在地蕴含着"合作、共享、共赢"的新型价值理念。目前各种"共享经济"正在借助互联网技术的支持蓬勃开展，共享单车、共享衣物、共享房间等，这些共享活动起初根源于资本逐利的需要，但是它客观上打破了人们关于零和博弈、利益对立、视野排他等私有制造成的认知局限，打开了人们关于合作共赢的新思路。根据黑格尔的辩证法思想，文化本就应该通过自我否定的方式向前发展。我们看到，通过信息技术的支持，人们合作交流、信息共享的成本极大降低，遥远的陌生人成为我们"社会性器官"的一部分，能跟我们实现即时反馈、即时互动和感觉共享，个人生命直观地和其他生命联系起来，克服了人的孤独感和有限性引起的虚无感。

---

① 金耀基：《从传统到现代》，法律出版社 2010 年版，序第 4 页。

教育资源与互联网相结合使学习资源、精神食粮的供给近乎无限，极大地降低了每个人发展和展示自己天赋、才能的物质成本。世界扁平化，最普通的民众也可以借助互联网平台获得发展精神世界的文化资源，或者寻求各种帮助，或者帮助他人，在本质力量对象化的过程中感受自己的存在、自己的价值，有些普通人甚至能够一夜之间成为拥有无数粉丝的"网红"。总之，信息技术的发展使人们自我实现的需要获得前所未有的条件支持。社会存在决定社会意识，信息社会的发展肯定会促进合作共赢意识的广泛认同。中国是世界上信息化程度比较高的国家，我们要自觉意识到信息技术的这一特殊的文化价值，充分扶植"合作共赢"的新型价值理念，并以此为抓手培育和践行社会主义核心价值观，建设社会主义先进文化。

综上所述，资本逻辑是现代社会经济、政治、文化活动的支配性力量，资本逻辑导致的劳动异化、拜物教和人的原子化存在状态，是虚无主义产生的社会经济根源。因此，理解和解决虚无主义问题要从资本逻辑入手。中国传统"王道"文化本能地抵制资本的逻辑，但是辩证地看，资本逻辑有其实现人类解放的积极意义。在社会主义初级阶段，中国既要发挥资本逻辑的积极作用，又要避免资本逻辑的反噬，为人类探索一条新型现代化道路，可谓任重道远。这条新型现代化道路的特点是通过合作共赢、共同富裕的方式尽可能地化解现代化过程中的各种矛盾。实现这一目标，除了以公有制为主体的制度保障，还应充分彰显中国传统文化的价值理性，大力宣传中国儒家"情本体"文化的实践智慧，揭示其与马克思基于现代工业文明提出的"感觉共享"理论的相通性，把中国人普遍具有的"和合""和谐"的价值追求，与马克思对资本主义的文化批判结合起来，推进社会主义先进文化的建设，用正确的世界观、人生观、价值观消解虚无主义对人们的影响。

参考文献

著作类

马克思恩格斯列宁斯大林著作编译局.马克思恩格斯文集［M］.北京：人民出版社，2009.

列宁选集［M］.北京：人民出版社，1995.

毛泽东选集［M］.北京：人民出版社，1991.

邓小平文选［M］.北京：人民出版社，1993.

埃德蒙德·胡塞尔.欧洲科学危机和超验现象学［M］.张庆熊，译.上海：上海译文出版社，2005.

安乐哲.儒家角色伦理［M］.济南：山东人民出版社，2017.

安启念.马克思主义哲学中国化［M］.北京：中国人民大学出版社，2006.

彼得·贝格尔.神圣的帷幕［M］.上海：上海人民出版社，1991.

伯尔基.马克思主义的起源［M］.伍庆，王文扬，译.上海：华东师范大学出版社，2007.

曾亦，郭晓东.何谓普世？谁之价值？［M］.上海：华东师范大学出版社，2014.

陈来.中华文明的核心价值［M］.北京：生活·读书·新知三联书店，2015.

陈先达.马克思主义和中国传统文化［M］.北京：人民出版社，2015.

崔唯航，张羽佳.本真存在的路标［M］.石家庄：河北大学出版社，2005.

丹尼尔·贝尔.资本主义文化矛盾［M］.赵一凡，等译.北京：生活·读书·新知三联书店，1992.

丹尼尔·贝尔.资本主义文化矛盾［M］.南京：江苏人民出版社，2007.

邓晓芒.邓晓芒讲黑格尔［M］.北京：北京大学出版社，2006.

邓晓芒.实践唯物论新解：开出现象学之维［M］.武汉：武汉大学出版社，2007.

邓晓芒.中西文化比较十一讲［M］.长沙：湖南教育出版社，2007.

窦宗仪.儒学与马克思主义［M］.兰州：兰州大学出版社，1993.

樊浩.文化与安身立命［M］.福州：福建教育出版社，2009.

方克立.中国文化的综合创新之路［M］.北京：中国社会科学出版社，2012.

费孝通.文化的生与死［M］.上海：上海人民出版社，2009.

冯友兰.阐旧邦以辅新命［M］.上海：上海远东出版社，1994.

冯友兰.新原人［M］.北京：北京大学出版社，2014.

冯友兰.中国哲学简史［M］.天津：天津社会科学院出版社，2005.

伽达默尔，杜特.诠释学 美学 实践哲学［M］.北京：商务印书馆，2007.

伽达默尔.真理与方法［M］.上海：上海译文出版社，1999.

高鹏程.危机学［M］.北京：社会科学出版社，2009.

高旭东.生命之树与知识之树［M］.石家庄：河北人民出版社，1989.

高旭东.中西比较文化讲稿［M］.北京：北京师范大学出版集团，2012.

辜鸿铭.东方智慧［M］.北京：北京大学出版社，2010.

郭建宁.当代中国的文化选择［M］.北京：北京大学出版社，2004.

哈耶克.自由宪章［M］.杨玉生，等译.北京：中国社会科学出版社，1999.

海德格尔.林中路［M］.上海：上海译文出版社，1997.

海德格尔.面向思的事情［M］.陈小文，孙周兴，译.北京：商务印书馆，1999.

海德格尔.尼采［M］.北京：商务印书馆，2014.

海德格尔.人，诗意地安居［M］.桂林：广西师范大学出版社，2000.

韩庆祥，黄相怀.中国道路能为世界贡献什么［M］.北京：中国人民大

学出版社，2018.

韩毓海.一篇读罢头飞雪，重读马克思［M］.北京：中信出版社，2014.

何卫平.诠释学之维——问题与研究［M］.北京：人民出版社，2009.

何兆武，柳卸林.中国印象：外国名人论中国文化［M］.北京：中国人民大学出版社，2011.

洪汉鼎.理解的真理——解读伽达默尔《真理与方法》［M］.济南：山东人民出版社，2001.

洪汉鼎.诠释学——它的历史和当代发展［M］.北京：人民出版社，2001.

胡木贵，郑雪辉.接受学导论［M］.沈阳：辽宁教育出版社，1989.

霍克海默.批判理论［M］.重庆：重庆出版社，1989.

吉登斯，皮尔森.现代性——吉登斯访谈录［M］.北京：新华出版社，2001.

吉登斯.现代性与自我认同［M］.北京：生活·读书·新知三联书店，1998.

吉尔·德勒兹.尼采与哲学［M］.北京：社会科学文献出版社，2001.

金耀基.从传统到现代［M］.北京：法律出版社，2010.

金耀基.中国现代化的终极愿景［M］.上海：上海人民出版社，2013.

金一南.浴血荣光［M］.北京：北京联合出版公司，2017.

克利福德·格尔茨.文化的解释［M］.北京：译林出版社，1999.

李超杰.现代西方哲学的精神［M］.北京：商务印书馆，2009.

李金辉.理解马克思——"在实践的解释学"视域内［M］.哈尔滨：黑龙江大学出版社，2009.

李泽厚.李泽厚对话集·中国哲学登场［M］.北京：中华书局，2014.

李泽厚.论语今读［M］.北京：中华书局，2016.

李泽厚.说文化心理［M］.上海：上海译文出版社，2012.

李泽厚.哲学纲要［M］.北京：中华书局，2015.

李泽厚.中国古代思想史［M］.北京：生活·读书·新知三联书店，2008.

李泽厚．中国现代思想史论［M］．天津：天津社会科学院出版社，2003.

梁漱溟．东方学术概观［M］．上海：上海人民出版社，2014.

梁漱溟．东西文化及其哲学［M］．北京：商务印书馆，2012.

梁漱溟．这个世界会好吗［M］．北京：外语教学与研究出版社，2010.

梁漱溟．中国文化的命运［M］．北京：中信出版社，2016.

梁漱溟．中国文化要义［M］．上海：上海人民出版社，2011.

梁晓声．生命，何以高贵［M］．桂林：广西师范大学出版社，2016.

林安梧．儒道佛三家思想与二十一世纪人类文明［M］．济南：山东人民出版社，2017.

林默彪．诠释与反思：马克思主义哲学的中国化［M］．北京：社会科学出版社，2011.

林语堂．中国人的生活智慧［M］．西安：陕西师范大学出版社，2007.

刘森林．历史唯物主义：现代性的多层反思［M］．广州：中山大学出版社，2016.

刘森林．物与无：物化逻辑与虚无主义［M］．南京：江苏人民出版社，2013.

刘同舫．马克思人类解放思想史［M］．北京：人民出版社，2019.

楼宇烈．中国文化的根本精神［M］．北京：中华书局，2016.

卢卡奇．历史与阶级意识［M］．北京：商务印书馆，1992.

卢梭．论科学与艺术的复兴是否有助于使风俗日趋纯朴［M］．北京：商务印书馆，2011.

卢梭．论人类不平等的起源和基础［M］．北京：商务印书馆，1962.

罗森．诗与哲学之争［M］．北京：华夏出版社，2004.

吕迪格尔·萨弗兰斯基．海德格尔传［M］．靳希平，译．北京：商务印书馆，1999.

马克思·舍勒．道德意识中的怨恨与羞感［M］．北京：北京师范大学出版社，2014.

马克斯·霍克海默、西奥多·阿道尔诺．启蒙辩证法［M］．上海：上海人民出版社，2006.

马克斯·韦伯.新教伦理与资本主义精神［M］.北京：生活·读书·新知三联书店，1987.

米夏埃尔·兰德曼.哲学人类学［M］.张乐天，译.上海：上海译文出版社，1988.

牟钟鉴.中国文化的当下精神［M］.北京：中华书局，2016.

尼采.论道德的谱系［M］.北京：生活·读书·新知三联书店，1992.

尼采.尼采遗稿选［M］.虞龙发，译.上海：上海译文出版社，2005.

尼采.权力意志［M］.北京：商务印书馆，2007.

尼采.权力意志［M］.张念东，凌素心，译.北京：商务印书馆，1991.

钱穆.中国思想通俗讲话［M］.北京：生活·读书·新知三联书店，2013.

钱穆.中国文化精神［M］.北京：九州出版社，2012.

钱穆.中国文化史导论［M］.北京：商务印书馆，1994.

孙正聿.马克思主义哲学智慧［M］.北京：现代出版社，2016.

孙正聿.孙正聿讲演录［M］.长春：长春出版社，2011.

孙周兴.海德格尔选集（下）［M］.上海：上海三联书店，1996.

汤一介.汤一介哲学精华编［M］.北京：北京联合出版公司，2015.

汤因比，池田大作.展望21世纪——汤因比与池田大作对话录［M］.荀春生，等译.北京：国际文化出版公司，1985.

田辰山.中国辩证法：从《易经》到马克思［M］.萧延中，译.北京：中国人民大学出版社，2008.

王德胜.画说马克思［M］.北京：北京师范大学出版社，2007.

沃尔夫·勒佩尼斯.德国历史中的文化诱惑［M］.南京：译林出版社，2010.

乌尔里希·贝克.风险社会［M］.南京：译林出版社，2004.

吾敬东，刘云卿，郭美华.对话东西方哲学［M］.上海：上海三联书店，2012.

吴新文.再造文明［M］.上海：上海人民出版社，2017.

郗戈 . 现代性的矛盾与超越 [M] . 北京：中国人民大学出版社，2014.

徐行言 . 中西文化比较 [M] . 北京：北京大学出版社，2015.

叶秀山 . 海德格尔与西方哲学的危机 [M] // 当代学者自选文库·叶秀山卷 . 合肥：安徽教育出版社，1999.

易中天 . 中国智慧 [M] . 上海：上海文艺出版社，2011.

殷鼎 . 理解的命运——解释学初论 [M] . 北京：生活·读书·新知三联书店，1988.

霍克海默，阿道尔诺 . 启蒙辩证法 [M] . 渠敬东，曹卫东，译 . 上海：上海人民出版社，2013.

宇燕，盛洪 . 旧邦新命：两位读书人漫谈中国与世界 [M] . 北京：生活·读书·新知三联书店，2004.

张岱年，程宜山 . 中国文化精神 [M] . 北京：北京大学出版社，2015.

张奎良 . 马克思主义哲学中国化的基石与灵魂 [M] . 北京：社会科学文献出版社，2010.

张汝伦 . 大学思想读本 [M] . 桂林：广西师范大学出版社，2004.

张汝伦 . 中西哲学十五章 [M] . 上海：上海书店出版社，2008.

张维为 . 文明型国家 [M] . 上海：上海人民出版社，2017.

张维为 . 中国超越 [M] . 上海：上海人民出版社，2016.

张维为 . 中国触动 [M] . 上海：上海人民出版社，2016.

张维为 . 中国震撼 [M] . 上海：上海人民出版社，2011.

张祥龙 . 从现象学到孔夫子 [M] . 北京：商务印书馆，2001.

张有奎 . 资本逻辑与虚无主义 [M] . 北京：中国社会科学出版社，2017.

张允熠 . 中国文化与马克思主义 [M] . 太原：山西教育出版社，1999.

张允熠 . 中国主流文化的近现代转型（上、下册）[M] . 合肥：时代出版传媒股份有限公司黄山书社，2010.

赵林 . 中西文化的精神差异与现代转型 [M] . 上海：华东师范大学出版社，2015.

赵汀阳 . 坏世界研究·作为第一哲学的政治哲学 [M] . 北京：中国人民大

学出版社，2009.

赵汀阳. 没有世界观的世界［M］. 北京：中国人民大学出版社，2005.

赵汀阳. 天下的当代性：世界秩序的实践与想象［M］. 北京：中信出版社，2016.

赵汀阳. 长话短说［M］. 北京：东方出版社，2001.

期刊类

曹孟勤. 论马克思主义人学视域中生态文明建设主体自身的文明［J］. 南京师大学报（社会科学版），2016（1）：67-73.

谌林. 两种自由的定义［J］. 哲学研究，2015（4）：3-11.

程恩富，侯为民. 当前中国七大社会思潮评析［J］. 陕西师范大学学报，2013（2）：5-10.

高清海，孙利天. 马克思的哲学观变革及其当代意义［J］. 天津社会科学，2001（5）：9-16.

高长武. 理解马克思主义与中国传统文化关系的三个维度——学习习近平关于中国传统文化的重要论述［J］. 党的文献，2015（1）：24-30.

郭建宁. 马克思主义中国化的文化解读［J］. 北京行政学院学报，2007（1）：35-38.

韩王韦. 尼采的"敌基督者"与"反自然"的虚无主义［J］. 哲学分析，2018（3）：30-40.

何萍. 马克思的文化哲学及其传统［J］. 南京大学学报（哲学·人文科学·社会科学版），2008（6）：5-16.

黄力之. 巴黎手稿与马克思主义文化哲学［J］. 学术研究，2005（7）：36-43.

黄楠森. 关于唯物辩证法的核心问题［J］. 社会科学战线，1993（2）：87-92.

李存山. 中国古代的天人观与主客关系论［J］. 哲学研究，1998（4）：43-50.

李伦.作为互联网精神的自由、开放和共享——兼谈技术文化价值的生成[J].湖南文理学院学报,2006(3):34-38.

刘森林.回归自然:马克思与尼采的共同旨趣[J].学术月刊,2017(10):23-34.

刘森林.面向现实的无能:尼采论虚无主义的根源[J].学术月刊,2014(12):57-65.

刘森林.实践的逻辑与哲学终结论的困境[J].现代哲学,2002(3):17-26.

刘同舫.启蒙理性及现代性:马克思的批判性重构[J].中国社会科学,2015(2):4-23.

马学轲.2014年意识形态领域十个热点问题[J].马克思主义研究,2015(2):116-129.

潘德荣,彭启福.当代诠释学中的间距概念[J].哲学研究,1994(8):53-59.

任平.全球文明秩序重建与中国文化自信的当代使命——兼论建构马克思主义中国化的文化形态[J].中共中央党校学报,2017(1):71-82.

汪行福,陈旭东.阿多诺对康德绝对命令的批判与重构[J].河北学刊,2012(5):24-29.

王南湜.文化契合、文化融合与文化重建——马克思主义中国化的文化意蕴[J].理论视野,2009(1):9-11.

王南湜.重估毛泽东辩证法中的中国传统元素[J].中国社会科学,2010(3):17-29.

薛晓源,刘国良.全球风险世界:现在与未来——德国著名社会学家、风险理论创始人乌尔里希·贝克教授访谈录[J].马克思主义与现实,2005(1):44-55.

杨金海.马克思主义中国化研究的文化维度[J].广西社会科学,2012(2):1-6.

姚大志.什么是辩证法?[J].社会科学战线,2003(6):14-17.

衣俊卿 . 探索马克思主义中国化研究的一个新向度［J］. 哲学研究，2008（12）：9-14.

雍涛 . 论毛泽东哲学的双重文化性格［J］. 毛泽东思想论坛，1995（4）：12-15.

俞可平 . 现代化和全球化双重变奏下的中国文化发展逻辑［J］. 学术月刊，2006（4）：14-24.

张志伟 . 中国哲学还是中国思想——也谈中国哲学的合法性危机［J］. 中国人民大学学报，2003（2）：17-24.

赵奎英 . 从"存在与时间"到"栖居与空间"——海德格尔后期哲学的空间化转向及其生态美学意义［J］. 厦门大学学报（哲学社会科学版），2009（2）：20-26.

朱志勇，任志芬 . 论马克思关于人的普遍性思想［J］. 江西社会科学，2003（1）：33-36.

邹诗鹏 . 马克思的社会存在概念及其基础性意义［J］. 中国社会科学，2019（7）：4-26.

后 记

本书是我主持的 2015 年教育部人文社会科学研究一般项目"诠释学视角下马克思主义中国化的文化价值研究"（项目编号：15YJA710017）的最终成果。从课题的申报到立项、研究和写作，再到今天的结题，眨眼六七年过去了，写作过程的艰辛和得失无法道于外人。

由于课题涉及的领域很广，既有西方诠释学的知识，也有马、中、西文化的联系与比较，所以研究难度比较大，幸而有前人的研究所得和治学精神做支持。其中对我的思想影响最大的是梁漱溟先生的《东西文化及其哲学》《中国文化要义》，辜鸿铭先生的《中国人的精神》，以及李泽厚、赵汀阳先生的有关理论。他们非常精辟地揭示了中国传统文化的精髓和奥妙。其中，梁漱溟先生的治学方法也让我尤为敬佩，他说他不是为学问而做学问，而是因中国问题的刺激而研究，结合自己的生活体验，朝夕寤寐以求之一点心得。我虽然功底有限，但也喜欢从问题出发刨根问底，把课题研究和人生感悟结合起来，尽量做到点滴皆是心得，心意发于真诚。

当初选这一课题，主要缘于多年从事马克思主义基本原理的教研积累。马克思被评为"千年第一思想家"，他的理论既解释了世界，又改变了世界，今天依然在回应时代和引领时代。作为"西方的反西方主义"，马克思主义是扬弃资本主义现代性的世界观和方法论，它关于世界是普遍联系和永恒发展以及人与世界应该和谐发展的价值理念，与中国传统文化的世界观和价值观是一致的。两者都是客观辩证法在人们头脑中的正确反映，是"时代精神的精华"。它们分别揭示了工业文明和农业文明状态下人与世界千古不变的相互依赖关系，两者是一种否定之否定的关系。马克思主义中国化使中华优秀传统文化在新的文明平台上实现了创造性转化、创新性发展。今天中国的重新崛起不能仅从经济方面去理解，而且应从"文明崛起"的角度去诠释。在这"百年未有之大变局"、新旧文明争夺国际话语权的时刻，我觉得自己应该为宣介中国优秀传统文化贡献自己的力量。我所做的研究是：通过借鉴哲学诠释学的有关理论，揭示中华优秀传统文化在马克思主义中国化运动中涅槃再生的必然逻辑，彰显马克思主义中国化的文化意蕴。

课题研究拓展了我的文化视野，让我更加理解和坚定了中国特色社会主义的文化自信。同时我把这些研究心得融入教学，结合马、中、西的文化差异给青年大学生讲解人类社会的发展规律，使他们从文化自信的角度理解和认同中国特色社会主义先进文化，提升了教学效果，这也算是研究成果的一种价值实现方式。

本书的部分内容已经以论文的形式在国内一些刊物上发表，在此对这些刊物的大力支持表示衷心的感谢。本书的出版得到了绍兴文理学院出版基金的资助。浙江大学出版社的胡畔编辑为本书的出版付出了辛勤的劳动，在此一并表示感谢！

我要感谢我学术道路上的引路人，他们是浙江师范大学的张世欣教授，华东师范大学的余玉花教授、潘德荣教授，上海社科院的程伟礼教授和绍兴文理学院的朱志勇教授，谢谢他们给了我精神成长的机会和学术研究上的鼓励。感谢我所在单位的领导和同事们为我营造了心情愉悦的工作环境。

最后，还要感谢我的家人对我的研究工作的理解和支持！

2020 年 4 月于绍兴

图书在版编目（CIP）数据

　　诠释学视角下马克思主义中国化的文化价值/李颖著.
—杭州：浙江大学出版社，2020.8（2021.9重印）
　　ISBN 978-7-308-20427-9

　　Ⅰ．①诠… Ⅱ．①李… Ⅲ．①马克思主义—发展—研
究—中国 Ⅳ．①D61

　　中国版本图书馆CIP数据核字（2020）第137908号

诠释学视角下马克思主义中国化的文化价值

李　颖　著

责任编辑	胡　畔
责任校对	黄梦瑶
装帧设计	续设计
出版发行	浙江大学出版社
	（杭州市天目山路148号　　邮政编码　310007）
	（网址：http://www.zjupress.com）
排　　版	杭州林智广告有限公司
印　　刷	广东虎彩云印刷有限公司绍兴分公司
开　　本	710mm×1000mm　1/16
印　　张	19
字　　数	300千
版 印 次	2020年8月第1版　2021年9月第3次印刷
书　　号	ISBN 978-7-308-20427-9
定　　价	68.00元

版权所有　翻印必究　　印装差错　负责调换

浙江大学出版社市场运营中心联系方式：0571-88925591；http://zjdxcbs.tmall.com